T0153801

Domaine étranger

collection dirigée
par
Jean-Claude Zylberstein

PROFESSION : ÉCRIVAIN

Dans la même collection

JACK LONDON

PROFESSION : ÉCRIVAIN

Textes recueillis pour la première fois
présentés, commentés et annotés
par Francis LACASSIN

Traduction
de Francis LACASSIN et Jacques PARSONS

Paris
Les Belles Lettres
2016

En dépit de ses efforts l'éditeur n'a pu retrouver les ayants droit de Francis Lacassin qui avait établi cette anthologie de textes de Jack London avec l'immense érudition qui a toujours caractérisé l'ensemble de ses travaux éditoriaux. Leurs droits sont bien entendu réservés.

www.lesbelleslettres.com

Retrouvez Les Belles Lettres sur Facebook et Twitter.

© *2016, pour la présente édition,*
Société d'édition Les Belles Lettres,
95 bd Raspail 75006 Paris.

ISBN : 978-2-251-21026-1

PRÉFACE
LA DERNIÈRE INCARNATION
DE JACK LONDON : ÉCRIVAIN

Quatre-vingt-treize textes, glanés pour la plupart dans la correspondance[1] *de Jack London ou représentés par des articles enfouis au plus profond des bibliothèques américaines*[2]*, composent* Profession : Écrivain, *ouvrage qui jusqu'à ce jour n'existait ni en français ni en anglais.*

La première utilité de cette exhumation de pièces rares est de mettre à la disposition de tous les admirateurs français de Jack London une partie de son œuvre seulement accessible jusqu'ici à quatre ou cinq spécialistes des deux mondes. La rareté n'est pas en soi un élément d'art. Et cet ouvrage aurait été taxé de curiosité si sa première utilité ne s'était renforcée d'une seconde.

Il permet de dessiner une nouvelle variante d'une personnalité pourtant riche, d'ajouter une facette de plus au personnage. Après le chercheur d'or, le vagabond du rail ou des mers chaudes, le militant socialiste, le prophète du retour à la nature et à la

1. La correspondance de l'auteur est citée d'après l'édition de King Hendricks et Irving Shepard : *Letters From Jack London.* New York, the Odyssey Press, 1965. Les notes et commentaires de ces lettres, comme d'ailleurs de tous les autres textes recueillis, sont de l'éditeur du présent ouvrage, sauf indication contraire.

2. Que soit remercié, ici encore, mon homologue américain James Sisson qui m'a procuré les plus inaccessibles de ces textes.

vie rurale, le journaliste envoyé à la poursuite d'une actualité brûlante, après ce personnage itinérant et bouillonnant, en voici une image statique et solitaire : l'homme de cabinet assis devant une page blanche qu'il affronte en un combat feutré et presque toujours ignoré.

Cette exploration des coulisses de l'œuvre de Jack London nous renseigne sur sa conception de l'écrivain — non pas un voyant visité par les illuminations de l'art, mais un homme contraint de se plier comme les autres à la discipline d'un métier. Ses rapports avec l'œuvre des autres ; l'admiration ou la critique qu'elle lui inspire, contribuent à éclairer sa propre œuvre, s'ajoutant à la genèse qu'il en révèle, et à l'évaluation qu'il en donne lui-même à la faveur d'un dialogue avec les amis, les éditeurs ou les critiques.

S'il n'hésite pas à dire de telle ou telle de ses œuvres qu'elle est ratée, il en parle le plus souvent avec enthousiasme ; car il croit à ce qu'il fait et ne fait que ce à quoi il croit. Et « tant pis si cela ne passe pas », comme il l'écrit à une consœur moins résignée que lui. L'une des qualités principales de l'écrivain est, pour lui, la sincérité. Elle dicte aussi l'enthousiasme avec lequel il apprécie l'œuvre des autres : Kipling, R.L. Stevenson, J. Conrad bien sûr : car ils l'ont influencé — mais d'autres moins connus ou inconnus au service desquels il met sa notoriété : d'Upton Sinclair à Marguerite S. Cobb (une institutrice californienne dont il plaçait les poèmes dans les magazines où il était bien introduit).

London n'est pas snob : ses louanges (dictées par une égale sincérité), il les distribue avec un même enthousiasme à Joseph Conrad et à l'obscur chercheur d'or publiant à compte d'auteur une plaquette de poèmes inspirés par son expérience. Lorsqu'il aime une œuvre à moitié — les histoires d'Ambrose Bierce, jugées d'une brillance trop métallique — ou lorsqu'il ne l'aime pas du tout, il le dit : voir ses lettres à des débutants aux prétentions excessives. Et il le fait avec une franchise rude toujours exprimée de façon à ne pas être blessante mais revigorante.

Avec la sincérité, une des conditions nécessaires de l'écrivain est d'avoir une bonne santé (physique et morale). On ne s'en étonnera pas, compte tenu des paradoxes invincibles que l'écrivain doit affronter pour réussir. Auparavant il lui faut faire preuve de ce que les critiques croient inné et appellent le talent ; pour Jack London c'est la « philosophie de la vie » et n'importe qui peut l'acquérir au prix d'un labeur acharné d'études et de lectures ; y contribuent aussi les épreuves matérielles prodiguées par la vie.

Cette « philosophie de la vie » donne à l'écrivain une vision du monde (et une façon de la retranscrire dans son œuvre) différente de celle des autres. Elle lui servira également à affronter deux paradoxes :

— Pour être publié, le débutant doit faire mieux que les écrivains « ayant un nom » ; mais au texte excellent d'un inconnu les rédacteurs en chefs et éditeurs auront tendance à préférer le texte moins bon d'un écrivain notoire.

— Pour subsister, l'écrivain doit produire ce qu'attend le public tout en restant lui-même et sans rien aliéner de la précieuse sincérité sans laquelle l'œuvre d'art ne vaut rien.

À côté de ces paradoxes redoutables, il en est d'autres qui paraissent presque... amusants... à réduire. Comme l'attitude des lecteurs de récits fantastiques ou d'horreur qui s'en délectent et les condamnent (en raison, nous dit London, d'un conflit entre l'instinct et l'intelligence) ; ou la constatation que la réalité dépasse bien souvent la fiction... Il est alors prudent de l'affadir ou l'affaiblir si l'on veut la faire accepter comme fiction.

*La sincérité de l'écrivain envers lui-même s'accompagne souvent — c'est le cas chez London — d'un souci de l'authentique qui le conduit à puiser son inspiration soit dans l'expérience vécue (la sienne ou celle des autres) soit dans la réalité que reflètent journaux et revues. Méthode qui entraîne alors les sempiternelles accusations de plagiat. Les critiques accordant une exclusivité absolue à celui qui a fixé, sans le transposer ni l'orner, tel ou tel incident de la réalité. Prétention abusive que l'auteur d'*Avant Adam *ou du* Talon de fer *balaie d'une affirmation pragmatique* *et péremptoire : la question n'est pas de savoir s'il y a ou non plagiat, mais si l'accusé a fait mieux que son prédécesseur.*

Une fois de plus, il faut constater combien London est moderne dans ses choix, ses jugements, ses prophéties. Avant même la fin du XIXe siècle, il a compris que l'ère du roman-fleuve, de type les Misérables, *est révolue. L'avenir, selon lui, est aux récits courts, la dimension idéale du récit étant la nouvelle. Mais nouvelle ou roman, le public attendra de l'écrivain qu'il soit le plus concis possible, et entre très vite dans le vif du sujet. De même qu'il croit à la vertu éducatrice de l'écriture, il reconnaît une possibilité égale au cinéma balbutiant : grâce à lui des portes seront bientôt ouvertes. Loin de lui, l'idée de le dénigrer ou de s'en tenir à l'écart comme allaient le faire pendant si longtemps ses confrères.*

L'écrivain, tel que Jack London le définit à travers quatre-vingt-treize textes, est un homme qui ne doit pas accepter la vie et le monde comme ils sont. Il peut s'y faire une place s'il a foi en lui, s'il est prêt à lutter et à s'imposer les plus grands efforts pour réussir : voici qu'il ressemble comme un frère à n'importe quel héros de l'œuvre de London. Et cela parce que, militant socialiste ou chercheur d'or, fermier ou marin, ouvrier d'usine ou écrivain, romancier ou théoricien des lettres, dans chacune de ces incarnations, Jack London ne cesse jamais de rester Jack London.

Francis LACASSIN

Première partie

L'ÉCRIVAIN ET LA PROFESSION

I

MES APPRENTISSAGES
ou
COMMENT ON DEVIENT ÉCRIVAIN

*Cet auto-portrait de l'auteur tel qu'il se voyait en 1899-1900,
au début de sa carrière et avant son mariage, n'a pas été
composé directement par lui. Il résulte d'un « montage » de
divers extraits de lettres et entretiens dont on trouvera les
références en notes.*

Une photographie de moi ? [...] La dernière fois que j'ai posé
pour une photo, j'étais en costume de marin, accompagné d'une
fille Joro, à Yokohama. Je n'en ai qu'un exemplaire. Mais voilà
ce que je vais faire : tout vous dire sur moi. Vingt-trois ans en
janvier dernier. Je mesure cinq pieds, pointure de chaussures sept
ou huit — la vie de marin m'a raccourci. Actuellement, je pèse
quatre-vingt-quatre kilos ; mais je peux facilement atteindre les
quatre-vingt-dix kilos quand je vis au grand air, à la dure. J'ai le
visage rasé mais, quand je les laisse pousser, j'ai la moustache
blonde et les favoris noirs, mais ils ne poussent jamais très longs.
Mon visage imberbe rend mon âge incertain et des juges également
compétents me donnent diversement entre vingt et trente ans ;
yeux gris-vert, lourds sourcils qui se rejoignent ; cheveux bruns ;
en fait, ils étaient noirs à ma naissance, puis tombèrent à la suite
d'une maladie infantile et repoussèrent complètement blancs —

si blancs que ma nourrice noire m'appelait « Boule de coton ». Un visage tanné par les longues et nombreuses liaisons avec le soleil, bien qu'en ce moment, du fait de l'influence blanchissante de la vie sédentaire, il soit positivement jaune. De nombreuses cicatrices — huit dents de la mâchoire supérieure me manquent sur le devant, lacune cachée habituellement par une prothèse. Me voilà tout entier[3].

Je suis issu d'une vieille souche américaine, d'ascendance anglaise et galloise, mais fixée en Amérique longtemps avant les guerres française et indienne. Cela explique mon cerveau passable[4].

Mon père[5], né en Pennsylvanie, fut soldat, éclaireur, homme des bois, trappeur et un errant. Ma mère[6] est née dans l'Ohio. Ils sont venus dans l'Ouest chacun de son côté, se sont rencontrés et mariés à San Francisco, où je suis né le 12 janvier 1876. J'ai vécu à la ville, sauf pendant ma petite enfance. De quatre à neuf ans, j'ai passé ma vie dans des fermes de Californie. J'ai appris à lire et à écrire vers ma cinquième année, bien que je ne me rappelle pas comment cela s'est passé. Il me semble que j'ai toujours su lire et écrire, et n'ai aucun souvenir antérieur. Selon mes parents, j'insistais pour qu'on m'apprenne. J'étais un lecteur omnivore, surtout parce que les choses à lire étaient rares, et j'acceptais avec reconnaissance tout ce qui me tombait entre les mains. Je me rappelle avoir lu à l'âge de six ans quelques-unes des œuvres de Trowbridge[7] pour jeunes garçons. À sept ans, je

3. Lettre (Oakland, 22 février 1899) à Cloudesley Johns.
4. Extrait d'un entretien recueilli sous le titre : *Eight Factors of Literary Success* dans *The Silhouette*, février 1917.
5. John London, qui adopta l'auteur huit mois après sa naissance. Son véritable père William Chaney (1821-1903) était d'ascendance irlandaise ; sur ce dernier, voir notre préface à *le Dieu tombé du ciel*, collection 10/18, n° 957.
6. Flora Wellman. Elle avait vécu en union libre avec W. Chaney du 11 juin 1874 au 3 juin 1875. L'auteur est né le 12 janvier 1876.
7. John Townsend Trowbridge (1827-1916). Écrivain américain pour la jeunesse. Également rédacteur en chef du magazine *Our Young Folks*

lisais les *Voyages* de Paul du Chaillu[8], ceux du Capitaine Cook[9] et la Vie de Garfield[10]. Et tout au long de cette période, j'ai dévoré tous les romans de la « Seaside Library » que je pouvais emprunter des femmes, ainsi que des romans bon marché prêtés par des ouvriers agricoles. À huit ans, j'étais plongé dans Ouida[11] et[12] Washington Irving[13] […] J'avais trouvé un exemplaire en loques du roman de Ouida intitulé *Signa*. La fin manquait, mais je lus, relus et relus un nombre incalculable de fois l'histoire de Signa ; elle me donna l'ambition de franchir l'horizon de mon étroite vallée californienne et m'ouvrit les aperçus du monde de l'art. En fait, ce fut l'étoile sur laquelle je guidais la marche de mon chariot d'enfant[14].

qui publia Mayne Reid, Charles Dickens, et l'auteur de *la Case de l'Oncle Tom* : Harriet Beecher Stowe.

8. Paul du Chaillu : pseudonyme de l'écrivain franco-américain Paul Belloni (1831-1903). Il explora, en solitaire, l'Afrique équatoriale et les pays nordiques. Les récits de voyage que lut London sont probablement : *Explorations and Adventures in Equatorial Africa*, 1861 (*Voyages et Aventures en Afrique Équatoriale* : Michel Lévy, 1863) ; et ceux inspirés par la Norvège, la Finlande et la Laponie : *The Land of the Midnight Sun*, 1881 (*Le Pays du Soleil de Minuit*, Calmann-Lévy, 1882) et *The Viking Age*, 1881.

9. James Cook (1728-1779), le navigateur anglais qui effectua trois voyages autour du monde.

10. Il s'agit sans doute d'une biographie de James Abram Garfield (1831-1881), vingtième président des États-Unis, assassiné par un déséquilibré.

11. Ouida : pseudonyme de la romancière anglaise Louise de La Ramée (1839-1908). Sur son roman *Signa* (1875), voir 2e partie, XXX.

12. Washington Irving (1753-1839). Écrivain américain surtout connu pour son *Rip Van Winkle*, conte recueilli en 1819 dans *The Sketches Book*. Le livre de lui, dont J. London raffolait à neuf ans est *The Alhambra* (1832) recueil de contes inspirés par le célèbre palais maure de Grenade.

13. Lettre (Oakland, 31 janvier 1900) aux éditions Houghton Mifflin Co. de Boston. À la veille de publier le premier livre de London, *le Fils du Loup*, cet éditeur lui avait demandé des détails biographiques.

14. Lettre (Glen Ellen, 11 décembre 1914) à Marion Humble, professeur de littérature enfantine à l'école de bibliothécaires de l'Université de Wisconsin. Elle avait demandé à l'auteur (par lettre du 21 octobre 1914) des détails sur

Pendant cette période, je lus également énormément d'ouvrages sur l'histoire américaine. Il faut ajouter que la vie dans un ranch de Californie n'est pas très excitante pour l'imagination.

Aux environs de ma neuvième année, nous avons déménagé pour nous installer à Oakland — c'est aujourd'hui une ville d'environ quatre-vingt mille habitants située à trente minutes du centre de San Francisco[15].

Là, je trouvai accès au vaste monde par l'intermédiaire de la Bibliothèque publique gratuite d'Oakland. À cette époque, Ina Coolbrith en était la bibliothécaire. Ce monde de livres, désormais accessible, a pratiquement fourni la base de mon éducation. Je n'ai cessé d'emprunter un grand nombre de livres (au moyen de nombreuses cartes de lecteur) à la Bibliothèque publique d'Oakland que lorsque j'ai commencé à me battre pour gagner ma vie et à remporter mes premiers succès car, désormais, j'étais en mesure d'acheter des livres[16].

Depuis cette époque, Oakland a été mon domicile. C'est là que mon père est mort et j'ai continué d'y habiter avec ma mère. Je ne me suis pas marié — le monde est trop vaste et son appel trop insistant.

Cependant, à partir de ma neuvième année, à l'exception des heures passées à l'école (heures que je gagnais au prix d'un dur travail), ma vie a été faite de labeur. Il est sans intérêt de donner une longue liste de mes occupations sordides, dont aucune n'était professionnelle et qui consistaient toutes en durs travaux manuels. Bien entendu, je continuais à lire. Je ne restais jamais sans un livre à la main. Mon instruction a été uniquement populaire. J'ai suivi l'école primaire jusqu'à l'âge d'environ quatorze ans. Puis j'ai pris goût à la vie sur l'eau. À quinze ans, j'ai quitté la maison et me suis mis à traîner sur la Baie. Et la Baie de San Francisco,

ses lectures d'enfant et d'adolescent, effectuées grâce aux bibliothèques publiques.
15. Lettre (Oakland, 31 janvier 1900) aux éditions Houghton Mifflin.
16. Lettre (Glen Ellen, 11 décembre 1914) à Marion Humble.

ça n'est pas un réservoir de moulin. J'ai été pêcheur de saumon, pillard des élevages d'huîtres[17], matelot de schooner[18], policier de la pêche[19], débardeur, et en somme un aventurier de la Baie — jeune garçon par l'âge, mais homme parmi les hommes. Ayant toujours un livre avec moi et lisant sans cesse pendant que les autres dormaient ; quand ils étaient éveillés je ne les quittais pas d'une semelle, car j'ai toujours été bon camarade[20].

La pauvreté m'a stimulé. J'ai eu la très grande chance d'éviter que la pauvreté ne me détruise. Presque tous mes camarades pirates des huîtres sont depuis longtemps pendus, tués, noyés, morts de maladie ou bien ils sont en train de finir leurs jours en prison. Tout cela aurait pu m'arriver avant l'âge de dix-sept ans — sans ma très grande chance[21].

Moins d'une semaine avant d'atteindre ma dix-septième année[22], je me suis engagé comme simple matelot sur un schooner à trois mâts partant pour la chasse aux phoques. Nous sommes allés jusqu'au Japon et avons chassé le long de la côte nord jusqu'au rivage russe de la Mer de Béring. Ce fut ma traversée la plus longue ; je ne pourrais plus en supporter d'aussi prolongée ; non parce qu'elle était ennuyeuse ou longue, mais parce que la vie est trop courte[23].

17. Il a romancé cette expérience dans *la Croisière du « Dazzler »* (1902), à paraître dans la collection 10/18.

18. À bord du *Sophie Sutherland*, pour une campagne de chasse aux phoques. Son atmosphère lui a inspiré celle du *Loup des Mers* (1904), collection 10/18, n° 843.

19. Voir 3ᵉ partie, XI ; et *les Pirates de San Francisco*, collection 10/18, n° 828.

20. Lettre (Oakland, 31 janvier 1900) à Houghton Mifflin Co.

21. Extrait de *Eight Factors of Literary Success*, dans *The Silhouette* (Oakland, février 1917).

22. C'était en réalité une semaine avant sa *dix-huitième* année. Mais il s'était rajeuni d'un an pour pouvoir être engagé comme mousse.

23. Lettre (Oakland, 31 janvier 1900) à Houghton Mifflin Co.

Après sept mois de cette chasse, je suis revenu en Californie et je me suis chargé et j'ai entrepris une série de petits métiers, chargeur de charbon, débardeur, et aussi dans une usine de jute.

Ensuite, j'ai vagabondé[24] à travers tous les États-Unis, de la Californie à Boston, et du Nord au Sud, j'ai rejoint la côte du Pacifique en passant par le Canada où j'ai récolté un séjour en prison pour vagabondage. Mon expérience de trimardeur a fait de moi un socialiste. J'étais déjà impressionné par la dignité du travail. Le travail est tout ; c'est la sanctification et le salut. Je m'étais frayé un chemin depuis le libre Ouest où les employeurs faisaient la chasse à la main-d'œuvre jusqu'aux centres ouvriers congestionnés des États de l'Est où les hommes étaient à la poursuite acharnée d'un emploi. J'ai vu les travailleurs dans les abattoirs de la Fosse sociale ; et je me suis surpris à envisager la vie sous un angle nouveau, totalement différent[25].

Dans ma dix-neuvième année, je revins à Oakland et entrai dans les grandes classes du lycée[26]. J'y passai un an, en faisant un travail de portier, pour assurer mon existence matérielle. Après avoir quitté le lycée, en bûchant seul, j'ai bouclé en trois mois le programme de trois années et suis entré à l'université de Californie[27]. Je travaillais dans une blanchisserie et avec ma plume pour m'aider, je tins bon. C'était trop de travail ; dès le milieu de la première année, j'ai dû abandonner l'université.

Trois mois plus tard, m'étant aperçu que j'échouais comme écrivain, je renonçais et partais pour le Klondike[28] comme chercheur d'or. C'est au Klondike que je me suis découvert. Là,

24. Voir ses souvenirs *les Vagabonds du Rail* (1907), collection 10/18, n° 779 et 3e partie, XXII.

25. Sur sa conversion au socialisme et son activité militante, voir le volume *Yours for the Revolution*, collection 10/18, n° 1167.

26. À l'automne 1894.

27. À la rentrée 1895 : il s'agissait de l'université de Berkeley.

28. Il s'embarqua à destination du Klondike le 25 juillet 1897 et y séjourna jusqu'en juin 1898. Sur sa participation à la *Ruée vers l'Or*, voir notre préface à *l'Appel de la Forêt*, collection 10/18, n° 827.

personne ne parle. Tout le monde pense. Vous voyez les choses sous leur vrai jour. Je les vis ainsi pour moi[29].

Mon père est mort pendant que j'étais au Klondike, et je rentrai à la maison pour prendre les choses en main.

Quant à mon œuvre littéraire : mon premier article dans un magazine (je n'avais jamais collaboré à un journal) a paru en janvier 1899[30]. Il constitue à présent la cinquième histoire du *Fils du loup*[31]. Depuis, j'ai collaboré à l'*Overland Monthly*, à l'*Atlantic, The Wave, The Arena, The Youth's Companion, The Review of Reviews*, etc. En dehors d'une multitude de publications de moindre importance, sans parler du travail pour des journaux ou des agences de presse. Besogne alimentaire en totalité, ou presque, allant d'une histoire comique ou d'un triolet à des dissertations pseudo-scientifiques sur des sujets dont j'ignorais tout. Besogne alimentaire pour gagner des dollars, un point, c'est tout ; elle m'obligeait à remettre tous mes efforts ambitieux à une période future de moindre gêne financière. C'est ainsi qu'à ce jour ma carrière véritablement littéraire ne date que de treize mois.

Naturellement, mes lectures précoces avaient fait naître en moi le désir d'écrire, mais mon genre de vie m'interdisait d'essayer. Je n'ai bénéficié d'aucune aide ni d'aucun conseil d'ordre littéraire — simplement j'ai donné autour de moi, dans l'obscurité, une série de coups de marteau jusqu'à ce que je perce çà et là des trous me permettant d'apercevoir un peu de lumière. Les méthodes pratiquées par les magazines ont été pour moi une véritable révélation. Personne pour me dire quand j'étais sur la bonne voie et quand je me trompais.

---

29. Extrait de *Eight Factors of the Literary Success, The Silhouette*, février 1917, *op. cit.*

30. *To the Man on Trail* (*À l'Homme sur la Piste*) paru dans *The Overland Monthly*.

31. *The Son of the Wolf*, Boston, Houghton Mifflin Co, 7 avril 1900 : premier livre de l'auteur. En français : *le Fils du Loup*, collection 10/18, n° 1021.

Bien sûr, pendant ma période révolutionnaire j'ai fait connaître gratuitement mes opinions au public par l'intermédiaire des journaux locaux. Mais il y a des années de cela, quand j'entrai au collège, et j'étais alors plus notoire qu'estimé. Une fois, pourtant, à mon retour de la chasse aux phoques, j'ai remporté vingt-cinq dollars pour un essai[32] lors d'un concours organisé par un journal de San Francisco, battant les universités de Stanford et de Californie représentées par deux de leurs étudiants ; ils n'obtinrent que la deuxième et la troisième place. Cela me donna l'espoir d'arriver à quelque chose par la suite [...].

Quant aux études : je continue sans cesse d'en faire. L'entrée à l'université n'est qu'une simple introduction à une vie entière d'étude. Cet avantage m'a été refusé, mais je me débrouille plus ou moins. Je passe dans mon lit, avec mes livres, non pas la nuit (que je sois sorti ou non), mais les dernières heures de la journée. Tout m'intéresse — le monde est tellement riche d'intérêts. Mes principaux sujets d'études sont la science, la sociologie, l'éthique — ces derniers comprenant, bien entendu, la biologie, l'économie politique, la psychologie, la physiologie, l'histoire, etc., jusqu'à l'infini. Et je m'efforce, aussi, de ne pas négliger la littérature.

Je suis bien portant, j'adore l'exercice, mais j'en prends peu. Je paierai cela un jour[33].

Je ne crois pas plus à la théorie de l'Art pour l'Art que je ne crois qu'un motif humain justifie une façon contraire à l'art de raconter une histoire. Je crois qu'il y a des saints dans le limon tout comme au Ciel ; savoir si les saints quitteront jamais le limon ou non dépend de la façon dont sont traités les saints du limon — de leur environnement. Les gens me font grief de mon « réalisme dégoûtant ». La vie est pleine de réalisme dégoûtant.

---

32. *Typhoon off the coast of Japan*, paru le 12 novembre 1893 dans le quotidien *The* (San Francisco) *Call*. En français : *Un typhon au large des côtes du Japon*, recueilli dans *les Pirates de San Francisco*, collection 10/18, n° 828.

33. Lettre (Oakland, 31 janvier 1900) aux éditions Houghton Mifflin Co.

Je connais les hommes et les femmes tels qu'ils sont — des millions d'entre eux sont encore à l'état de limon. Mais je suis évolutionniste, donc largement optimiste. Par conséquent, mon amour pour l'homme (même plongé au plus profond du limon) vient de la connaissance que j'ai de lui tel qu'il est et de ma vision de ses divines possibilités… Il n'est pour moi au monde de tâche plus absorbante que celle de me consacrer au peuple du monde. Je me préoccupe plus des personnalités que de l'œuvre d'art[34].

34. Texte de l'auteur imprimé sur la jaquette d'un livre non identifié.

II

SE FAIRE IMPRIMER

Paru sous le titre Getting Into Print *dans* Occident, *mars 1903.*

Dès qu'un garçon vend deux ou trois choses aux magazines, ou réussit à séduire un éditeur au point de lui faire sortir un livre de lui, tous ses amis lui demandent comment il s'y est pris. Il est donc correct d'en conclure que placer des livres ou des histoires dans les magazines constitue une performance particulièrement intéressante.

En tout cas, c'était particulièrement intéressant pour moi ; je dirai même : d'un intérêt vital. Je ne cessais de parcourir interminablement les magazines et les journaux tout en me demandant comment les auteurs de toute cette camelote s'étaient arrangés pour la placer. Pour montrer à quel point il m'importait de le savoir, permettez-moi de déclarer que j'avais des dettes un peu partout, pas de créances à recouvrer, pas de revenus, plusieurs bouches à nourrir, et pour propriétaire une pauvre veuve dont les graves besoins m'imposaient de payer mon loyer avec une certaine régularité. Telle était ma situation financière quand j'ai bouclé mon harnais pour partir à l'attaque des magazines.

De plus, je ne connaissais jusqu'ici absolument rien de la question. J'habitais la Californie, loin des grands centres d'éditeurs. Je ne savais pas à quoi un rédacteur en chef pouvait ressembler. Je ne connaissais personne qui ait jamais publié une ligne ; personne à part moi, qui ait jamais essayé d'écrire quoi que ce fût, encore moins essayé de le faire paraître.

Je n'avais personne pour me donner des tuyaux, personne dont j'aurais pu mettre l'expérience à profit. Ainsi, je m'assis et me mis à écrire, dans la ferme intention d'acquérir une expérience personnelle. J'écrivis de tout — nouvelles, articles, anecdotes, blagues, essais, sonnets, ballades, villanelles, triolets, chansons, pièces légères en tétramètres ïambiques, tragédies pesantes en vers blancs. Je glissai dans des enveloppes ces créations variées, ajoutai un timbre pour la réponse et les mis à la poste. Oh ! j'étais fécond. Chaque jour, la pile de mes manuscrits montait, jusqu'à ce que le problème consistant à trouver des timbres devienne aussi aigu que celui d'assurer l'existence de ma logeuse veuve.

Tous mes manuscrits me furent retournés. Ils me revenaient sans discontinuer. Le processus ressemblait au travail d'une machine sans âme. Je glissais le manuscrit dans la boîte aux lettres. Au bout d'un certain temps le facteur me rapportait mon manuscrit, accompagné d'une fiche de refus stéréotypée. Une partie de la machine, une combinaison ingénieuse de manivelles et d'engrenages à l'autre bout (ce ne pouvait être un homme vivant, qui respire, qui ait du sang dans les veines) avait transféré le manuscrit dans une autre enveloppe, pris les timbres à l'intérieur de la mienne, les avait scellés sur l'autre après avoir ajouté la fiche de refus.

Cela dura quelques mois. J'étais toujours dans le noir. Je n'avais pas encore acquis la moindre parcelle d'expérience. Qu'est-ce qui était le plus commercial, poésie ou prose, blagues ou sonnets, nouvelles ou essais, je n'en savais pas plus qu'au commencement. J'avais cependant glané quelques petites idées, vagues et nébuleuses : on payait un minimum de dix dollars pour mille mots — si j'arrivais à faire paraître seulement deux ou trois choses, les rédacteurs en chef réclameraient mes productions à grands cris — le fait qu'un manuscrit ait été conservé par quelque rédacteur en chef pendant la bagatelle de quatre ou cinq mois ne voulait pas dire nécessairement qu'il était vendu.

Quant à ce tarif minimum de dix dollars les mille mots, chose à laquelle je croyais fermement, je dois avouer que je l'avais noté dans quelque supplément du dimanche. Je dois de même avouer la belle et touchante modestie de mes aspirations. Que d'autres, me disais-je, reçoivent le tarif maximum, si merveilleuse que puisse être la somme en question. Quant à moi, je me contenterai toujours de recevoir le tarif minimum. Et une fois que je me serai lancé, je ne produirai pas plus de trois mille mots par jour, à raison de cinq jours par semaine. Cela me laisserait beaucoup de loisirs, tout en gagnant six cents dollars par mois sans encombrer le marché.

Comme je l'ai dit, la machine a fonctionné pendant plusieurs mois puis, un matin, le facteur m'apporta une lettre, notez bien, pas une enveloppe épaisse et de grand format, mais une enveloppe mince et de petit format, émanant d'un magazine. Mon problème de timbres et celui de ma logeuse pesaient cruellement sur moi, et cette lettre mince et de petit format venant d'un magazine allait certainement résoudre ces deux problèmes à bref délai.

Je ne pouvais ouvrir la lettre sur-le-champ. C'était me semblait-il, quelque chose de sacré. Elle contenait des mots écrits par un rédacteur en chef. Le magazine qu'il représentait était d'après moi, de première catégorie[1]. Je savais qu'il détenait une histoire de moi longue de quatre mille mots. Que serait-ce ? me demandais-je. Le tarif minimum, répondis-je, modeste, comme toujours ; quarante dollars, naturellement.

M'étant ainsi prémuni contre une déception de toute sorte, j'ouvris la lettre et je lus ce qui devait, pensai-je, rester imprimé dans ma mémoire en lettres de feu. Hélas ! il y a de cela peu d'années et j'ai pourtant déjà oublié. Mais le but essentiel de cette

---

1. Il s'agissait d'une revue fondée par Bret Harte, et publiée à San Francisco : *The Overland Monthly*. Elle allait accueillir en 1899 la plupart des histoires réunies en 1900 sous le titre *The Son of the Wolf*. En français : *le Fils du Loup*, collection 10/18, n° 1021.

lettre, c'était de m'apprendre froidement que mon histoire[2] était acceptée, qu'elle serait insérée dans le numéro suivant et qu'on me donnerait la somme de cinq dollars.

Cinq dollars ! Un dollar vingt-cinq cents pour mille mots ! Si je ne suis pas tombé roide mort, c'est que je possède une robustesse de caractère qui me permettra de survivre et de me qualifier finalement pour le titre de plus vieil habitant de la planète.

Cinq dollars ! Quand ? Le rédacteur en chef ne me le disait pas. Je n'avais même pas un timbre grâce auquel j'aurais pu envoyer mon acceptation ou mon refus de cette offre. À ce moment précis, la petite fille de ma logeuse frappe à la porte de derrière. Les deux problèmes réclamaient une solution avec plus d'insistance que jamais. Il était clair qu'il n'y avait rien qui ressemble à un tarif minimum. Il ne me restait plus qu'à m'en aller pelleter du charbon. Je l'avais déjà fait et j'y avais gagné beaucoup plus d'argent. Je décidai de recommencer ; et je l'aurais certainement fait, s'il n'y avait pas *The Black Cat*[3].

Oui, le *Black Cat*. Le facteur m'apporta une offre de ce journal. Il me proposait quarante dollars pour une histoire[4] de quatre mille mots, plus longue qu'excellente, si je voulais bien donner la permission d'en couper la moitié. Cela revenait à un tarif de vingt dollars. Accorder cette permission ? Je leur dis qu'ils pouvaient bien couper les deux moitiés si seulement ils m'envoyaient l'argent par retour du courrier. Quant aux cinq dollars ci-dessus mentionnés, je les reçus finalement après publication et une grande

2. *To the Man on the Trail* (À l'Homme sur la Piste) qui allait être publiée en janvier 1899 dans *The Overland Monthly*.

3. *The Black Cat*, revue de Boston. Consacrée à l'étrange et au fantastique, elle empruntait son titre à la nouvelle d'Edgar Poe, *le Chat noir*. Sur cette revue et son rédacteur en chef, voir plus bas (2e partie, XVIII) : *le Dollar chauffé à blanc*.

4. *A Thousand Deaths* (parue dans le numéro de mai 1899). En français : *Mille fois mort*, recueilli dans *le Dieu tombé du ciel*, collection 10/18, n° 957.

quantité de difficultés et d'ennuis[5]. J'oubliai ma résolution de pelleter du charbon et continuai à taper à la machine — « pour faire couler des adjectifs du bout de mes doigts », comme l'a dit d'une manière pittoresque une certaine jeune femme.

Pour achever ce bref compte rendu de mon expérience, permettez-moi d'énoncer quelques vérités péniblement acquises. Ne quittez pas votre emploi pour vous consacrer à la littérature à moins de n'avoir personne à charge. La fiction est ce qui paie le mieux et, quand elle est de bonne qualité, le plus facile à vendre. Une courte esquisse humoristique se vendra plus vite qu'un bon poème ; évaluée en sueur et en sang, elle procure une meilleure rémunération. Évitez qu'une histoire finisse mal, abstenez-vous de ce qui est dur, brutal, tragique, horrible — si vous voulez voir imprimé ce que vous écrivez. (Dans cet ordre d'idées, ne faites pas ce que je fais, mais faites ce que je dis.)

L'humour est ce qui est le plus difficile à écrire, le plus facile à vendre, et le mieux rémunéré. Il est peu de gens capables d'écrire des histoires humoristiques. Si vous l'êtes, écrivez-en à tout prix. Vous trouverez là un Klondike et un Rand réunis. Regardez Mark Twain.

N'expédiez pas une histoire de six mille mots avant le petit déjeuner. N'écrivez pas trop. Concentrez vos efforts sur une seule histoire plutôt que de vous disperser sur une douzaine. Ne flânez pas en sollicitant l'inspiration ; précipitez-vous à sa poursuite avec un gourdin, et même si vous ne l'attrapez pas vous aurez quelque chose qui lui ressemble remarquablement bien. Imposez-vous une besogne et veillez à l'accomplir chaque jour ; vous aurez plus de mots à votre crédit à la fin de l'année.

Étudiez les trucs des écrivains arrivés. Ils se sont rendus maîtres des outils sur lesquels vous vous cassez les ongles. Ils font des

5. London fut obligé de « malmener » l'éditeur : Roscoe Eames. Lequel allait devenir, sept ans plus tard, son oncle par alliance lorsque l'auteur épousa en secondes noces Charmian Kittredge. R. Eames fut également le « capitaine » du « Snark », au début de sa croisière.

choses, et leur œuvre porte la preuve intrinsèque de la façon dont elle est faite. N'attendez pas que quelque bon Samaritain vous le dise, mais fouillez vous-mêmes.

Veillez à ce que vos pores soient ouverts et votre digestion bonne. C'est, j'en suis persuadé, la règle la plus importante de toutes. Et ne me lancez pas Carlyle à la figure, s'il vous plaît.

Ayez un carnet de notes. Voyagez avec lui, mangez avec lui, dormez avec lui. Notez-y tout ce qui vous vient à l'esprit. Le papier bon marché est moins périssable que la matière grise, et les notes au crayon à mine de plomb durent plus longtemps que la mémoire.

Et travaillez. Écrivez ce mot en majuscules, TRAVAIL, TRAVAIL tout le temps. Découvrez cette terre, cet univers ; cette force et cette matière, et l'esprit qui scintille à travers la force et la matière, depuis la larve jusqu'à l'Esprit divin. Et par tout cela je veux signifier que le TRAVAIL est une philosophie de la vie. Vous n'êtes pas blessé par ce que votre philosophie de la vie peut être fausse, dès l'instant où vous en avez une et l'avez bien.

Les trois grands principes sont : BONNE SANTÉ, TRAVAIL, et une PHILOSOPHIE DE LA VIE. Je pourrais en ajouter, je dois même en ajouter un quatrième : la SINCÉRITÉ. Sans cette dernière, les trois précédents ne servent à rien. Avec elle, vous pouvez accéder à la grandeur et siéger parmi les géants.

III

CRIMES DE RÉDACTEUR EN CHEF

Paru sous le titre Editorial Crimes *dans* Dilettante (*Oakland*), *mars 1901.*

La majorité des rédacteurs en chef sont d'excellents hommes, courtois, et sympathiques à un degré auquel on ne pourrait guère s'attendre étant donné les circonstances. Mais il ne faut pas se dissimuler que quelques-uns manquent de scrupules, et il est bon que le débutant soit familiarisé avec certains de leurs crimes et actes délictueux ; car les conséquences de tels errements sont souvent pénibles et toujours vexatoires. Il n'y a aucune raison de perpétrer de tels crimes ; sauf dans le cas pitoyable des journaux misérables qui ont toujours le loup de la faillite grondant à la porte de leur direction. Pour ceux-là, tout est permis. Ils sont de brillantes justifications de la loi sur la légitime défense.

Il n'en est pas de même pour le reste de la confrérie. Ceux-ci ne peuvent présenter aucune excuse valable pour leurs écarts. Par exemple : un écrivain consacre ses moments perdus à mettre des timbres et des adresses sur d'innombrables enveloppes et à expédier ainsi continuellement toute une variété de manuscrits. Il lui appartient de les surveiller pour éviter qu'ils ne soient perdus, mis au rebut ou volés. De la part d'un quotidien, il tolère probablement qu'un mois s'écoule sans recevoir de nouvelles du manuscrit envoyé ; de la part d'un magazine de second ordre, six semaines ; et avec un magazine de premier ordre, ce délai peut s'élever à deux mois. À la fin de ces périodes respectives et toujours sans nouvelles de son enfant spirituel en perdition, il envoie une « relance ». Il en résulte chaque fois le retour du manuscrit ou une lettre d'acceptation. Dans l'un et l'autre cas, le rédacteur en chef s'était rendu coupable d'un acte délictueux. Le manuscrit est une marchandise. L'« élément temps » de l'économiste entre dans la détermination de sa valeur, bien que, en vérité, l'écrivain se voie refuser la moindre considération monétaire pour cet élément. Un fabricant, vendant ses souliers à quatre-vingt-dix jours, demande et reçoit — à juste titre — un prix plus élevé que s'il vend comptant. Puisqu'on refuse cet avantage à l'écrivain, il est du devoir élémentaire du rédacteur en chef de mettre le minimum de temps à examiner sa production. Le fait même que la « relance » ait amené une décision du rédacteur en chef si rapide prouve bien que ce dernier était fautif.

Mais lorsque, après avoir longtemps conservé l'article, le rédacteur en chef ne tient pas compte de la relance, il est positivement criminel. La morale des relations sociales exige une réponse. Et voilà qu'après plusieurs mois d'attente anxieuse, la relance a pour résultat : le retour du manuscrit accompagné d'une lettre circulaire contenant, entre autres, la mention suivante : « *Si un manuscrit était considéré comme méritant une étude supplémentaire pendant un laps de temps plus long que ne le permettent les convenances de l'auteur, il serait immédiatement retourné sur demande de ce dernier.* » Mais la relance ne réclamait pas le retour du manuscrit, elle avait simplement pour but de se renseigner sur le sort réservé à celui-ci et de se prémunir contre sa perte. Sûrement le magazine en question ne pouvait, dans la pratique, détenir qu'un nombre très limité de manuscrits pour « étude supplémentaire » et cela n'aurait pas été une bien lourde tâche que d'informer les auteurs s'enquérant de l'état de leurs affaires.

Fort de cette expérience, l'écrivain en question, craignant que cela ne se reproduise, laissera un manuscrit pendant six mois entre les mains du rédacteur en chef d'un autre magazine. Hélas, il lui faudra quatre relances, à trente jours d'intervalle, pour obtenir son renvoi. Dans ces conditions, il se trouve entre Charybde et Scylla ; d'un côté la susceptibilité du rédacteur en chef, de l'autre la perte du manuscrit.

Une relance fit revenir le manuscrit de chez un autre rédacteur en chef, qui l'avait conservé quatre mois ; il était accompagné de la note suivante : *Il a des mérites mais il est trop long. Il ne convient pas à notre journal, mais vous trouverez certainement un autre débouché.* Au nom de la plus élémentaire idiotie, fallait-il quatre mois pour arriver à cette conclusion ?

Le retour d'un manuscrit surchargé et couvert de griffonnages se produit assez fréquemment au cours des tentatives de placement. L'écrivain n'est pas de très bonne humeur quand il s'installe pour dactylographier à nouveau un article mutilé par un rédacteur en chef criminel. Mais dans ce cas, il arrive qu'une compensation intervienne. J'ai soumis une fois un travail bâclé en un après-midi, un morceau satirique de quinze cents mots, à un hebdomadaire de New York. Même dans mes rêves les plus fous, je ne pouvais pas imaginer recevoir un chèque supérieur à cinq dollars, s'il était accepté. Après deux mois de silence, j'envoyai une relance ; il me fut réexpédié par retour de courrier. Il portait la mention « O.K. », avec en travers la signature du rédacteur en chef, prêt à être envoyé à l'imprimerie, avec des annotations au crayon bleu d'un bout à l'autre. Entièrement perdu — du moins je le pensais. Mais, en proie à un vrai désespoir, je l'expédiai au journal pour adolescents le plus en vue de tous les États-Unis, sans avoir fait disparaître un seul de ces ravages de Barbare. Quatre semaines plus tard, arriva un chèque de vingt-cinq dollars. Les malédictions dont j'avais couvert la tête du Barbare se muèrent en action de grâces. Aujourd'hui encore, mon cœur se met à fondre quand je pense à lui. Cher bienfaiteur !

La question du paiement est une autre affaire qui fait intervenir une importante criminalité. Un rédacteur en chef dont les tarifs sont extrêmement bas, n'a pas le droit, en traitant avec un nouveau collaborateur, d'envoyer à la hâte sa copie à l'impression sans s'être tout d'abord assuré que ces bas tarifs conviennent à l'auteur. Pourtant, c'est souvent ce qui a lieu. Il y a aussi le rédacteur en chef qui accepte le travail et le paie, mais si l'auteur demande l'exemplaire du numéro dans lequel il a été publié, il l'avise qu'il doit acheter la collection ou lui demande pourquoi il ne s'abonne pas. Il y a, encore, le rédacteur en chef qui vous écrit une charmante petite lettre d'acceptation, en disant de charmantes petites choses sur votre « contribution », mais il omet de faire allusion à cette importante petite question de paiement. On remarquera qu'il a montré le bout de l'oreille en désignant le manuscrit comme une « contribution ». Gardez-le à l'œil ! Un de ces jours, il exprimera une affreuse surprise devant l'audace dont vous faites preuve en demandant à être payé. De même, il y a celui qu'on a toujours besoin de talonner. La coutume, « des gens silencieux et butés qui dirigent les magazines », est de payer dans les trente jours suivant la publication. Jusque-là, rien à dire. Mais il y a certainement à redire lorsqu'on attend soixante ou quatre-vingt-dix jours, ou un an, ou n'importe quel autre laps de temps et quand, une fois passés les trente jours, le rédacteur en chef répond à une réclamation par un parement instantané et en se répandant en excuses. C'est fâcheux, mais il faut parfois traiter avec de tels individus. Mais ne soyez pas timide avec eux. Accordez-leur le délai de trente jours et, aussitôt après, réclamez. S'il s'agit d'une simple erreur de leur part, eh bien, personne n'est vexé et tout est arrangé. Si ce n'est pas une erreur, alors restez assuré que vous ne vous êtes pas trompé non plus.

IV

LE PARADOXE DE L'ÉCRIVAIN

Paru sous le titre Again the Literary Aspirant *dans* The Critic, *septembre 1902.*

De nos jours le candidat littérateur, ou plutôt le candidat artiste littéraire, ou plutôt encore le candidat artiste littéraire ayant un ventre plein d'activité et une bourse vide, se trouve en face d'un paradoxe criant. Comme il est un candidat, il est incontestablement un homme qui n'est pas arrivé, et un homme qui n'est pas arrivé n'attire pas la popularité. Comme il est un homme, et que sa bourse est vide, il doit manger. Comme il est un artiste, en possession d'une véritable âme d'artiste, son plaisir consiste à épancher dans des textes imprimés la joie dont son cœur déborde. Et voici le paradoxe en face duquel il se trouve et qu'il doit résoudre : *Comment et de quelle façon doit-il chanter la joie de son cœur pour qu'une fois imprimé ce chant lui fasse gagner son pain* ?

Cela ne se présente pas comme un paradoxe. Tout au moins, cela n'apparaît pas comme un paradoxe à celui qui est simplement un candidat écrivain ; ni à celui qui a un tempérament artistique et une bourse bien garnie. Le premier, dépourvu d'ambition artistique, trouve assez simple de donner ce que le public demande. Le second, se souciant peu de cette nécessité sordide, attend d'avoir fait naître la demande dans le public. Quant à l'homme déjà arrivé, il ne compte pas. Il a résolu le paradoxe. Mais l'homme aux rêves ambitieux mais poussé par la nécessité sordide, celui-là doit affronter la contradiction absolue. Cet homme ne peut à la fois épancher son âme d'artiste dans son œuvre et échanger cette œuvre contre du pain et de la viande. Le monde est étrangement et impitoyablement opposé à cette opération qui consiste à échanger la joie de son cœur contre la satisfaction de son estomac. Comme il va avoir l'occasion de le découvrir, ce que le monde estime le plus, c'est ce qu'il demande le moins ; et ce qu'il réclame à cor et à cri, il ne l'estime pas du tout.

Ainsi va le monde, particulièrement au XXe siècle, et du moins en ce qui concerne les textes imprimés. L'exploitation du scandale, bannie de la presse quotidienne réapparaît par endroits dans les magazines. La note dominante, c'est d'être populaire. La publicité fait rentrer l'argent, le tirage amène la publicité ; le magazine amène le tirage. Problème : que doit-on imprimer dans le magazine qui amène un gros tirage, qui amène la publicité, qui fasse rentrer l'argent ? Voilà pourquoi le rédacteur en chef est dominé par le directeur commercial attentif au tirage, ou alors le rédacteur en chef est suffisamment capable de garder, lui, un œil sur le tirage. Et le tirage doit être important, afin qu'il y ait beaucoup de publicité, et par suite beaucoup de recettes. Si bien que le rédacteur en chef imprime dans les pages de son magazine ce qu'un grand nombre de gens ont envie de lire. Il n'imprime pas ce qu'ils devraient lire, car sa fonction consiste à être complice et non éducateur.

Attitude bassement commerciale. Et pourquoi n'en serait-il pas ainsi à une époque commerciale ? Les valeurs les plus profondes de la vie sont aujourd'hui exprimées en argent. Ce qui est le plus caractéristique d'une époque doit être le message de cette époque. Ce qui est le plus significatif aujourd'hui est la façon de faire de l'argent. Lorsque le Président des États-Unis qui venait de mourir fut conduit à sa dernière demeure, la plus profonde marque de respect que la ville de New York ait pu lui donner fut d'arrêter ses chemins de fer pendant cinq minutes, de cesser l'envoi des télégrammes pendant une demi-minute — c'est-à-dire, de s'arrêter de gagner de l'argent pendant, respectivement, cinq minutes, et une demi-minute. Et la ville de New York était sincère. La profondeur de sa douleur ne pouvait être sondée que par la durée de cet acte. Faire de l'argent était d'une importance si vitale, était si significatif pour la ville de New York que cesser d'en gagner pendant cinq minutes et pendant une demi-minute, était la façon d'exprimer avec le plus d'intensité possible sa sympathie et son chagrin — beaucoup plus intensément qu'en décidant de jeûner pendant cinquante-deux semaines. C'était le principe même de l'esprit de sacrifice caché dans les profondeurs de l'être qui poussait le berger des époques pastorales à immoler les premiers-nés gras de son troupeau ; qui poussait Abraham dans le pays de Moriah à offrir Isaac, issu de ses entrailles, en holocauste, et témoigner ainsi de sa soumission à Dieu ; qui a poussé la ville de New York à cesser de gagner de l'argent pendant cinq minutes et une demi-minute.

Cela dit — gagner de l'argent étant essentiel dans la vie d'aujourd'hui —, il est tout à fait normal que la littérature s'évalue en argent. Et, pour un rédacteur en chef, imprimer dans les pages de son magazine ce qu'un grand nombre de gens ont envie de lire n'est pas seulement un acte normal, c'est faire preuve du sens des affaires. Cela résulte du fait de reconnaître à la masse le droit de vivre, ou du fait d'être contraint de reconnaître à la masse le droit de vivre (ce qui est la même chose), de lui donner de bonnes maisons, de bons vêtements, des écoles gratuites, la liberté civile et religieuse. C'est la rançon de la démocratie. On ne peut attendre de ceux qui ont été récemment émancipés, récemment doués de puissance, qu'ils utilisent ce pouvoir avec modération. La masse inculte ne peut devenir cultivée en un clin d'œil. La masse, totalement dépourvue de concepts artistiques ne peut pas, dès l'instant où elle a obtenu la liberté, atteindre le plus élevé des concepts artistiques. Et partout où la masse obtient le droit d'exister, partout où les hommes du commun se saisissent pour la première fois de tout ce qui représente la vie, il doit s'ensuivre une tendance à écarter tout ce qui est raffiné de ton et de manières, une restriction, une chute jusqu'à un niveau moyen, humainement moyen.

Les Athéniens d'il y a deux mille ans nous offrent le spectacle remarquable d'un peuple cultivé. Mais en admirant ce spectacle, nous avons tendance à oublier que chaque Athénien était juché sur les épaules de dix esclaves. Nous avons tendance à oublier que, si l'on avait donné à chaque esclave un droit de vote à part entière dans les affaires athéniennes, la culture des Athéniens aurait présenté un aspect tout différent et loin d'être aussi remarquable. De même aujourd'hui, nous avons tendance à oublier que nous avons octroyé seulement hier le droit de vote à nos paysans, nos serfs, nos vilains, nos rustres et nos manants. Dès qu'un rustre ou un manant est transformé en homme libre, on lui apprend à lire et à écrire et très vaguement à penser, on lui donne trois dollars par jour pour le travail accompli par sa tête et ses mains, alors ce rustre ou ce manant, avec dix cents dans la main et dans son cœur le désir d'avoir un magazine, devient une puissance dans le pays. Sa voix, librement exprimée et égale aux autres, sera entendue, et le rédacteur en chef l'écoutera ; car d'une majorité de gens comme lui, se compose une grande partie du peuple.

Et à cause du grand nombre de gens qui ont dix cents dans la main — ou vingt-cinq cents, peu importe la somme — le rédacteur en chef doit évaluer la littérature, non seulement en argent, mais en fonction de l'argent du plus grand nombre de gens. En d'autres termes, l'estimation immédiate de la littérature est faite par le plus grand nombre de gens. Les gens récemment émancipés et dépourvus de sens artistique déterminent le genre de textes que le directeur commercial peut permettre au rédacteur en chef d'imprimer dans les pages de son magazine. Ce dernier devient le porte-parole de gens récemment émancipés et dépourvus de sens artistique. Ce qu'ils veulent, il le veut. Il est le fournisseur, l'intermédiaire, l'acheteur de marchandises pour le compte d'un grand nombre de gens qui n'ont pas le temps d'aller les marchander eux-mêmes, et qui n'y sont pas préparés. Et, par les grandes routes et les petits chemins le long desquels des hommes colportent le produit de leurs méninges, il s'en va choisir ce qu'il fera entrer dans son stock. Et, si le rédacteur en chef reçoit sa subsistance de la grande masse, par son intermédiaire les écrivains qui colportent leur production reçoivent la leur de la même source. La grande masse les nourrit et quiconque nourrit un homme devient son maître. Et en leur qualité de maîtres, ceux qui appartiennent à cette grande masse, vu leur appréciation simpliste de la littérature, exigent une littérature simpliste.

Cependant, l'appréciation finale de la littérature cesse d'être leur affaire. Grâce aux pièces de monnaie qu'ils tiennent à la main, à leur pouce qu'ils peuvent tourner vers le ciel ou vers le sol, selon la liberté qu'ils ont de le faire, à égalité avec les autres, ils vont décider qui survivra aujourd'hui et dans le mois à venir ; et par conséquent, avec leurs pièces de dix et de vingt-cinq cents (ce qui représente du pain et de la viande), ils décident quels écrivains doivent survivre aujourd'hui et dans le mois à venir. Quatre-vingt-dix pour cent de ceux qui survivent aujourd'hui et pendant le mois, mourront demain ou le mois prochain. Et quatre-vingt-dix pour cent des hommes qui écrivent cela... ah ! non ! À ceux-là, la vie éternelle est octroyée : ils vivent au jour le jour, de mois en mois, leur sillage est encombré par les choses mortes issues de leurs méninges et qui n'ont pas été finalement appréciées. Les hommes qui meurent sont les candidats écrivains au ventre affamé et à la bourse vide et qui, n'ayant pu réussir à vivre aujourd'hui et dans le mois suivant, ne peuvent bénéficier d'aucune éventuelle résurrection pour demain et le mois prochain.

Mais tandis que les membres de la grande masse sont les maîtres quand il s'agit de l'estimation immédiate, ce sont d'autres gens, peu nombreux, qui se livrent à l'appréciation finale. Pour employer une image, ces hommes se tiennent debout sur la tête et les épaules des autres. Ces arbitres finaux, on peut, en utilisant le terme dans son sens le plus large, les appeler les « critiques ». On ne doit pas les confondre avec les hommes qui font la revue des livres, à raison de tant par semaine, pour des publications dont les pages de publicité contiennent des annonces pour les mêmes ouvrages. Et ils ne sont pas nécessairement les hommes qui parlent à titre professionnel, ils n'ont pas besoin non plus de s'exprimer dans un texte imprimé. Mais ce sont les hommes qui, dédaignant les sourds, disent des choses favorables pour ce qui a de la valeur et pis que pendre des fadaises, et continuent ainsi jusqu'à ce qu'une foule les écoute. On pourrait les comparer au maître d'école dans une classe moyenne. Les gosses peuvent trouver plus de plaisir au bourdonnement d'une grosse mouche qu'aux racines cubiques ; mais le maître d'école donne ses coups de marteau, sans relâche, tant qu'il n'a pas fait entrer la racine cubique dans leur tête. L'appréciation immédiate du savoir est celle des gosses, l'appréciation finale appartient au maître d'école. Il en est ainsi avec la grande masse d'une part, et les critiques d'autre part. Le critique donne ses coups de marteau ; sans relâche, il apprécie et blâme, interprète, explique, rend l'obscur clair et simple, il consacre ainsi la valeur de l'artiste sous sa propre responsabilité jusqu'au moment où il oblige la masse à en faire autant.

Mais les critiques, ceux dont on pourrait dire qu'ils ont du discernement, représentent un petit nombre ; bien qu'ils aient eux aussi une pièce de dix ou de vingt-cinq cents dans la main, ces pièces ne sont au total pas nombreuses ; et le rédacteur en chef qui, en homme d'affaires, évalue la littérature en argent, ne peut pas leur prêter beaucoup d'attention. Ce n'est pas que le rédacteur en chef ne tombe pas de temps à autre sur une création de valeur. Il le fait souvent par mégarde, et souvent aussi sans erreur, mais à titre de tentative, en tremblant de peur, plein d'anxiété, assailli par toutes sortes de doutes.

Alors intervient le candidat artiste désireux de confier à la page dactylographiée un chant que personne n'a encore chanté, d'échanger la joie de son cœur contre la satisfaction de son estomac, de faire quelque chose qui vive et en même temps d'essayer de vivre lui-même. À moins d'être un candidat artiste très veinard, il ne tarde pas à s'apercevoir que chanter dans une machine à écrire et faire sortir son chant d'un magazine constituent des performances comme on n'en a jamais constaté. Les joies de l'âme et les désirs du cœur, coulés dans des moules artistiques durables ne sont pas nécessairement des œuvres de littérature immédiate ; en bref, le maître qu'il cherche à servir pour avoir du pain et la gloire ne veut pas entendre parler de lui. Et tandis qu'il s'assied pour reprendre sa respiration, il voit les candidats à la littérature alimentaire passer devant lui, en foule, parce qu'ils se contentent de prendre le pain et de laisser la gloire où elle est. Le peuple prie dans son ensemble, se partage entre le grand nombre et un petit nombre de gens ; le pain et la gloire ont divorcé ; et là où il rêvait de servir un seul maître, il en trouve deux. Le maître qu'il doit servir pour pouvoir vivre, et l'autre pour que son œuvre puisse vivre ; et ce que le premier demande le plus, le second n'a pas grand-chose ou rien du tout à en faire.

« Allez de l'avant », dit celui qui sait discerner, en lui donnant une tape sur l'épaule. « Nous sommes avec vous. Sortez vos chefs-d'œuvre et nous inscrirons votre nom bien haut au fronton du temple de la célébrité. » Mais il s'agit du petit nombre, ceux qui ne représentent pas beaucoup de pièces de monnaie, et le rédacteur en chef ne les écoute pas. « Je ne veux pas de chefs-d'œuvre », dit le rédacteur en chef. « Je pourvois aux besoins d'un grand nombre de gens d'un certain calibre. Donnez-moi quelque chose, n'importe quoi, ne vous souciez pas de ce que c'est, du moment que cela correspond à ce calibre, et j'inscrirai votre nom très haut dans les comptes de la banque nationale. »

« Seule la vérité est durable », murmure celui qui discerne. « Soyez un visionnaire et nous nous souviendrons de vous, et nos enfants, ainsi que les enfants de nos enfants, se souviendront de vous. » Et le candidat artiste se met à son écritoire, et donne forme et substance à la beauté éternelle et magnifique. « Trop fort », dit le rédacteur en chef. « Ce qui est une autre façon de dire "trop vrai" », fait remarquer le candidat artiste. « Exact », réplique le rédacteur en chef. « Cela me ferait perdre mille abonnés. Apprenez, jeune et brillant intellectuel, que je ne veux pas de visionnaires ; mes abonnés répugnent à se séparer de leur bon argent en échange de visions lointaines. » « Vous… ne… voulez… pas… de… la vérité… ? », demande le candidat artiste d'une voix tremblante. « Ce n'est pas cela », répond le rédacteur en chef, « mais il est bon d'apprendre qu'il y a la vérité, et la vérité, et encore la vérité. Nous voulons bien en effet de la vérité, mais il nous faut une vérité atténuée, une vérité diluée, une vérité insipide, une vérité inoffensive, une vérité conventionnelle, une vérité bien peignée. Alors, là, vous y êtes ! Peignez votre vérité, jeune homme. Sortez vos ciseaux et votre tondeuse, et nous ferons affaire. » « Mais c'est mon immortalité que je tonds », s'écrie le candidat artiste. « Vous avez fait erreur », dit finalement le rédacteur en chef, avec fermeté. « Je ne tiens pas commerce d'immortalité. Au revoir. »

Alors le candidat artiste s'assied à son bureau et se plonge dans de nouvelles spéculations sur ses chants qui n'ont pas été chantés et sur ses nécessités sordides. Comment et de quelle façon doit-il chanter la joie dont son cœur est plein pour qu'une fois imprimé, ce chant lui donne du pain ? Et il est intrigué par les hommes qui sont arrivés, qui (dans certaines limites) mois après mois, déversent dans les magazines la vérité qui se trouve en eux. Et il est encore plus intrigué quand il se rend compte qu'ils ont résolu le paradoxe en face duquel il se trouve. Il y a l'esquisse de Jones, le GRAND JONES, et l'étude par l'IMMORTEL JENKINS ; et cependant le rédacteur en chef lui a dit clairement que de telles esquisses et de telles études ne correspondaient pas du tout à ce qu'on demandait. Et voici une autre petite pièce de vers plus ou moins audacieuse de Mrs Maybelle, l'UNIQUE MRS. MAYBELLE. Il avait pourtant fait vibrer la même corde qu'elle et donné un chant plus nouveau et plus rigoureux, mais le même rédacteur en chef le lui avait retourné.

« Mon cher monsieur », dit le rédacteur en chef répondant à sa plainte, « ces écrivains connus, que vous mentionnez, parlent avec autorité. Ils ont leur réputation. La masse écoutera toujours celui qui parle avec autorité, même si elle ne le comprend pas. Allez-y, faites-vous une réputation, et je publierai tout ce que vous écrirez, c'est-à-dire… euh… à peu près tout, et au moins toutes les bêtises. J'irai même jusqu'à publier une partie des choses que je suis en train de vous refuser ». « Mais si vous refusez de les publier actuellement », demande le candidat artiste, « comment diable pourrai-je me faire une réputation ? » « Ça », dit le rédacteur en chef, « c'est votre affaire, ce n'est pas la mienne ».

Ou bien le candidat artiste survit, en prenant le pain et en laissant la gloire où elle est, ou bien sans mourir, le candidat artiste résout le paradoxe, comme Jones, Jenkins et Maybelle l'ont résolu. Quant à savoir comment ? Cela, cher lecteur, comme le lui a dit le rédacteur en chef, c'est son affaire. À vous de lui être reconnaissant d'avoir résolu le paradoxe.

V

LE CÔTÉ MATÉRIEL

Paru sous le titre First Aid to Rising Authors *dans* Junior Munsey
Magazine, *décembre 1900.*

Nombreux sont les motifs qui conduisent les hommes à
s'aventurer dans les sentiers épineux de la littérature ; et parmi
ces forces d'instigation, il faut avant tout mentionner l'ambition.

L'ambition, c'est un terme très vague. Allons tout droit à la
racine de la question, dépouillons-la de toutes ses fantaisies folles,
de ses tromperies sournoises et donnons au terme une définition
plus précise. Ambition pour quoi ? Pour la célébrité ? Pour se
faire remarquer ? Pour avoir un public ? Pour la puissance ? Pour
un moyen d'existence ? À dire vrai, pour quoi ?

À présent, qu'on remarque, arrivés à ce point, que la discussion
concerne seulement les individus qui entrent réellement dans
l'arène et se dépensent pour trouver un marché. Nous ne nous
occupons pas du vrai poète, qui chante pour la beauté du chant ;
qui chante parce qu'une force le pousse suivant la ligne de moindre
résistance ; bref, qui chante parce qu'il ne peut s'en empêcher. Un
tel homme n'envoie pas ses chants aux quatre coins du monde
sous enveloppe fermée, pour attendrir d'innombrables éditeurs.
Au mieux (ou bien, cela peut être au pire) après en avoir dûment
persuadé un, il obtient une édition privée pour une distribution
gratuite parmi ses amis les plus proches et les plus chers ; mais ce

sera tout. Naturellement, si le son qu'il rend est pur, agréable et vrai, si ce son présente ce caractère de force, d'habileté, cet aspect indéfinissable, éternel, il ne peut éviter un accroissement constant du nombre de ses fidèles. Car ce sont eux qui lui apportent son marché : chacun déclame ses chants à quelqu'un d'autre, ce dernier encore à un autre jusqu'à ce que finalement le monde soit divisé en deux catégories : ceux qui déclament et ceux qui demandent à cor et à cri qu'on déclame pour eux. Les fils télégraphiques sont brûlants à force de transmettre les offres d'éditeurs au regard anxieux. Dans ce cas, le marché vient de lui ; ce n'est pas lui qui cherche le marché.

Mais nous sommes en train d'analyser cette ambition qui conduit les hommes à faire de leurs pensées écrites des marchandises, et à les expédier, comme des navets et des choux, pour être vendues et achetées. Quand un homme agit ainsi, il est normal de lui demander pourquoi. Le fait-il pour la célébrité ? Voyons. Tout d'abord, une question se pose. Est-ce qu'un homme, mû seulement par une soif de distinctions ou de gloire, est jamais devenu quelqu'un de distingué ou de célèbre ? Il ne semble pas. Il peut accéder à la notoriété, mais jamais à la réputation. Les grands hommes dans le monde le sont devenus parce qu'ils avaient quelque chose à faire dans le monde, et qu'ils l'ont fait ; parce qu'ils travaillaient assidûment et énergiquement, se perdaient dans leur travail, jusqu'au jour où ils ont été tout surpris de voir les honneurs tomber dru sur eux, et leur nom sur toutes les lèvres. Et, bien plus, pour celui qui vendrait ses pensées contre la seule récompense de siéger à des places élevées, n'est-ce pas une façon ridicule de faire la chasse à la célébrité que de s'y livrer à travers les bureaux des éditeurs et les sanctuaires éditoriaux, en s'accrochant aux basques d'un habit dont on ne connaît même pas le propriétaire ? À coup sûr, les lauriers ne sont pas destinés à quelqu'un de ce genre !

Il en existe d'autres, qui ont pour seule ambition de se voir imprimés. Simplement pour faire dire à leurs amis : « C'est Untel : un garçon intelligent, vous ne le connaissez pas ? Il écrit dans les magazines. » Un tel homme désire que les gens parlent de lui ; se glisser un moment dans la galerie à un shilling, et aller ensuite avec fierté parmi ceux qui le connaissent comme quelqu'un qui a siégé parmi les écrivains ; posséder une distinction de caste dans laquelle il n'est pas né et qu'il ne pourra jamais acquérir, à cause de sa bêtise d'âne innée. Il existe de tels hommes — retenez par le revers de l'habit le prochain éditeur à qui vous serez présenté, et demandez-lui —, créatures frivoles, vaines et insensées ; mais tandis que nous pleurons pour eux, nous ne pouvons discuter comme ambitieux leurs désirs illégitimes. Soyons charitables, jetons le blâme à leurs ancêtres et passons.

Il y en a beaucoup d'autres à éliminer de la proposition ; les spécialistes, par exemple — médecins, avocats, professeurs, historiens, savants. Ces hommes écrivent dans leur spécialité professionnelle ; comme des hommes qui ont quelque chose à dire. Mais leurs ambitions se sont déjà réalisées dans les carrières qu'ils ont choisies, et le travail littéraire auquel ils se livrent n'est qu'un aspect moderne de leur carrière. Il y aussi les amateurs — des gens qui ne font pas de projets chimériques, et ne sont pas dirigés par la vanité ; par l'heureux hasard de la naissance ou des circonstances, ils se sont trouvés à l'écart de la lutte pour l'existence, et ils travaillent en amateurs à cause de leur culture et de leur désir de faire quelque chose ; des gens qui écrivent pour la même raison qu'ils chassent, pêchent, voyagent, ou vont à l'opéra.

Chez ceux-là, l'ambition ne joue aucun rôle pour les distinguer. À qui ce moyen de distinction s'applique-t-il donc ? À deux catégories — ceux qui ont ou croient avoir à délivrer un message dont le monde a besoin ou qu'il serait heureux d'entendre ; d'autre part, ceux qui sont nés sur un terrain dur et dans des lieux arides et qui s'efforcent de faire face à des besoins alimentaires. La première catégorie est la moins nombreuse. Ce sont les créatures célestes, qui détiennent la lumière ou le feu et faites de telle sorte qu'elles doivent parler, même si les oreilles restent sourdes et si les cieux s'effondrent. L'histoire en est pleine et témoigne qu'elles ont parlé, que ce soit sur les tablettes gravées du mont Sinaï, dans les pamphlets de combat d'une période plus récente, ou dans les tapageurs journaux du dimanche, d'aujourd'hui. Leur ambition est d'enseigner, d'aider, d'élever. Leur moi n'est pas un facteur déterminant. Ils n'ont pas été créés pour leur bien, en premier lieu, mais pour le bien du monde. Les honneurs, la gloire, la puissance ne les attirent pas. L'existence est un épisode ; un moyen d'atteindre un but. Le confort et le bonheur du monde sont les leurs. Ils dispensent l'aide et les conseils, ils n'en sollicitent pas ; si on les leur offre, ils n'acceptent pas car le chemin qu'ils suivent est prédestiné, comme celui des étoiles. Et quand tout est dit et fait, que faire d'autre ?

Mais il reste encore la deuxième catégorie, et puisque c'est la plus nombreuse, composée d'êtres issus de l'argile, comme vous et moi, voyons la part jouée par l'ambition dans notre ruée vers la publication. Demandez leur motivation aux rédacteurs en chef, aux éditeurs, au public des lecteurs, et la réponse sera : « l'argent ». À présent, l'idéaliste ou le rêveur qui s'est égaré aussi loin doit s'en retourner. La question en litige est en train de devenir brutale. De l'argent ? Oui, de l'argent ! Alors que votre tête retourne dans les nuages et laissez-nous tranquilles. C'est dommage, nous le savons, de ne pas nous contenter d'une croûte de pain et d'un vêtement de mendiant ; mais voyez-vous, nous sommes nés de la misérable poussière. Que nos péchés retombent sur la tête de ceux qui ont jamais eu notre conception !

Nous sommes ceux qui souffrent d'avoir le ventre vide. Nous aimons la joie, nous recherchons le plaisir et nous sommes très avides des choses que nous estimons être une compensation au fait de vivre. Le monde nous doit quelque chose et nous avons l'intention de le réclamer tant que nous ne l'aurons pas. C'est vrai, il est mauvais d'avoir des dettes ; par conséquent raison de plus pour que nous réclamions âprement notre dû. Quelques-uns d'entre nous ne considèrent pas que la note doive être trop élevée et signeront un acquit pour les sommes les plus ridicules. D'autres se montrent plus exigeants ; tandis qu'un bon nombre sont sûrs de ne jamais être assez payés pour les dédommager d'être venus au monde. Mais nous nous considérons tous comme des créanciers et nous avons appris de bonne heure que nous devions opérer nous-mêmes nos recouvrements.

Nous voulons de la bonne nourriture, et en très grande quantité ; de la viande aussi souvent que nous en sentons le besoin — pas des steaks comme du papier à cigarettes, mais des châteaubriants, des fruits ; et quand nous voulons de la crème, que ce ne soit pas du lait écrémé. Nous voulons de jolies maisons avec des installations sanitaires et des toits bien étanches et nous ne voulons pas non plus être à l'étroit ou étouffés. Nous voulons de hauts plafonds, de larges fenêtres et énormément de soleil ; de la place à l'extérieur pour faire pousser des fleurs, et des plantes grimpantes, des figuiers et des sentiers où errer aux heures fraîches de la journée. Et nous voulons toutes sortes de jolies choses à l'intérieur de nos maisons — livres, tableaux, pianos, et des divans avec des coussins à n'en plus finir. Nous voulons du bon tabac, et nous en voulons énormément, de sorte que nos amis puissent venir nous aider à le fumer. Et si leurs lèvres se dessèchent nous voulons leur donner à boire quelque chose de meilleur qu'un de ces liquides insipides qui gonflent le ventre de tant de gens.

Nous désirons nous marier et avoir une descendance qui nous procure des joies, et non des soucis. Nous voulons qu'elle respire du bon air, qu'elle mange des choses qui conviennent à un animal qui marche sur deux pieds, qu'elle voie et entende des choses qui lui développent l'âme et lui donnent une juste compréhension des choses. Nous voulons que nos enfants deviennent gros et forts, avec des muscles solides, d'amples poumons et des yeux clairs. Nous voulons qu'ils deviennent des hommes et des femmes d'une race vigoureuse, au grand cœur, ayant la connaissance des choses et le pouvoir de les faire. Nous voulons aussi pour nous des chevaux de selle, des bicyclettes et des automobiles ; des appareils photographiques, des fusils, des cannes à pêche ; des canoës, des voiliers, des yoles. Nous voulons des billets de chemin de fer, des tentes et du matériel de camping. Nous voulons escalader les montagnes, marcher pieds nus sur les plages de sable, fendre les mers salées de la façon qui nous plaît le mieux. Nous sommes las de nous plonger dans des atlas illustrés et des guides, nous voulons aller voir par nous-mêmes. Nous en avons assez de ces photographies insuffisantes et des copies, encore pires, des chefs-d'œuvre des hommes. Nous voulons voir ces peintures et ces sculptures de nos yeux, entendre de nos propres oreilles ces chanteurs et ces musiciens. Lorsqu'on meurt de faim en Inde, lorsque la ville a besoin d'une bibliothèque, ou que le vieil homme à côté de nous perd son unique cheval et tombe malade, nous voulons mettre la main à la poche et offrir notre aide. Et pour faire tout cela, nous voulons de l'argent !

Parce que nous voulons ces choses et parce que nous allons nous hâter de nous faire imprimer pour les avoir, il serait bon de savoir sur quel moyen d'expression nous devons nous précipiter pour en tirer le maximum. Nous avons choisi la littérature parce que nous pensions y être plus aptes et de plus parce que nous aimons mieux faire cela que d'arracher des dents, réparer des os brisés, additionner des chiffres ou travailler avec la pioche et la pelle. Un grand nombre d'hommes qui pagaient dans le même bateau que nous ont choisi la littérature pour des raisons exactement similaires ; mais malheureusement, ils n'ont pas assez réfléchi avant de choisir leur champ d'action particulier. Aussi ont-ils souffert et n'ont-ils compris leur erreur qu'après plusieurs années de travail fastidieux.

Grant Allen[1], dont le succès littéraire est indéniable, a fait une expérience de ce genre. Rentrant de la Jamaïque en

1. Grant Allen (1848-1899). Écrivain anglais, auteur d'ouvrages érudits. Sur les richesses artistiques de villes et pays (Paris, Venise, Nord de la Belgique) ; sur les fleurs, *The Colours of Flowers in the British Flore* (1882), *Flowers and their Pedigrees* (1883). Également auteur d'une vie de Darwin (1885) et d'ouvrages philosophiques : *Force and Energy* (1888), *The Evolution of the Idea of God* (1898). Cette production austère s'accompagne encore de romans populaires ou d'aventures : *For Maimie Sake's, a tale of love and dynamite* (1886), *The Jaws of Death* (1896)...

Angleterre en 1876, sans travail, il décida de gagner sa vie grâce à sa plume. Antérieurement, à ses moments perdus, il avait écrit au moins une centaine d'articles de magazines sur des sujets philosophiques et scientifiques sans qu'aucun d'entre eux lui ait rapporté un sou. Mais à présent, il se mit à écrire un livre, *Esthétique physiologique*[2], dont la publication lui coûta six cents dollars. Les articles furent favorables, à tel point qu'il gagna l'amitié d'hommes comme Darwin[3] et Spencer[4] ; et il vendit réellement près de trois cents exemplaires. Quand tous les comptes furent réglés, il avait perdu, sans parler de son temps, la somme misérable de cent cinquante dollars. Son livre suivant fut *le Sens de la couleur*[5]. Ce livre impliquait de cinq à six cents références, il demanda un an et demi pour être achevé et en dix années, il lui rapporta net quelque chose comme cent cinquante dollars. Après cela, est-il besoin de se demander pourquoi Grant Allen s'est mis à écrire des livres de fiction sur ses vieux jours ?

Cette erreur l'affecta si profondément qu'il disait, en 1893 : « J'ai connu dix ans de lutte pour gagner mon pain, lutte dans les détails de laquelle je ne me soucie pas d'entrer. Elle m'a brisé dans ma santé et mon esprit, toute vitalité et toute vivacité m'ayant été arrachées. Si le but de cet article était de mettre en garde la jeunesse ingénieuse et pleine d'ambitions contre celle, de toutes les professions, qui représente le plus de travail et est la plus mal payée, je dirais très sérieusement : "Cerveau pour cerveau, sur aucun marché vous ne pouvez vendre vos capacités contre des avantages aussi misérables. Ne vous consacrez pas à la littérature si vous avez un capital suffisant pour acheter un bon

2. *Aesthetics Physiological* (1877), de Grant Allen.
3. Charles Robert Darwin (1809-1882), le naturaliste anglais connu pour ses thèses évolutionnistes.
4. Herbert Spencer (1820-1903), le fondateur de la philosophie évolutionniste, dont J. London se reconnaissait l'adepte. Voir plus bas : 2e partie, XXXI.
5. *The Colour Sense* (1578), de Grant Allen.

balai et assez d'énergie pour vous faire concéder un croisement de rues non attribué." »

Qu'il en soit ainsi ou autrement, là n'est pas la question. L'important, est que, à l'apogée du succès, Grant Allen était encore capable de parler ainsi, grâce à ce qu'il avait souffert et surmonté. Comme il l'a vu, aucun succès sous le soleil ne pourrait racheter cette lutte de dix années. Aucune compensation monétaire, aucun confort matériel, aucune demande illimitée pour ses productions ne pouvaient lui apporter de compensation pour ce qu'il avait perdu. Le fait qu'un homme puisse éprouver cela quand il goûte les douceurs de la vie, et que ces luttes sont passées, permet de montrer l'âpreté de cette lutte ; et d'illustrer, de plus, l'énormité de l'erreur commise.

Il était donc bien que, poussés vers la littérature par le besoin de manger, nous déterminions quelle part de nous-mêmes il valait mieux mettre sur le papier. Franchement, qu'est-ce qui paie le mieux — fiction, poésie, essais, histoire, philosophie, ou science ? Le cabinet de lecture est une artère sur laquelle on peut tâter le pouls du marché. Ce qui est le plus lu est le plus demandé, et y a-t-il jamais eu un cabinet de lecture qui ne pousse pas la fiction plus que tous les autres genres de matière imprimée combinés ? Le libraire racontera la même histoire ; l'éditeur aussi. Plus d'un rédacteur en chef a recommandé à un collaborateur de se détourner des sujets plus sérieux en faveur de la fiction ; mais il est rare qu'il ait donné un avis contraire. Et pourquoi cela ? Sûrement pas parce que le collaborateur n'était pas doué pour les autres matières plus sérieuses. Il y a un nombre infini d'écrivains d'imagination qui pourraient se tourner vers ce genre de sujets, et y réussir. Mais ils ne le font pas.

Le Dr Weir Mitchell[6] est sans aucun doute capable d'écrire les plus importants et les mieux construits des traités médicaux ;

6. Weir Silas Mitchell (1829-1914), médecin, poète et romancier américain.

mais il a préféré écrire *les Aventures de François*[7]. John Uri Lloyd a commis divers ouvrages sur la chimie ; mais à présent, nous lisons tous *Stringtown on the Pike*. Mr Kipling[8] discourt avec un esprit pénétrant de mécanique et d'autres sujets techniques ; cependant nous prenons du plaisir à lire *Capitaines courageux*[9] et *Stalky et Cie*[10]. Et Grant Allen, déjà cité, l'auteur du *Sens de la couleur* écrivit ensuite *les Tentes de Shem*[11] et *La femme qui a fait cela*[12]. Non que nous voulions en induire que ces messieurs et dix mille autres, souffraient de la faim. Non, non ; sans aucun doute, c'est simplement une préférence et leur tempérament qui les ont conduits dans les sentiers où les primeroses poussent plus serrées.

Cherchons, cependant, un témoignage plus concret, en prenant par exemple le cas de Herbert Spencer. La contribution de Mr Spencer aux connaissances mondiales est si importante que nous ne pouvons pleinement l'apprécier. Nous manquons de perspective. Les siècles futurs pourront estimer son œuvre à sa vraie valeur ; et quand mille générations d'auteurs de fiction auront été mises de côté, les unes après les autres, et oubliées, Spencer sera encore mieux connu qu'aujourd'hui. Il a été cependant obligé de publier ses ouvrages de philosophie à ses frais. Pour cette raison, il devait vers 1865 cinq mille cinq cents dollars et fut obligé d'annoncer qu'il interromprait la publication de ses œuvres. En Amérique, Youmans réunit sept mille dollars,

---

7. *Adventures of François* (1898), roman de Weir Mitchell, inspiré par la Révolution française de 1789.

8. Rudyard Kipling (1865-1936), l'auteur du *Livre de la Jungle* (1894). Son influence sur London est telle qu'on a appelé celui-ci « le Kipling du Froid ». Voir plus bas : 2e partie, IV et XI.

9. *Captain Courageous* (1897), roman paru en français au Mercure de France.

10. *Stalky and Co* (1899), recueil de nouvelles paru en français au Mercure de France.

11. *The Tents of Shem* (1889), roman d'aventures de Grant Allen.

12. *The Woman Who Did* (1895), roman populaire de Grant Allen.

et en Angleterre Huxley et Lubbock essayèrent d'augmenter artificiellement la liste des souscripteurs en engageant les gens à prendre son œuvre — non parce qu'ils se proposaient de la lire, mais pour l'aider à faire face aux dépenses de sa publication. Mais la mort de son père augmenta les revenus de Spencer et il refusa de tirer avantage de la générosité de ses amis et continua comme par le passé, en supportant la perte à lui seul.

Le moment est tout à fait venu de jeter un coup d'œil de l'autre côté. On dit qu'Alphonse Daudet[13] a reçu deux cent mille dollars pour sa *Sapho*. La *Pall Mall Gazette* a donné à Kipling sept cent cinquante dollars pour chacune de ses *Ballades de la chambrée*[14]. Pour ses nouvelles, il a reçu jusqu'à un dollar le mot. Quel savant, quel philosophe, est arrivé à obtenir autant ? Anthony Hope#[15] se réserve la propriété entière de son œuvre et reçoit quatre cent cinquante dollars pour un article de magazine. On dit que les frères Harper ont payé cent mille dollars au général Lew Wallace[16] pour son *Prince Indien*. Ils ont aussi acheté les droits américains de *Trilby* pour dix mille dollars ; mais, par la suite, mus par la générosité de leur cœur ils ont envoyé à Du Maurier[17] un supplément de quarante mille dollars.

Mais, bien que la fiction soit ce qui paie le mieux, il va sans dire que cela n'est pas vrai pour toutes les œuvres de fiction.

13. Alphonse Daudet (1840-1897). Plus connu pour ses œuvres d'inspiration provençale : *Lettres de mon moulin* (1866), *Tartarin de Tarascon* (1872) que pour son roman de mœurs parisiennes : *Sapho* (1884).

14. *Barrack-Room Ballads* (1892), poèmes. À paraître dans la collection 10/18.

15. Anthony Hope (1863-1933). Écrivain britannique, célèbre pour son roman *The Prisoner of Zenda*.

16. Général Lewis Wallace (1827-1905). Officier américain, puis gouverneur du Nouveau Mexique, ambassadeur en Turquie. Mais plus connu par ses trois romans historiques : *The Fair God* (1873), *Ben Hur* (1880), *Prince of India* (1893).

17. George Du Maurier (1834-1896). Écrivain et artiste anglais, célèbre pour *Peter Ibbetson* (1891) et *Trilby* (1894), illustrés par lui-même.

Les périodiques de qualité inférieure paient de quarante cents à un dollar les mille mots, et même quelquefois en rechignant. Il n'est pas rare que la majeure partie de ce salaire de misère soit dépensée en timbres et en papeterie pour réclamer son dû. Certains éditeurs ne paient jamais. Et l'injustice est telle que certains périodiques obligent l'auteur à s'abonner, sinon ils publieront son texte sans le payer. Mais nous qui voulons jouir des bonnes choses du monde, nous ne serons pas assez insensés pour toucher à ce genre de travail — à moins d'être incapables de faire mieux.

Et puis, il y a un autre genre de fiction à éviter, particulièrement périlleux pour ceux d'entre nous qui titubent entre Grub Street et une maison de campagne entourée de dix hectares de bois. Il consiste en une fiction du genre bêtement plat qui amuse les esprits communs du public commun ; et le gâchis mélodramatique qui chatouille le palais des amateurs de sensations fortes, qui autrement passent leur temps à parcourir d'une manière névrotique les journaux à scandales. Témoins Charlotte M. Braeme et Laura Jean Libbey d'une part, Albert Ross et Archibald Clavering Gunther d'autre part. Naturellement, cela paie ; mais sous prétexte que nous avons une tendance au commerce, ce n'est pas une raison pour perdre le respect de nous-mêmes. Un homme possédant assez d'esprit pratique pour gagner sa vie en travaillant n'est pas, de ce fait, foncièrement mauvais au point de ne pouvoir exercer un choix. Si les travaux de voierie ne sont pas de son goût, il aura d'autant plus d'honneur à devenir fendeur de bois. De même pour nous. Bien que les rêveurs et les idéalistes nous méprisent parce que nous gardons les deux pieds sur terre, il n'est pas besoin d'attribuer une disgrâce quelconque à cela. La chair peut peser lourdement sur nous, elle ne nous empêche pas de nous tenir droits et de nous regarder mutuellement dans les yeux.

Dans cet ordre d'idées, nous avons bien une leçon à tirer de ces mêmes rêveurs et idéalistes. Soyons avec humilité ceux qui apportent le feu. Ayons un œil sur les maux du monde et ses besoins ; et si nous trouvons des messages, délivrons-les. Pour des raisons — pardonnez-moi — purement matérialistes. Nous les ferons entrer dans la trame de nos fictions, nous les rendrons beaux et nous les vendrons pour des sommes confortables.

Naturellement, il y a du danger là-dedans. C'est susceptible de prendre. Nous pouvons devenir possédés par nos idées et être lancés dans les nuages, mais nous ne les transmettrons pas. Vrai, nous ne les transmettrons pas. Et entre-temps, ajoutons quelques bonnes choses à la liste de celles que nous voulons.

VI

COMMENT SE FAIRE UN NOM

Paru sous le titre The Question of a Name *dans* Writer, *décembre 1900.*

« La chance de l'écrivain inconnu » peut se discuter *ad nauseam*, mais il subsistera cependant un fait désagréable, c'est qu'il n'a pas la chance de l'écrivain connu. Il connaît bien le problème : entre ce dernier et lui, les chances ne sont pas égales. Tout magazine de premier ordre est submergé par une copie dont il ne peut pas utiliser la dixième partie ; et il rejettera l'œuvre d'un inconnu qui possède une valeur, disons, de deux, et pour laquelle il aurait à payer, disons, un, et il acceptera à la place l'œuvre de quelqu'un de connu ayant une valeur de « un », pour laquelle il paiera un prix de dix.

Ce n'est pas une hypothèse mais une affirmation fondée sur une amère expérience de l'opportunisme pratiqué par les magazines. Il n'existe pas sur le marché de magazines utopiques ; ni d'autres conçus uniquement dans l'intérêt des écrivains. En dernière analyse, le commercialisme est la base sur laquelle ils fonctionnent tous. À l'occasion, un rédacteur en chef occupant une position éminente peut laisser son bon cœur transgresser ses principes d'homme d'affaires et il donnera un coup de main à un inconnu qui lutte dur. Mais un tel geste constitue une faute, et il n'est rendu possible que par la fonction décisive occupée par son auteur. Qu'il prenne l'habitude d'agir ainsi et son magazine ira à la faillite, il devra chercher un nouveau sanctuaire et, ce qui est pire que tout (pour la classe des écrivains), il sera privé du pouvoir de tendre à l'occasion une main secourable. Bref, le rédacteur en chef d'un magazine doit toujours penser en premier lieu aux annonceurs et au public, il doit obéir aux représentants du service commercial et rester sourd, bien souvent, aux élans de son cœur. Les affaires sont les affaires.

Mais cela n'est que justice. Tout écrivain connu a été jadis un inconnu, qui se débattait pour se faire remarquer sur des listes bourrées de noms, en besognant tôt le matin et tard le soir, et sans cesse, pour essayer de faire entendre une faible voix au milieu des clameurs et d'obtenir une audience. Et finalement, en suivant un chemin qui n'était en rien un chemin de velours et de badinage, ayant réussi à se faire un nom, il est juste qu'il bénéficie des avantages de la situation, c'est-à-dire : l'accès aux périodiques et aux maisons d'édition de premier ordre, le privilège de continuer à se faire lire par le public qu'il s'est constitué par ses efforts. Il a réuni une clientèle ; qu'il la conserve. Si d'autres concurrents (les inconnus) essaient de l'évincer, il leur faut s'attendre à rencontrer les obstacles qu'il a déjà surmontés. Aucun rédacteur en chef n'a aplani le chemin devant lui ; les rédacteurs en chef commettraient donc une injustice s'ils facilitaient les choses à leurs rivaux nouveaux venus. S'il n'était pas garanti contre eux dans la situation à laquelle il est parvenu, à quoi cela aurait-il servi de lutter ? et de plus, de quel stimulant disposeraient alors les inconnus ? Si « avoir un nom » ne sert à rien, à quoi bon lutter ? Qu'ils laissent son public à lui tranquille et qu'ils en rassemblent un autre pour eux.

Un nom est un atout à posséder pour un écrivain ; et se faire un nom, c'est une ambition qui prime chez tout inconnu normal au seuil de sa carrière. Le mot « normal » est employé à bon escient. Qu'il soit matérialiste ou idéaliste, aucun écrivain normal n'est insensible aux avantages attachés à sa possession. À l'un, il donnera un point de vue plus large et des occasions de récolter de l'argent. À l'autre, un public plus vaste et une tribune plus prestigieuse. L'individu ne manifestant pas de désir pour les félicités de l'existence que l'or permet d'acquérir, ni l'envie de dire tout bas ou de crier d'utiles messages à un monde fatigué est anormal. C'est un égoïste. Il chanterait ses chants à sa propre oreille, danserait nu pour son propre plaisir. Il n'y a pas de place pour lui dans le monde ; et il ne conservera pas celle qu'il occupait à sa naissance. La sélection naturelle y mettra bon ordre, ne serait-ce qu'à la troisième ou quatrième génération. De plus ce personnage anormal, inconsistant, et parfaitement absurde, encombre la poste de ses productions et cherche à être publié avec une avidité dévorante. Attitude illogique, mais reprochez-la lui et il aura l'audace de se défendre lui-même. C'est un sophiste et un dégénéré, et s'il persiste dans son iniquité, il périra sans postérité ou, au mieux, avec une descendance faible et maladive.

Mais considérons l'écrivain normal, le nouveau venu, l'inconnu. Comment peut-il se faire un nom ? Il existe différents moyens, mais en laissant les choses se décanter et en résumant, on en trouvera seulement deux : *en écrivant un livre à succès ou populaire, ou grâce à un excellent travail pour un magazine.* Que le faible et l'hésitant n'essaient pas. Mais ceux qui ont un cœur de lion, ah ! ceux-là, qu'ils avancent, qu'ils foncent, comme seuls peuvent le faire ceux qui sont de bonne race : « Childe Harold est venu à la tour sombre ! »

On peut beaucoup dire en faveur d'une tentative d'écrire un livre à succès. On peut dire beaucoup contre le fait de se l'imposer. D'abord, on doit avoir en soi les possibilités d'écrire un livre à succès. Ayant établi cette prémisse de qualité, ou croyant l'avoir établie, qu'il s'y mette. Quant à la quantité, il n'est pas nécessaire de travailler dur. Bien que beaucoup de livres soient plus courts et un petit nombre plus longs, la longueur d'un livre moderne de fiction s'échelonne entre cinquante mille et quatre-vingt mille mots — disons soixante mille pour nous en tenir à une bonne moyenne. Qu'il écrive mille mots par jour ; mais il faut que ce soient de bons mots, absolument les meilleurs qu'il

57

puisse trouver en lui. S'il en écrit davantage, il y a beaucoup de chances pour qu'ils fassent baisser la qualité de son œuvre jusqu'au deuxième ou troisième rang des meilleurs. Mille mots par jour, c'est une vitesse remarquable — du moment que l'écrivain est satisfait de chaque millier de mots à mesure qu'il les sort. En quatre-vingt-dix jours, il aura travaillé sur soixante mille mots et fainéanté sur trente, et son volume sera achevé. C'est un succès, comme c'est facile, comme c'est éblouissant ! Son nom est devenu un *Sésame ouvre-toi* ; en un instant, il a émergé du troupeau suffocant. Ah ! quel éblouissement ! Il a distancé tous ceux qui essayaient d'écrire seulement soixante mille mots avant même qu'ils aient commencé. Ceux-là ont peut-être des possibilités, mais d'une façon ou d'une autre ils ne parviennent pas à les réaliser. Ils voudront écrire un classique ou le grand roman américain alors qu'ils devraient piocher dans les pages jaunies de leur rhétorique, pour cultiver l'art de la sélection ou polir l'art tout proche de l'expression. Voilà la recette du succès, retenir la substance et transformer le potentiel en cinétique. C'est tout. Quand le truc est trouvé, le nom est assuré.

Cependant notre novice, qui possède un potentiel et un cœur de lion, n'a pas réussi à opérer cette transformation. Qu'il déclare une trêve de trente jours, qu'il emploie ce temps à récupérer, à étudier, à incuber, à dresser un plan, à méditer sur ses propres faiblesses, à se mesurer avec ceux qui portent la marque de l'approbation du monde. Puis il s'y remet, soixante jours de travail et trente de flânerie (ces derniers intercalés avec les premiers si le cœur lui en dit), et voici un second volume prêt pour le test. Un échec ? Bon. Il a un cœur de lion ; il a du potentiel ; il a seulement besoin d'être effleuré par Midas pour obtenir sa transmutation. Une autre trêve de trente jours ; un autre effort de création de quatre-vingt-dix jours ; un troisième volume ; et il peut alors se reposer un mois, et après avoir accompli tout cela, il a dépensé seulement un an de sa vie. Ce n'est pas un dur travail. Un poseur de briques aura travaillé des heures plus longues et plus dures tandis que *lui*…

eh bien, pendant ce temps il s'est élevé trois fois pour avoir un siège avec les immortels.

Et si la défaite était son lot ! Qu'il travaille deux ans, trois ans — après tout, il devrait travailler pendant cinq ans pour apprendre un métier manuel, et en cinq ans il peut prendre quinze envolées vers le renom et l'immortalité. Avoir un nom, cela signifie avoir une situation, la liberté, la vie ! Quant à l'immortalité, qui peut la mesurer ?

Un excellent travail de magazine, comme moyen d'atteindre un but élevé, c'est plus lent, plus décourageant, peut-être, et plus dur. Mais c'est une école de formation, et c'est plus sûr. Chaque effort accompli est un exercice écrit destiné au rédacteur en chef qui incarne le professeur. Chaque texte accepté est un témoignage de satisfaction et ils s'additionnent les uns aux autres jusqu'à ce que la somme atteinte représente un diplôme de fin d'études. Ce diplôme est le nom qui vous donne la possibilité d'avoir l'oreille de l'éditeur et du public et à votre disposition, leur bourse. Mais le chemin est creusé de précipices et, ce qui rend le voyage plus hasardeux, c'est qu'on ne peut pas toujours les éviter. Lorsque le génie plane, il meurt de faim. Pour satisfaire aux besoins alimentaires, l'aspirant doit souvent tourner sa plume vers des travaux moins reluisants. Si son âme est ferme et son esprit clair, cela ne lui fera pas nécessairement du mal. Qu'il revête son ambition d'un cilice et tout ira bien pour lui. Mais si, tandis qu'il est toujours tourné vers un autre travail, il s'aperçoit que son ambition a cessé de lui faire mal, qu'il se lève au milieu de la nuit et qu'il fuie la destruction qui le menace. Qu'il fasse aussi les frais d'un cilice neuf aux crins plus durs, qui ne lui laisse pas un instant de répit. L'ivrogne invétéré n'offre pas un spectacle agréable ; mais le folliculaire confirmé donne le spectacle le plus mélancolique — le spectre balbutiant de celui qui fut jadis un homme robuste ; tandis que la médiocrité lucrative donne l'image en ces temps présents de ce qu'étaient dans l'Antiquité ces pourceaux vautrés dans la fange qui avaient été les braves compagnons d'Ulysse.

Sachant distinguer le bien du mal, nous devons supposer que notre jeune homme au cœur de lion peut sortir sain et sauf de ces dangers divers. Une œuvre excellente, c'est tout ce qui se dresse entre lui et le nom, mais, oh ! combien excellente elle doit être ! Les journaux agricoles ou de la maison, les magazines de deuxième et troisième catégories, et toutes sortes de périodiques intermittents recevront son travail de seconde et troisième catégories ; mais c'est vers les magazines de premier ordre que son ambition doit l'attirer pour trouver un vrai public ; et il s'aperçoit que c'est une tâche presque sans espoir et à décourager tout autre cœur que le sien, qui est solide. De telles publications sont riches. Elles peuvent s'offrir ce qu'il y a de mieux — en jugeant d'un point de vue commercial — et les chefs du département commercial demandent qu'on achète ce qu'il y a de mieux. Le système des « stars » de la scène ou de l'écran connaît une vogue égale chez les responsables des publications. Là se trouvent les chevaliers, vrais et éprouvés, qui ont depuis longtemps reçu l'accolade du monde. L'inconnu doit entrer en compétition avec eux, mais sur le plan de la plus parfaite inégalité. Que se passera-t-il s'il fait aussi bien qu'eux ? Le département commercial dira non.

Un nom recouvre une certaine valeur intrinsèque. Mais à son œuvre, quel nom peuvent-ils accrocher ? Fi donc ! Stupidité ! Voyons, il y a une armée de sans nom capables de faire aussi bien que celui qui en a un. Ce n'est pas ce qu'on demande. Ils veulent davantage, un travail dépassant celui que fournissent les gens qui ont un nom.

Absolument invraisemblable ! Absolument impossible ! Ah ! mais voilà le problème. Notre inconnu doit accomplir l'impossible ; c'est seulement ainsi qu'il deviendra connu. L'impossible ? Précisément. Il n'est pas de grand homme qui ne puisse accomplir l'impossible. Tel est le secret de la grandeur. Voilà ce que doit faire l'inconnu, et il le fera. Notez bien cela — il le fera. Sinon il est un faible et un hésitant, déguisé en homme au cœur de lion, et nous avons accordé notre confiance à une ombre.

Non seulement il doit accomplir l'impossible, mais il doit continuer de le faire. Ayant choisi d'imposer son nom par cette filière plutôt que par le coup d'éclat d'un livre à succès, il doit continuer dans cette voie. Sa première réalisation impossible risque fort de tomber à plat. Le plus probable est qu'on n'y fera guère attention. Les critiques, se déplaçant sur leurs glissières bien graissées, le remarqueront à peine. Bien des gens ne sont capables de faire l'impossible qu'une fois. Les critiques le savent. Ils garderont le silence ; mais gardez cela présent à l'esprit, ils se souviendront de lui. Qu'il continue à réaliser l'impossible et ils prendront confiance en lui — et aussi ces arbitres du succès, les rédacteurs en chef. Ils sont toujours à l'affût des génies naissants. Ils ont été trompés trop souvent. Ils ne se presseront pas, mais ils garderont un œil sur lui, et soudain, un jour, comme l'éclair illuminant un ciel serein, ils fondront sur lui et l'emporteront sur l'Olympe. Alors il aura un nom, du prestige, il sera Quelqu'un. Le piédestal sur lequel il est juché aura été construit, brique par brique, lentement, fastidieusement, et au prix d'un grand travail ; mais la fondation sera profonde et sûre, la maçonnerie honnête. Il peut se précipiter au bas de sa perche, mais il ne s'écrasera jamais en dessous. La perche subsistera bien qu'il soit, lui, oublié.

Ainsi donc, deux chemins mènent au succès : en écrivant un livre à succès ou populaire, ou grâce à un excellent travail de magazine. L'un est plus brillant ; l'autre plus sûr. Certains sont plus doués pour le premier, d'autres pour le second. Une minorité de favorisés est capable de réussir l'un aussi bien que l'autre. Mais il n'est permis à personne de se classer avant d'avoir essayé. Oui, avant d'avoir essayé, essayé, un grand nombre de fois. Il ne suffit pas de le demander pour être couronné de lauriers et la terre n'est un héritage pour personne sauf pour les fils du labeur.

VII

LA PHILOSOPHIE DE LA VIE
CHEZ L'ÉCRIVAIN

Paru sous le titre On the Writer's Philosophy of Life *dans* Editor,
   octobre 1899.

L'écrivain à la tâche, celui qui se contente de produire toute
sa vie de la « littérature alimentaire », économisera du temps et
évitera des vexations en sautant cet article. Il ne contient aucun
détail sur la façon de placer un manuscrit, sur les caprices du
crayon bleu, le classement des documents, ni sur la perversité
congénitale des adjectifs et des adverbes. « Tireurs à la ligne »
sclérosés, passez votre chemin ! Je m'adresse à l'écrivain — peu
importe combien il a produit jusqu'ici de travaux sur commande
— qui caresse des ambitions et des idéaux et aspire à voir venir
le temps où les journaux d'agriculture et les magazines de la
famille cesseront d'occuper la majeure partie de sa liste de visites.

Qu'êtes-vous donc, cher monsieur, chère madame, ou chère
mademoiselle pour espérer vous faire remarquer dans le domaine
que vous avez choisi ? Un génie ? Ah ! mais vous n'êtes pas un
génie. Si vous en étiez un, vous ne liriez pas ces lignes. Le génie
est irrésistible ; il se libère de toutes les entraves et de toutes
les contraintes ; on ne peut lui faire baisser la tête. Le génie
est l'oiseau rare qu'on ne trouvera pas en train de voleter dans
n'importe quel buisson, comme vous et moi. Mais alors, vous

avez du talent ? Oui, d'une façon embryonnaire. Quand Hercule était en maillot, son biceps représentait encore bien peu de chose. Il en est de même de vous — votre talent ne s'est pas encore développé. S'il avait été convenablement nourri, s'il avait bien mûri, vous ne perdriez pas votre temps avec cet article. Si vous estimez que votre talent a atteint l'âge de raison, n'allez pas plus loin. Sinon, par quelles méthodes pensez-vous pouvoir y arriver ?

En étant original, répondez-vous aussitôt ; alors ajoutez : *et en accentuant constamment cette originalité.* Très bien. Mais le problème n'est pas simplement d'être original — le premier novice venu le sait bien —, comment y parvenir ? Qui êtes-vous pour amener le monde des lecteurs à attendre votre œuvre avec impatience ? Pour obliger les éditeurs à brûler de l'obtenir ? Vous ne pouvez espérer devenir original en empruntant le chemin tracé par d'autres, en réfléchissant le rayonnement de l'originalité d'autrui. Personne n'a frayé le passage devant Walter Scott ou Dickens, Edgar Poe ou Longfellow, George Eliot ou Mrs Humphrey Ward, Stevenson et Kipling, Anthony Hope, Marie Corelli, Stephen Crane et bien d'autres, dont la liste s'allonge sans cesse. Cependant, les éditeurs et le public ont réclamé leurs productions. Ils ont conquis l'originalité. Et comment ? En n'étant pas des girouettes stupides, qui tournent à tous les vents. Ils sont partis dans la course sans rien, tandis que d'autres, innombrables, ont échoué. Le monde et ses traditions constituait leur héritage commun. Mais ils diffèrent sur un point de ceux qui ont échoué : ils puisaient directement à la source, ils rejetaient tout ce qui était déjà passé par d'autres mains. Ils n'avaient que faire des conclusions et des conceptions des autres. Ils devaient apposer le cachet « personnel » sur leur œuvre — une marque d'une valeur bien supérieure à celle de n'importe quel copyright. Ainsi ont-ils tiré les premiers du monde et de ses traditions — autrement dit : de la connaissance et de la culture — certains enseignements grâce auxquels ils ont forgé une philosophie personnelle de la vie.

Cette expression « une philosophie de la vie » ne se prête pas à une définition précise. Tout d'abord, elle ne désigne pas une philosophie portant sur un seul point. Elle n'a aucun rapport particulier avec des questions comme le passé et l'avenir de l'âme, les principes moraux valables pour les deux sexes, ou pour l'un d'entre eux, l'hérédité des caractères acquis, le spiritualisme, la réincarnation, la tempérance, etc. Mais elle concerne tous ces problèmes, d'une certaine façon, en s'embourbant dans les mêmes ornières, en se heurtant aux mêmes obstacles que doivent affronter l'homme ou la femme en prise sur la vie réelle. Bref, elle n'est ni abstraite ni idéale, mais c'est une philosophie de la vie qui fonctionne dans les conditions ordinaires.

Tout écrivain ayant eu du succès d'une façon permanente a possédé cette philosophie. C'était un point de vue qui lui appartenait en propre. C'était une norme, ou une série de normes lui permettant de jauger ce qui venait à sa connaissance. Grâce à elles, il se concentrait sur les personnages qu'il voulait décrire, sur les pensées qu'il formulait. Grâce à cette philosophie, son œuvre était saine, normale, spontanée. C'était une leçon pour le moment présent, une leçon que le monde avait envie d'entendre dire. Elle lui appartenait en propre, ce n'était pas un rabâchage mensonger de choses déjà dites.

Mais ne vous y trompez pas. Posséder une telle philosophie n'implique pas que l'on cède à l'impulsion didactique. Le fait d'émettre un point de vue sur tel ou tel problème n'est pas une raison pour accaparer l'attention du public avec un roman à message, et ce n'est pas non plus une raison de s'en abstenir. Mais on notera cependant que cette philosophie de l'écrivain manifeste rarement le désir de faire pencher l'opinion d'un côté ou d'un autre, à propos de tel ou tel problème. Quelques rares grands écrivains ont été didactiques d'une manière avouée, quelques-uns comme Robert Louis Stevenson, d'une façon à la fois audacieuse et délicate, se sont mis presque tout entiers dans leur œuvre ; et ils l'ont fait sans avoir éprouvé une seule fois l'idée d'avoir quelque chose à enseigner. Et encore, beaucoup d'entre eux ont-ils manipulé leur philosophie comme un outil secret. Ils ont donné forme à leur pensée, à l'intrigue, aux personnages de telle sorte que cette philosophie imprégnait totalement le produit fini sans être apparente nulle part.

Une telle philosophie de travail permet à l'écrivain de mettre dans son œuvre non seulement ce qui est en lui, mais aussi ce qui est en dehors de lui, envisagé et pesé par lui. Et cela a été vrai surtout pour ce triumvirat de géants intellectuels — Shakespeare, Goethe, Balzac. Chacun d'eux était lui-même, et à un tel point qu'il n'y a aucun point de comparaison. Chacun a tiré de lui-même sa propre philosophie de travail. Et c'est d'après ces données individuelles qu'ils ont réalisé leur œuvre. À la naissance, ils devaient être tout à fait semblables aux autres enfants ; mais de toute façon, en prenant pour base le monde et ses traditions, ils ont acquis une qualité inconnue de leurs collègues. Et c'était, ni plus ni moins, *quelque chose à dire.*

Maintenant, vous, jeune écrivain, avez-vous quelque chose à dire, ou bien croyez-vous simplement que vous avez quelque chose à dire ? Si oui, rien ne peut vous empêcher de le dire. Si vous êtes capable d'avoir des pensées que le monde aimerait entendre exposer, la forme même de la pensée est son expression. Si vous les concevez clairement, vous les énoncerez clairement ; si vos pensées ont de la valeur, vos écrits en auront aussi. Mais si votre expression est faible, c'est que votre pensée est faible, si elle est étriquée, c'est parce que vous êtes étriqué. Si vos idées sont confuses et embrouillées, comment pouvez-vous espérer les exposer avec clarté ? Si vos connaissances sont lacunaires et désordonnées, comment ce que vous allez dire pourra-t-il être vaste et logique ? Et sans le fil conducteur solide d'une philosophie efficace, comment pouvez-vous faire naître l'ordre du chaos ? Comment vos vues à distance et intérieures pourront-elles être claires ? Comment pouvez-vous avoir une perception quantitative et qualitative de l'importance relative de chaque bribe de savoir dont vous disposez ? Et, sans tout cela, comment pouvez-vous être vous-même ? Comment pouvez-vous avoir quelque chose de nouveau à proposer au monde blasé ?

Le seul moyen d'acquérir cette philosophie est de la rechercher, en tirant des connaissances et de la culture du monde les éléments appelés à la constituer. Que connaissez-vous du monde, de ce qui se trouve sous cette surface bouillonnante ? Que pouvez-vous connaître de ces bouillonnements si vous ne comprenez pas les forces qui sont à l'œuvre dans les profondeurs du chaudron ? Un artiste peut-il peindre un *Ecce Homo* sans avoir une conception des mythes et de l'histoire hébraïques, et de tous les traits divers qui contribuent à constituer le caractère du juif, ses croyances et ses idéaux, ses passions et ses plaisirs, ses espoirs et ses frayeurs ! Un musicien peut-il composer une *Chevauchée des Walkyries* sans rien connaître de l'épopée teutonique ? Il en est de même pour vous — vous devez étudier. Vous devez en arriver à lire avec compréhension ce qui s'inscrit sur le visage de la vie. Pour comprendre les caractéristiques et les phases de n'importe quel mouvement, vous devez connaître l'esprit qui pousse à l'action les individus et les peuples, qui fait naître les grandes idées et leur donne de l'élan, qui fait pendre un John Brown ou crucifier un Sauveur. Vous devez poser la main sur le pouls intérieur des choses. Et le résultat de tout cela vous donnera votre philosophie agissante, au moyen de laquelle à votre tour, vous mesurerez, pèserez, équilibrerez, interpréterez à l'usage du monde. C'est ce cachet de personnalité, du point de vue individuel, qui est connu comme étant l'individualité.

Que connaissez-vous de l'histoire, de la biologie, de l'évolution, de la morale, et des mille et une branches de la connaissance ? « Mais », objecterez-vous, « je ne réussis pas à voir en quoi cela peut m'aider dans la rédaction d'un roman ou d'un poème. » Et pourtant si — pas de manière immédiate, mais par une subtile réaction. Ces connaissances élargiront vos pensées, étendront vos perspectives, reculeront les limites de votre champ d'action. Elles vous donneront votre philosophie, qui ne ressemblera à la philosophie d'aucun autre homme, elles vous contraindront à avoir une pensée originale.

« Mais c'est un travail effrayant », protesterez-vous, « je n'ai pas le temps. » D'autres n'ont pas été rebutés par l'immensité de la tâche. Les années de votre vie sont à votre disposition. Vous ne pouvez certainement pas vous attendre à vous en rendre totalement maître, mais dans la proportion où vous y parviendrez, votre efficacité s'améliorera d'autant, et dans la même proportion vous vous imposerez à l'attention de vos semblables. Le temps ! Quand vous dites qu'il vous manque vous voulez dire que vous ne savez pas l'économiser. Avez-vous réellement appris *la façon* dont on doit lire ? Combien dans le cours d'une année lisez-vous de nouvelles et de romans insipides, en vous efforçant ou bien d'entrer en possession de l'art d'écrire une histoire ou bien d'exercer votre esprit critique ? Combien de magazines lisez-vous d'un bout à l'autre ? Vous avez du temps, du temps que vous avez gaspillé avec une folle prodigalité — du temps qui ne reviendra plus jamais. Apprenez à choisir vos lectures avec discernement, et apprenez à parcourir judicieusement. Vous vous moquez du vieillard à barbe blanche qui tout en tremblotant lit le journal d'un bout à l'autre, sans oublier la publicité. Mais le spectacle que vous offrez est-il moins pathétique, lorsque vous essayez d'affronter la marée montante des œuvres d'imagination ? Mais ne vous dérobez pas. Lisez ce qu'il y a de meilleur, et seulement ce qu'il y a de meilleur. Ne finissez pas une histoire pour la seule raison que vous l'avez commencée. Rappelez-vous que vous êtes un écrivain, pour commencer, pour finir, et toujours. Rappelez-vous qu'il s'agit des élucubrations des autres, et si vous les lisez exclusivement, vous pouvez en prendre ce qu'il y a de meilleur, mais vous n'aurez plus rien d'autre sur quoi écrire. Du temps ! Si vous ne pouvez pas trouver du temps, soyez sûrs que le monde ne trouvera pas le temps de vous écouter.

VIII

QUAND LA RÉALITÉ DÉPASSE LA FICTION

Paru sous le titre Stranger than Fiction *dans* Critic, *août 1903.*

(Une expérience dont on affirme solennellement qu'elle est la vérité, toute la vérité, rien que la vérité.)

Je me rappelle avoir, il y a de cela quelques années, fait frire du bacon pendant la halte de midi, sur la route du Klondyke, en écoutant avec incrédulité le récit des infortunes d'un pionnier du Yukon. Il avait des soupirs et des sanglots dans la voix tandis qu'il me racontait tout ce qu'il avait enduré à cause des moustiques. Avant de terminer son numéro, il devint fou de rage contre ces petits fléaux ailés, les torts qu'ils lui avaient causés devinrent colossaux, et il les injuria dans les termes les plus impitoyablement blasphématoires qu'il m'ait jamais été donné d'entendre.

C'était un homme vigoureux. Il avait passé sept années dans le pays. À ce moment précis, il était en train de se reposer d'une étape de cinquante miles qu'il avait couverte pendant les quinze dernières heures, et je savais qu'il avait l'intention de couvrir encore vingt-cinq miles avant la chute du jour.

Comme je l'ai dit, je savais tout cela. Cet homme existait vraiment. Il avait accompli des exploits. Il avait une solide réputation. Cependant, je me disais : *Ces histoires de moustiques sont impossibles. Elles ne peuvent être vraies. Cet homme ment.*

Quatre mois plus tard, deux camarades et moi, tous trois des hommes solides, nous parcourions le Yukon pendant deux mille miles, sur un bateau non ponté. Nous eûmes bientôt dans la voix des soupirs et des sanglots incessants. Nous devenions irritables et querelleurs. Au lieu de parler comme des hommes, nous nous mettions à geindre avec découragement qu'en fait de moustiques on ne nous avait pas dit la moitié de la vérité. Et moi, je m'extasiais sur la discrétion et la retenue de l'homme qui, le premier, m'avait parlé du moustique à la halte de midi sur la route du Klondyke.

Revenu depuis dans le monde civilisé, j'ai essayé de raconter l'histoire du moustique. Mes amis m'ont écouté avec pitié, ou avec l'air de s'ennuyer, et ils m'ont dit sans ambages que la véracité n'était évidemment pas le propre du Klondyke. J'ai supporté cela en essayant de me racheter avec plus de sérieux et des détails supplémentaires ; mais finalement, quand un type déclara : « Cela me rappelle une véritable histoire de moustique », je laissai tomber le sujet pour de bon. Depuis, j'ai été tout à fait exemplaire sur le chapitre de la conduite et de la moralité et je continue à espérer qu'avant de chanceler dans la tombe, j'aurai réussi à démentir ma réputation de menteur.

Je n'ose pas raconter ici l'histoire du moustique. J'ai simplement fait une allusion dans ce préambule plutôt longuet pour montrer combien je comprends et excuse l'esprit des rédacteurs en chef lorsqu'ils rejettent aussitôt certains faits réels me concernant, et que j'avais enrobés de fiction. Car, il faut le savoir, la vérité est plus étrange que la fiction, au point qu'elle paraît irréelle aux rédacteurs en chef et aux lecteurs.

Par exemple, je connaissais une jeune fille. Notre première rencontre avait été typique. C'était en haut des Sierras accidentées. À l'heure où tombe la fraîcheur, elle sortit des bois de sapins sombres, vêtue d'une jupe courte, les cheveux dans le dos, un fusil de chasse dans le creux de son bras. Elle chassait le lapin — pour elle, le cerf et une carabine Winchester auraient été tout aussi vraisemblables. Elle n'était absolument pas conventionnelle, et directe. Elle montait à cheval mieux que le dresseur moyen de chevaux sauvages. Elle était capable de descendre dans une cloche à plongeur, de bricoler un article de magazine (qui se vendrait), ou de danser un pas écossais sur une scène de music-hall, pour la drôlerie de la chose. D'autre part, elle fréquentait les livres. J'ai sous les yeux une vingtaine de poèmes d'elle, fort bien troussés. Elle était aussi proche de la culture que de la vie sauvage, de la vie libre au grand air ou de la Bohème. En un mot, c'était une créature étonnante.

J'ai atténué le personnage et j'en ai fait une héroïne. C'est dans l'intérêt de la véracité, car je me rappelais l'histoire du moustique et que je l'avais atténuée. J'ai atténué son caractère réel, estompé ce qu'il y avait en elle de trop ardent, afin que le lecteur puisse la croire réelle au même titre qu'un être vivant. Les critiques n'ont pas tardé à me prouver à quel point j'avais échoué. Je cite au hasard : « On ne peut croire en elle, mais on l'aime et on lui pardonne sa culture. » « La projection sur le papier de la femme idéale aux yeux de l'écrivain. » « Un monstre. » « Une créature contraire à la nature. » « Elle reste jusqu'à la fin de l'histoire entièrement incroyable et même inconcevable. »

De temps à autre, j'ai écrit de courts récits d'aventures pour des publications destinées à la jeunesse. L'expérience que j'en ai retirée a été pratiquement la même. Toutes les fois que j'ai fait surgir de ma propre imagination une aventure enfantine, j'ai reçu des rédacteurs en chef l'accueil le plus flatteur. Toutes les fois que, mon inspiration étant en panne, je me suis rabattu sur des faits de ma propre existence, racontant des aventures qui m'étaient réellement arrivées, des choses que j'avais accomplies de mes propres mains, les directeurs des publications grommelaient : « Ce n'est pas véridique. C'est impossible. Cela n'a pas pu se passer ainsi. »

Une fois qu'ils avaient accueilli par ce genre de commentaire l'histoire de l'escalade d'une pente, compte rendu littéral d'un incident qui m'était arrivé à moi et aussi à des milliers d'autres, je me révoltai. « Je comprends facilement », leur écrivis-je, —

bien que sur le moment ma raison étant tellement aveuglée par le courroux je n'avais rien compris du tout —, « je comprends facilement que la conscience que vous pouvez prendre sur le sol uni de votre sanctuaire rédactionnel, de la situation d'un homme collé contre le front courroucé (*sic*) d'une falaise soit très différente de celle d'un homme vraiment collé contre le front courroucé d'une falaise. » Ils se sont montrés très aimables et ont pris ma critique mieux que je n'avais pris les leurs ; et sur ce point, ils pouvaient se le permettre, car ils étaient dans le vrai. Il est incontestable qu'on ne peut pas faire sur une page imprimée ce qu'on fait dans la vie.

Une autre fois, j'ai écrit une histoire sur un vagabond. Je voulais en faire la première d'une série d'histoires de vagabonds, qui auraient toutes relaté les aventures d'un même personnage. J'étais tout à fait en mesure d'écrire cette série, et cela pour deux raisons. D'abord, j'avais moi-même vagabondé à travers les États-Unis et le Canada, parcourant quelque dix mille miles, mendiant ma nourriture de porte en porte, purgeant des condamnations pour vagabondage dans diverses prisons. Deuxièmement, mon personnage du vagabond était un ami personnel à moi. Bien des fois, il avait mis ses jambes sous la même table que moi ou partagé mon lit. Je le connaissais mieux que mon frère. C'était un homme remarquable, ayant fait ses études à l'Université, qualifié pour plaider devant tous les tribunaux, capable de discourir dans les moindres détails sur toutes les philosophies du monde, depuis Zénon jusqu'à Nietzsche, profondément versé dans l'économie politique et la sociologie, brillant conférencier — bref, un génie d'un calibre extraordinaire.

Pour exploiter dans la fiction cet être vivant, non seulement j'ai atténué sa personnalité, mais j'ai réellement utilisé une expérience qui lui était personnelle comme argument pour la première histoire. Je la considère sans fausse modestie comme l'une des meilleures histoires que j'ai écrites, sinon la meilleure. Quand il n'y a personne dans les parages, je l'exhume du fond de mon tiroir et je la lis avec un plaisir immense, en me congratulant, et tout en éprouvant une grande tristesse pour le reste du monde auquel il est refusé de partager ma joie.

J'ai à peine besoin de dire que, pour tout rédacteur en chef, cette histoire était inventée. Il s'en est trouvé un seul que j'aie réussi à convaincre. Voici comment. Je connais un jeune auteur en Californie du sud qui, à titre d'expérience, a fait le trimard dans l'Est. Je l'appellerai Jones. Eh bien, Jones fit à New York la connaissance de ce directeur et lui fit part de divers aspects de son expérience de vagabond. Peu de temps après, mon histoire de vagabond lui fut soumise. Voici en quels termes il la refusa : « Si je n'avais pas connu M. Jones depuis quelque temps, j'aurais dit qu'une création telle que votre trimardeur était absolument et totalement impossible ; et si je vous retourne votre manuscrit, c'est que tout le monde n'ayant pas eu l'occasion de saisir ce qu'est un vagabond, ses motivations, ses possibilités de réinsertion, on pourrait croire que nous tablons sur la crédulité du lecteur. »

Même édulcoré comme je me proposais de le faire, mon trimardeur était encore trop réel pour être vrai. Avec l'aide de M. Jones, il n'avait convaincu qu'un directeur de publication qui, à son tour, disait avec beaucoup de vérité que ses lecteurs, n'ayant pas l'avantage de connaître M. Jones, ne seraient pas convaincus. Inutile de dire, qu'après cette première histoire, la série demeura inachevée, et le public se soucia peu de ce qu'il avait perdu.

J'avais une certaine expérience pastorale. L'effet était cumulatif. J'ai eu à faire à plusieurs centaines de personnes différentes de tous les âges, des deux sexes, de toutes les catégories, et pendant longtemps, si bien que les caractéristiques et la psychologie mises en cause n'étaient pas extraordinaires mais tout à fait courantes. Je m'assis et je me mis à rêver sur cette expérience pastorale. Hélas ! me dis-je, elle donnerait une fameuse histoire, mais trop réelle pour être vraie.

Je l'aurais complètement abandonnée si je n'avais pas pensé à une nouvelle façon de la traiter. Je me traînai à ma table et commençai. J'écrivis tout d'abord le titre. Sous le titre, entre parenthèses, « Un Récit véridique ». Ensuite je transcrivis l'expérience telle qu'elle s'était réellement présentée, en n'utilisant que les faits dépouillés, en y introduisant, pour faire vrai, désignés avec précision, ma femme, ma sœur, mon neveu, ma femme de chambre, ma maison et mon adresse postale.

Ah ! ah ! me disais-je en gloussant de joie, tandis que j'expédiais cela vers l'Est, j'ai enfin réussi à circonvenir un directeur de publication. Mais le manuscrit me fut renvoyé. Et il continua de l'être. Les directeurs le refusaient avec des phrases élogieuses ou autres, et tous, du premier au dernier, me remerciaient de leur avoir donné le privilège de prendre connaissance de mon *histoire* (!)

Finalement un directeur l'examina avec bienveillance, l'accepta sous certaines réserves. Il m'écrivait : « C'est vraiment bon… mais je tique sur l'emploi des points de suspension. Avec le lecteur moyen, cela serait considéré comme pousser les choses trop loin, mais je peux croire que c'était en réalité nécessaire. » Après avoir indiqué les changements qu'il suggérait, il terminait en disant : « En ce qui concerne *l'histoire* (!), je paierai alors « x » dollars. »

Oscar Wilde a prouvé une fois, de manière assez concluante, que la Nature imite l'Art. J'ai été obligé d'arriver à la conclusion que la Réalité, pour être vraie, doit imiter la Fiction. L'imagination créatrice est plus véridique que la voix de la vie. Les événements réels sont moins vrais que les concepts logiques et les bizarreries. Et l'homme qui écrit des œuvres de fiction aurait avantage à laisser la réalité tranquille.

Je me disais que l'homme au moustique mentait. Par d'innombrables refus de rédacteurs en chef, j'ai appris que j'avais menti. Et pour toutes ces raisons, j'ai fait figurer en tête de ce texte, entre parenthèses, l'affirmation solennelle de sa véracité, si bien que j'ai confiance, personne n'y croira. C'est trop réel pour être vrai.

IX

LE TERRIBLE ET LE TRAGIQUE
DANS LA FICTION

Paru sous le titre The Terrible and the Tragic in the Fiction *dans*
Critic, *juin 1903.*

« Je tiens à ce que votre maison continue à être mon
éditeur. Si vous vouliez bien accepter de sortir le livre, je
serais heureux d'accepter les conditions que vous m'avez
antérieurement accordées — c'est-à-dire que vous conservez tous les profits et me remettez vingt exemplaires pour
distribuer à mes amis. »

C'est dans ces termes qu'Edgar Allan Poe écrivait le 13 août
1841 à la maison d'édition Lee & Blanchard. Ils répondirent :
« Nous regrettons vivement d'être obligés de vous dire que l'état
des affaires est tel qu'il nous encourage peu à entreprendre de
nouvelles publications… Soyez assuré que nous le regrettons pour
vous aussi bien que pour nous, car nous aurions grand plaisir à
favoriser vos projets de publication. »

Cinq ans plus tard, en 1846, Poe écrivait à Mr. E.H. Duyckinck :
« Pour des raisons particulières, je tiens à ce qu'un autre volume
de mes histoires paraisse avant le 1er mars. Croyez-vous possible
de faire cela pour moi ? Est-ce que Mr. Wiley n'accepterait pas
de me donner, disons, cinquante dollars en tout pour les droits
d'édition du recueil d'histoires que je vous envoie ? »

Si on compare avec les gains d'écrivains contemporains, il est clair que Poe a reçu peu de choses, sinon rien, pour les histoires qu'il a écrites. À l'automne de 1900, l'un des trois exemplaires existants de son *Tamerlan et autres poèmes*, fut vendu deux mille cinquante dollars, somme supérieure peut-être à tout ce qu'il a reçu pour la publication en magazine et en volumes de toutes ces histoires et de tous ses poèmes.

Il était plus mal rémunéré que le plus médiocre de ses contemporains ; alors qu'il produisait un effet plus puissant que la majorité d'entre eux et obtenait une célébrité plus brillante et plus durable.

Cooke, dans une lettre à Poe, s'exprime ainsi : « *Le Cas de Monsieur Valdemar*, que j'ai lu l'hiver dernier dans un numéro de votre *Broadway Journal* — alors que je gisais, emmitouflé jusqu'aux yeux dans des pardessus, etc. —, je le désigne sans hésitation comme le chapitre d'une œuvre d'imagination le plus détestable, vraisemblable, horrible, choquant, ingénieux, qu'un esprit ait jamais conçu, qu'une main ait jamais écrit. C'est à vous faire dresser les cheveux sur la tête. Cette voix d'homme au son gélatineux, visqueux ! personne n'avait jamais eu une telle idée. Cette histoire, en plein jour, m'a tellement terrifié que je me suis dressé, armé d'un fusil à deux coups. Qu'est-ce que cela aurait été, si je m'étais trouvé de nuit dans une vieille maison de campagne peuplée de fantômes ?

« J'ai toujours trouvé à vos histoires une qualité remarquable : lorsque j'en ai terminé la lecture, elles continuent à me hanter. Les *dents* de Bérénice, les yeux changeants de Morella — cette fissure rouge et lumineuse dans *la Maison Usher*, les trous du pont du bateau dans *Le manuscrit trouvé dans une bouteille*, les gouttes visibles tombant dans la coupe, dans *Ligeia*, etc. —, toujours un détail de ce genre reste gravé dans l'esprit — dans le mien, du moins. »

Vers cette époque Elizabeth Barret Browning, alors Miss Barret, écrivait à Poe : « Ici en Angleterre, votre *Corbeau* a fait sensation, a donné un véritable frisson... J'ai entendu parler de gens qui étaient hantés par "Nevermore", et une relation à moi qui avait le malheur de posséder un "buste de Pallas", ne peut plus le regarder à la nuit tombante... Il y a maintenant l'une de vos histoires... qui fait le tour des journaux, sur le mesmérisme, en nous plongeant tous dans "le plus admiratif des désordres", et en nous inspirant des doutes terribles sur la question de savoir si "cela peut être vrai", comme disent les enfants à propos des histoires de fantômes. Ce qu'il y a de sûr, c'est la puissance de l'écrivain, et la faculté qu'il a de rendre proches et familières les choses horribles et improbables. »

Bien que ces histoires aient plongé les gens dans « le plus admiratif des désordres », aient terrifié des hommes en plein jour, et bien que ces histoires aient été lues, peut-on dire, universellement, il semble qu'il y ait eu à l'époque contre elles le sentiment qu'elles devaient être condamnées comme appartenant à une catégorie d'histoires éminemment repoussantes et illisibles. Le public lisait les histoires de Poe, mais lui n'était pas en contact avec ce public. Et lorsque ce public s'adressait à lui par l'intermédiaire des rédacteurs en chef du magazine, il parlait en termes non équivoques ; et lui, aspirant à se révolter, rêvait d'éditer son propre magazine, pas un magazine « à l'eau de rose », plein « d'images méprisables, de gravures de modes, de musique, d'histoires d'amour », mais un magazine où l'on dirait les choses pour l'intérêt qu'elles présentent, où l'on raconterait une véritable histoire et non un salmigondis que pourrait réclamer le public parce qu'il aime ça.

James E. Heath, écrivant à Poe au sujet de *la Chute de la Maison Usher*, disait : « Il [White, rédacteur en chef du *Southern Literary Messenger*] se demande si les lecteurs du *Messenger* ont beaucoup de goût pour les histoires de l'École allemande, même si elles sont écrites avec beaucoup de puissance et de talent, et je vous avoue que je suis très enclin à être de son avis. Je doute beaucoup que des histoires du genre violent, invraisemblable, et terrible puissent jamais jouir d'une popularité durable dans ce pays. Charles Dickens a, me semble-t-il, porté un coup mortel à la littérature répondant à cette définition. »

Néanmoins, les auteurs de cette époque, qui écrivaient des histoires populaires se vendant bien et qui recevaient les chèques les plus substantiels, sont morts et oubliés, de même que leurs histoires, tandis que Poe survit, avec les siennes. De ce point de vue, la carrière de Poe apparaît paradoxale et embrouillée. Les rédacteurs en chef n'aimaient pas publier ses histoires, les gens n'aimaient pas les lire, et cependant elles ont été lues, discutées et retenues universellement, elles ont fait le tour des journaux étrangers. Elles lui ont rapporté peu d'argent, et en ont cependant rapporté beaucoup par la suite ; aujourd'hui encore elles bénéficient de ventes étendues et régulières. À l'époque de leur parution, on croyait couramment qu'elles ne pourraient jamais devenir populaires aux États-Unis, et cependant leurs ventes régulières, les éditions complètes et de toutes sortes encore, qui continuent à paraître, témoignent d'une popularité qui est, le moins qu'on puisse dire, durable. La sombre et terrible *Chute de la Maison Usher, Ligeia, le Chat noir, la Barrique d'amontillado, Berenice, le Puits et le Pendule,* et *le Masque de la mort rouge,* sont lus aujourd'hui avec une avidité plus grande que jamais. Et c'est particulièrement vrai de la jeune génération qui souvent s'enthousiasme pour des œuvres que les vieilles barbes avaient lues et célébrées avant de les censurer et de les condamner finalement.

Cependant les conditions en vigueur à l'époque de Poe règnent d'une manière tout aussi inexorable aujourd'hui. Aucun directeur de publication vigilant quant au nombre de ses abonnés ne peut être amené ni par la corruption ni par l'intimidation à accepter dans son magazine une histoire terrible ou tragique, tandis que le lecteur, quand il tombe par hasard sur l'une de ces histoires — et il s'arrange pour que cela lui arrive de temps en temps —, dit que cela ne l'intéresse pas.

Quelqu'un lit une histoire de ce genre, laisse tomber le livre en frissonnant, et dit : « Cela me glace le sang. Je ne veux plus rien lire de pareil. » Et pourtant, il lira de nouveau une histoire du même genre et recommencera, une fois, deux fois, y reviendra et la relira. Parlez avec le lecteur moyen et vous constaterez qu'il a lu tous ou presque tous les contes terribles et horribles qui ont été écrits. Là encore, il frissonnera, exprimera sa désaffection pour de telles histoires, après quoi il se mettra aussitôt à en discuter avec une finesse et une intelligence aussi remarquables que surprenantes.

Quand on considère que tant de gens condamnent ces histoires et continuent néanmoins à les lire (comme c'est amplement prouvé par les confidences à cœur ouvert et par les ventes d'ouvrages tels que ceux de Poe), une question se pose : les gens sont-ils honnêtes quand ils frissonnent et disent qu'ils ne sont pas intéressés par le terrible, l'horrible, le tragique ? N'aiment-ils pas, en réalité, avoir peur ? Ou bien ont-ils peur d'aimer avoir peur ?

La peur plonge des racines profondes dans l'espèce humaine. Elle est apparue au début du monde, elle était l'émotion prédominante dans le monde primitif. Pour cette raison, elle reste aujourd'hui la plus solidement ancrée de toutes les émotions. Mais dans le monde primitif, les hommes étaient sans complications, encore peu conscients, et ils étaient franchement transportés par les histoires et les religions inspirant la terreur. Est-il exact que les gens compliqués, conscients, d'aujourd'hui ne prennent pas plaisir aux choses qui inspirent la terreur ? ou bien est-il vrai qu'ils ont honte de laisser paraître le plaisir qu'elles leur causent ?

Est-ce cela qui attire les jeunes garçons dans les maisons hantées après la tombée de la nuit, qui les pousse à lancer des pierres et à s'enfuir, le cœur battant la chamade, comme pour couvrir le bruit de leur fuite ? Est-ce cela qui s'empare d'un enfant, l'oblige à écouter des histoires de fantômes qui l'entraînent dans des abîmes de terreur, ce qui ne l'empêche pas d'en réclamer sans cesse de nouvelles ? Est-ce une chose néfaste ? Une chose que son instinct lui désigne comme malsaine et maléfique dès l'instant où son désir le pousse dans cette direction ? Ou bien encore, est-ce cela qui fait palpiter le cœur et hâter le pas d'un homme ou d'une femme qui traverse seul une longue salle obscure ou monte un escalier en pas de vis ? Est-ce le sauvage qui est en eux qui s'agite ? le sauvage qui s'est endormi, mais qui n'est jamais mort, depuis le temps où les hommes habitant les bords des rivières s'accroupissaient devant les feux de camp, où les arboricoles se serraient les uns contre les autres dans les branches pour bavarder ?

Quelle que soit la chose, bonne ou mauvaise, c'est une chose, et elle est réelle. C'est une chose que Poe réveille en nous, en nous apportant l'épouvante en plein jour et en nous plongeant dans des « désordres admiratifs ». Il est rare qu'un adulte ayant peur dans le noir le confesse. Cela ne paraît pas convenable et on en a honte. Peut-être les gens ont-ils l'impression qu'il n'est pas convenable de prendre plaisir à des histoires qui font naître la peur et la terreur. On peut avoir instinctivement l'impression qu'il est mal et nuisible de faire naître de telles émotions, ce qui conduit à dire qu'on n'aime pas ce genre d'histoires, tout en les aimant, en réalité.

La grande émotion exploitée par Dickens était la peur, comme Mr. Brook Adams l'a souligné, tout comme le courage était la grande émotion exploitée par Walter Scott. La noblesse militante possédait, semblait-il, un excès de courage et était plus disponible pour les choses courageuses. Par ailleurs, la bourgeoisie qui commençait à apparaître, les timides marchands et habitants des villes, libérés des oppressions et délivrés des rapines de leurs seigneurs à la main rude, semblaient détenir un excès de peur, et réagir plus volontiers aux choses effrayantes. Pour cette raison, ils dévoraient goulûment les œuvres de Dickens, car il était leur porte-parole aussi nettement que Walter Scott était celui de la vieille noblesse déclinante.

Mais depuis l'époque de Dickens, si nous pouvons juger d'après l'attitude des directeurs de publications et d'après le verdict des lecteurs, un changement semble s'être produit. À l'époque de Dickens, la bourgeoisie, nouvellement surgie comme classe dominante était encore fortement possédée par la peur, tout à fait comme une grand-mère négresse, ayant quitté l'Afrique depuis deux générations, continue à avoir peur du Vaudou. Mais aujourd'hui, il semblerait que cette même bourgeoisie, solidement assise et triomphante, ait honte de ses terreurs anciennes, dont elle se souvient confusément, comme il arrive avec un cauchemar. Lorsque la peur pesait lourdement sur elle, elle aimait avant tout les choses qui excitent la peur ; mais la peur étant repoussée au loin, la bourgeoisie, n'étant plus menacée ni poursuivie, s'est mise à craindre la peur. Cela veut dire qu'elle est devenue consciente, d'une façon qui ressemble beaucoup à celle de l'esclave noir, affranchi et conscient du stigmate associé au mot « noir », qui s'intitule lui-même « homme de couleur », bien que dans le tréfonds de son cœur il se sente toujours un nègre. La bourgeoisie peut ainsi éprouver d'une manière vague et mystérieuse le stigmate resté attaché à son époque de pusillanimité et, devenue consciente, flétrir comme inconvenant tout ce qui provoque la terreur, tandis que, dans les profondeurs secrètes de son être, elle continue à s'en délecter.

Tout ce que nous venons de dire est naturellement, soit dit en passant, une simple tentative d'explication d'un aspect psychologiquement contradictoire dans le comportement des lecteurs. Mais le phénomène subsiste. Le public a peur des histoires qui provoquent la terreur et continue hypocritement à y prendre plaisir. Le récent recueil d'histoire de W.W. Jacob, *la Dame de la péniche*[1], contient ses habituels récits humoristiques inimitables panachés de plusieurs histoires de terreur. Une douzaine d'amis interrogés sur l'histoire qui les avait le plus vivement impressionnés dans ce recueil ont cité de façon unanime *la Main de singe*. *La Main de singe* est un conte de terreur aussi

---

1. William Wymark Jacob (1863-1943). Écrivain anglais, auteur de nouvelles. Il s'est d'abord rendu célèbre par des œuvres d'atmosphère maritime avant de se consacrer au fantastique et à l'étrange. De ses deux recueils, le plus connu est *la Dame de la péniche* (*The Lady of the Barge*, 1902), l'autre étant *Night Watches* (1914). On trouve quelques histoires fantastiques dans ses autres volumes de nouvelles : *Odd Craft* (1903) et *Short Cruises* (1907).

parfait que tout autre du même genre. Et, sans exception, après avoir dûment et convenablement frissonné et refusé d'admettre qu'ils aimaient ce genre d'histoire, ils se sont mis à en discuter avec une chaleur et une connaissance du sujet révélant clairement que, si étranges qu'aient pu être les sensations provoquées, elles avaient en tout cas été agréables.

Ambrose Bierce a publié, voici longtemps, les *Soldats et civils*[2], un livre plein, d'un bout à l'autre, de terreur et d'horreur sans mélange ; un rédacteur en chef qui aurait l'audace de publier l'une de ces histoires commettrait un suicide financier et professionnel ; et cependant, d'année en année, les gens continuent à parler de *Soldats et civils*, tandis que les innombrables livres suaves et sains, optimistes, se terminant bien, sont oubliés sitôt sortis des presses.

Dans la période de témérité correspondant à sa jeunesse, avant de se convertir à plus de sobriété, Mr. W.C. Morrow a commis *le Singe, l'Idiot et Autres Gens*[3] dans lequel on trouvera quelques-unes des plus terrifiantes histoires d'horreur écrites en anglais. Ce livre lui assura une réputation immédiate, sur quoi il assigna à son art des objectifs plus élevés, abandonna le terrible et l'horrible, écrivit d'autres livres complètement différents. Mais on ne se souvient pas de ces autres livres autant que du premier, et les gens qui le déclarent disent, sans reprendre haleine, qu'ils n'aiment pas les histoires du genre de celles recueillies dans *le Singe, l'Idiot et Autres Gens*.

Dans deux recueils de contes récemment publiés, dont chacun contient une histoire de terreur, neuf sur dix des critiques, ont choisi l'histoire de terreur comme étant la plus digne d'intérêt,

2. Ambrose Bierce (1842-1914). Son recueil purement fantastique est *Can Such Things Be* ? (1893). Mais le surnaturel, souvent, intervient dans ses *Tales of Soldiers and Civilians* (1893) rebaptisés plus tard *In the Midst of Life*. Sur ce dernier titre, voir plus loin : 2e partie, V.

3. William Chambers Morrow (1853-1923). Écrivain américain. Son recueil *le Singe, l'Idiot et Autres Gens* (*The Ape, the Idiot and Other People*, 1897) réunit quatorze histoires fantastiques.

et après avoir énoncé cette préférence, cinq de ces dix critiques se mirent à l'éreinter.

Elle de Rider Haggard[4], plein d'une terreur macabre, a connu une longue vogue populaire, tandis que *le Cas étrange du Dr Jekyll et de Mr. Hyde*[5] obtint un succès plus littéraire et a amené R.L. Stevenson au premier plan.

Si nous mettons de côté l'histoire d'horreur, une histoire peut-elle être vraiment excellente, si son thème est tout, sauf tragique ou terrible ? Les lieux communs charmants de la vie peuvent-ils être transposés autrement qu'en des histoires charmantes et banales ?

Il semblerait que non. Les grandes nouvelles du trésor littéraire mondial semblent toutes tirer leur force et leur grandeur du tragique et du terrible. Il n'y en a pas la moitié qui parlent seulement d'amour ; et quand elles en parlent, elles tirent leur grandeur, non de l'amour lui-même, de l'aspect tragique et terrible sous lequel l'amour se présente.

Dans cette catégorie peut être rangé *Sans bénéfice de clergé*[6] [de Rudyard Kipling] qui est assez typique. L'amour de John Holden et d'Ameera tire sa force du fait qu'ils n'appartiennent pas à la même caste et que cet amour est donc précaire, et il est rendu mémorable par les morts tragiques de Tota et d'Ameera, le complet oubli des péripéties de leur existence commune et le retour de John Holden aux hommes de sa race. Les épreuves et la souffrance sont nécessaires pour sonder les profondeurs de la nature humaine, et il n'y a ni épreuves ni souffrance dans les

4. Henry Rider Haggard (1856-1925). Écrivain anglais dont les œuvres les plus connues en France sont : *les Mines du roi Salomon* (*King Solomon's Mines*, 1885) et *Elle* (She, 1887). Voir notre postface à ce dernier volume : Pauvert, 1965 et Bibliothèque Marabout, 1969.

5. Robert Louis Stevenson (1850-1944). Ses œuvres sont en cours de publication dans la collection 10/18. Voir le n° 1044 : *le Cas étrange du Dr Jekyll et de Mr Hyde* suivi d'histoires non moins étranges.

6. *Without Benefit of Clergy* (1890). Nouvelle recueillie dans *Life's Handicap* (1891). En français dans *Au hasard de la vie*, collection 10/18, n° 1366.

événements charmants, optimistes, paisibles et heureux. Les grandes choses ne peuvent se faire que sous l'action d'une grande provocation, et il n'y a rien de très provocant dans le train-train charmant d'une existence tranquille. On ne garde pas le souvenir de Roméo et Juliette parce que le tout s'est très bien passé pour eux, pas plus que d'Abélard et Héloïse, de Tristan et Iseut, de Paolo et Francesca.

Mais la majorité des grandes nouvelles ne traitent pas de l'amour. Par exemple, *Un gîte pour la nuit*[7] [de R.L. Stevenson], l'une des histoires les mieux construites et les plus proches de la perfection qu'on ait jamais racontées, ne contient pas trace d'amour, et même on ne se soucierait guère de rencontrer dans la vie aucun de ses personnages. À commencer par le meurtre de Thévenin, la course à travers les rues dans la nuit terrifiante, la vieille clocharde dévalisée sous le porche pour finir avec le vieux seigneur de Brisetout qu'on ne tue pas parce qu'il possède sept plats d'argent au lieu de dix, cette nouvelle ne contient que des choses terribles et repoussantes. Cependant, c'est ce côté affreux qui fait toute la grandeur de la nouvelle. Le dialogue dans la maison déserte entre Villon et le faible seigneur de Brisetout, qui constitue l'histoire, ne serait pas du tout l'histoire si l'on en retirait les épreuves et la souffrance et si les deux hommes étaient en face l'un de l'autre, et qu'une dizaine de serviteurs se trouvaient derrière le vieux seigneur.

La Chute de la Maison Usher tire toute sa grandeur de ce qui est terrible et il n'y a pas plus d'amour dans cette nouvelle qu'il n'y en a dans *la Parure* ou *la Ficelle* de Guy de Maupassant, ou dans *L'homme qui fut*[8] et *Bêe Bêe, Mouton noir*[9], de Kipling,

7. *A Lodging for the Night* (1877). Recueilli en 1882 dans *New Arabian Nights*, tome II. En français dans *Nouvelles Mille et Une Nuits* tome III, collection 10/18, n° 1141.

8. *The Man Who Was* (1890) recueilli dans *Au hasard de la vie*, collection 10/18, n° 1366.

9. *Baa, Baa, Black Sheep* (1888). Recueilli en français dans *Ce chien ton serviteur* ; à paraître dans la collection 10/18.

cette dernière histoire étant la plus pitoyable des tragédies, celle d'un enfant.

Les rédacteurs en chef des magazines ont de très bonnes raisons, pour refuser tout ce qui est terrible et tragique. Leurs lecteurs disent qu'ils n'aiment pas cela et il est inutile d'aller chercher plus loin. Mais ou bien leurs lecteurs mentent sans vergogne ou se trompent eux-mêmes en croyant dire la vérité, ou bien les gens qui lisent les magazines ne sont pas ceux qui continuent à acheter, disons, les œuvres de Poe.

Dans ces conditions, étant prouvé qu'il existe une demande pour le terrible et le tragique, n'y a-t-il pas une place sur le marché déjà très encombré pour un magazine consacré avant tout au terrible et au tragique ? Un magazine comme Poe en rêvait, et qui ne contiendrait rien qui puisse passer pour être de l'eau de rose, plus ou moins à sensation, ou émasculé, un magazine qui insérerait des histoires destinées à prendre de l'importance et à connaître la postérité, au lieu de rechercher de gros tirages ?

Si on examine cette situation, deux probabilités se dégagent : une partie suffisante des lecteurs qui aiment le tragique et le terrible auraient l'honnêteté de s'abonner ; les écrivains de notre pays seraient en mesure de fournir la matière. Si aujourd'hui on n'écrit pas d'histoires de ce genre, c'est faute de magazine pour les accueillir ; les écrivains se consacrent donc à la production en grande partie éphémère que les magazines achètent. Par malheur, les écrivains travaillent en premier lieu pour gagner leur croûte et font passer la gloire après ; et leur niveau de vie augmente en proportion de leur capacité à gagner leur croûte — si bien qu'ils ne pensent jamais à la gloire, l'éphémère fait florès et les grandes histoires ne sont pas écrites.

X

LES PHÉNOMÈNES
DE L'ÉVOLUTION LITTÉRAIRE

Paru sous le titre Phenomena of the Literary Evolution *dans* The Bookman, *octobre 1900.*

Comme un essayiste l'a dit, ce siècle est le siècle fou de l'instant présent. Le siècle « qui a découvert pour la première fois quelle importance avait l'instant. Le siècle qui a fait de cet instant quelque chose de colossal, comme on n'en avait jamais connu jusque-là ; le siècle qui, avec le téléphone, le télégraphe et la presse à imprimer a découvert le présent et réduit le monde entier à une voix sur un fil. » C'est aussi un siècle très occupé. Le monde n'avait jamais été aussi pressé qu'aujourd'hui ; ses pensées n'avaient jamais été si étendues et si profondes, ses visées et ses occupations si nombreuses et si diverses. Il appartient bien à quiconque a des idées à vendre au monde de chercher quelle influence tout cela peut avoir sur la littérature actuelle, sur la façon dont le siècle est et devrait être représenté dans les textes imprimés. Pourquoi la prédication et la longueur des phrases ont-elles diminué ? Pourquoi le roman en trois volumes est-il laissé en arrière avec tout le fatras d'un passé poussiéreux ? Pourquoi existe-t-il une telle demande pour les récits courts, faciles à placer n'importe où ? Quelle influence les réponses à ces questions peuvent-elles avoir sur la structure d'une phrase ? le façonnage d'une silhouette ? le tracé d'un parallèle ? la construction d'une histoire ? la délimitation d'un personnage ? ou la présentation d'une phase sociale ? Si le marchand d'idées ne peut répondre à ces questions, il est grand temps pour lui de se mettre à l'ouvrage. Le monde sait ce qu'il veut, mais il ne se donnera pas la peine de prendre la parole pour le lui dire. Le monde ne se soucie pas de lui ; il obtient de lui ce qu'il désire ; et il continuera à l'obtenir des autres créateurs qui se seront mis à l'ouvrage.

La comparaison entre la croissance de l'individu et la croissance de l'espèce, à la différence de la plupart des procédés d'exposition, semble toujours augmenter en force et en valeur. De l'enfance à l'âge adulte, l'esprit de l'individu va du simple au complexe. Les pensées d'un enfant sont peu nombreuses et de faible étendue. Tout d'abord, dans le processus du raisonnement les prémisses doivent être de peu d'étendue et complètement formulées, et dans le cours des déductions et inductions, on ne peut sauter le moindre détail. On ne peut omettre aucun exemple ni écarter aucune étape. Mais l'esprit de l'homme adulte n'accepte pas une démarche aussi lente. Il saute rapidement de la cause à l'effet et *vice versa* et a même déjà conclu avant d'avoir terminé ce saut. L'étudiant refuse de suivre les cours d'un professeur qui enseignerait comme au jardin d'enfants. Il en vient à refuser que tout lui soit expliqué en détail, y compris les choses les plus évidentes. Il serait aussi bien disposé à lire De Foe en mots d'une syllabe qu'à faire des additions en comptant sur ses doigts.

Il en va de même avec l'espèce. Elle a eu son adolescence ; à présent, elle est arrivée à l'âge adulte. La littérature qui la charmait dans sa jeunesse continue à charmer les jeunes individus ; mais l'espèce est à présent dans la force de l'âge et sa littérature doit en être le reflet. Conformément à la loi générale de l'évolution, toute pensée et toute méthode pour l'exprimer doit tendre à la concentration. Le langage, parlé ou écrit, n'a pas échappé à cette loi. Le langage, comme moyen de transmettre la pensée, est primitivement figuratif. Les mots les plus courants, utilisés de la façon la plus courante, sont des images stéréotypées — des images qui à leur naissance, étaient roses, fraîches, vivantes, fortes, au stade élémentaire où les langues des hommes tâtonnaient pour s'exprimer plus clairement. Une image est le développement d'une analogie, l'établissement d'une identité à travers une ressemblance. Tandis que la première expression de la plus simple pensée de l'espèce était figurative, sa première association de pensées, tendant à former un tout puissant ou beau l'était également. Qu'est-ce qu'une allégorie, sinon une image prolongée ? Et c'est à l'allégorie que tous les peuples primitifs ont tout d'abord recours. Elle les séduit, eux qui, lorsqu'ils pensent, pensent comme des enfants. Mais aujourd'hui, l'espèce n'a plus besoin de cet expédient enfantin. Spenser[1] a été le dernier grand poète à l'utiliser. *Le Voyage du pèlerin* de Bunyan[2], seule grande allégorie existante, doit sa popularité immédiate et consécutive aux masses illettrées, parce qu'elles étaient illettrées — et parce qu'elle était simple, traitait d'une question vitale avec puissance, tout en restant rudimentaire.

Comme l'a souligné le Professeur Sherman, l'utilité de l'analogie est de donner à une vérité matérielle un cadre spirituel — amener le lecteur à *ressentir* aussi bien qu'à *penser*. L'allégorie fait cela, mais d'une façon très soutenue et expansive. Mais la tendance du langage est à la concision, donc à la disparition de l'allégorie et, en même temps, de la parabole et de la fable. Une étude de la littérature de l'espèce révélera leur remplacement, par voie de conséquence inexorable, par la métaphore courante, la métaphore de membre de phrase, la métaphore de phrase, la métaphore de mots composés et pour finir, la métaphore de mot. L'enchaînement d'images a été ramené à une image unique,

---

1. Edmund Spenser (1552-1599). Écrivain et philosophe anglais considéré comme « le prince des poètes » de son temps. Son œuvre maîtresse est *le Royaume des fées* (*The Faerie Queene*, 1590).
2. John Bunyan (1628-1688). Puritain anglais et modeste prêcheur de village. Célèbre pour son très curieux roman allégorique *le Voyage du pèlerin* (*The Pilgrim's Progress*, 1678-1684).

l'analogie allégorique à une analogie de mots. Tandis que le niveau de l'intelligence s'élevait, un mot d'ordre s'est imposé à l'homme : il devait penser par lui-même, et il le ferait. Il n'avait plus envie que la pensée lui soit répétée et ressassée, qu'on la lui enfonce à coups de marteau dans la tête, sans cesse. Il est rebuté par le pléonasme.

Thomson a écrit : « poussé par une impérieuse nécessité. » « Poussé » et « impérieuse nécessité » constituent un pléonasme, mais cela n'a pas empêché Pope de modifier la phrase de cette façon : « Poussé par la force suprême d'une nécessité impérieuse. » Imaginez les gens d'aujourd'hui acceptant un tel galimatias ! Mais en condensant l'allégorie en analogie de mots, on ne doit se permettre de sacrifier ni l'aspect matériel ni l'aspect spirituel. Et les maîtres s'en sont bien gardés. On ne peut citer meilleur exemple que celui-ci :

> « Elle s'assied dans le canot comme sur un trône bruni *Brûlé* sur l'eau. »

Il y a l'image et le fait, le spirituel et le matériel, représentés l'un et l'autre par un mot unique. Il n'y avait pas lieu pour le poète d'écrire vingt vers de pentamètres ïambiques pour traduire la ressemblance de l'or brun avec le feu, les flammes, le soleil, tandis que le canot flottait sur l'eau ; et il aurait été parfaitement contraire à l'art, de le faire. Le lecteur n'est pas un enfant. Il éprouve du plaisir à bâtir tout le tableau en partant de ce seul mot, et il est transporté d'enthousiasme s'il le bâtit par son seul effort. Voilà exactement ce que désire le lecteur.

« Ce style qui laisse la plus grande place à l'imagination quant à la façon dont les faits ou les relations entre eux peuvent être saisis, sera dans cette mesure le plus facile à lire. » C'est conformément à cette vérité que la prédication a diminué, et en même temps la longueur de la phrase. La tendance des phrases est depuis longtemps dans le sens de la brièveté et de la précision. Les hommes d'aujourd'hui veulent lire des textes non seulement concis mais compacts, nerveux, incisifs, précis. Ils tolèrent Mr. James[3], mais ils préfèrent Mr. Kipling[4]. À la charge des écrivains du passé, prenons comme exemple cette phrase de Spenser :

« La marier : dans ce but on avait envisagé diverses bonnes combinaisons, et de sages conseils avaient déjà été donnés sur la réforme dans ce royaume ; mais, disaient-ils, c'est le destin fatal de ce pays, qu'aucun projet, bien qu'étant conçu pour son bien, ne prospérerait ou ne réussirait, soit qu'il résulte du GÉNIE même du sol, ou de l'influence des étoiles, ou du fait que le Dieu Tout-Puissant n'ait pas encore fixé la date de sa réforme, ou qu'il entendait la laisser dans cet état instable jusqu'à ce que quelque fléau secret pénétrât par elle en Angleterre, c'est difficile à savoir, mais cependant très à craindre. »

Imaginez le crayon bleu du rédacteur en chef du xxᵉ siècle s'attaquant voluptueusement à une phrase telle que celle-là ! Et voyez le contraste avec celle-ci, issue de la plume d'Emerson[5] :

« Mes amis, dans ces deux erreurs, je crois voir les causes du déclin de l'Église et d'une incroyance dévastatrice. Et quelle pire calamité peut fondre sur une nation que la perte de la foi ? Alors la déchéance atteint toutes choses. Le génie abandonne le temple pour hanter le sénat ou la bourse. La littérature devient frivole. La science est sans chaleur. L'œil de la jeunesse ne luit pas de l'espoir en des mondes meilleurs, et la vieillesse n'a plus d'honneur. La Société vit pour des futilités et quand les hommes meurent, nous ne parlons pas d'eux. »

3. Henry James (1843-1916). Écrivain américain célèbre pour ses romans d'analyse dans une atmosphère cosmopolite, et pour son récit fantastique *le Tour d'écrou* (*The Turn of Screw*, 1898).
4. Rudyard Kipling (1865-1936). L'auteur des *Livres de la Jungle* (1894-1895) ; et de nombreux récits d'atmosphère anglo-indienne, en cours de réédition dans la collection 10/18.
5. Ralph Waldo Emerson (1803-1882). Poète, essayiste et philosophe américain. Célèbre pour son essai *Nature* (1836).

Une bonne illustration du déclin de la longueur de la phrase est apportée par les chiffres suivants, ils indiquent le nombre moyen de mots calculé sur un ensemble de cinq cents phrases.

Fabyan[6]	68,28
Spenser	49,78
Hooker[7]	41,40
Macaulay[8]	22,45
Emerson	20,58

Toutes les formes de la littérature d'aujourd'hui illustrent cette tendance à la concision. Le développement de la nouvelle a été marqué par la décadence du long roman. Au cours du siècle dernier et dans la première partie de celui-ci, les romans en un volume étaient acceptables ; mais les éditeurs préféraient ceux de deux ou trois volumes ; ils n'étaient pas non plus opposés à ceux de quatre volumes, et les romans de cinq ou six volumes n'avaient rien d'exceptionnel. Le roman moyen d'aujourd'hui contient de quarante à soixante-dix mille mots. Quel éditeur imaginerait qu'il pourrait seulement lire un manuscrit ayant les proportions gigantesques des *Misérables*[9] ? Poe a toujours soutenu que le conte devait être conçu de façon à être lu en une seule livraison. *Le Chacal du Roi, The King's Jackal*, récemment publié par Richard Harding Davis[10], contient environ vingt-

6. Robert Fabyan (mort en 1513). Chroniqueur anglais. Auteur de *The New Chronicles of England and of France*.

7. Richard Hooker (1554-1600). Théologien anglais. Son ouvrage *Laws of Ecclesiastical Polity* (1593) est considéré comme un chef-d'œuvre de la littérature élizabéthaine pour le style et la philosophie.

8. Thomas Babington Macaulay (1800-1859). Historien, essayiste et homme politique anglais.

9. *Les Misérables* (1862), le grand et copieux roman social de V. Hugo.

10. Richard Harding Davis (1864-1916). Journaliste américain (*The New York Sun, Scribner's Magazine, Harper's Magazine*). Auteur de 80 nouvelles ; et sept romans parmi lesquels *le Chacal du roi* (*The Jackal's King*, 1891).

sept mille mots, tandis que Mr Kipling semble avoir fixé pour le roman une longueur de quarante à cinquante pages.

Tout en tirant profit du texte, ce que les gens d'aujourd'hui veulent principalement, c'est la chose passagère traitée sous une forme éternelle. Cela nous donne une littérature largement épisodique et ce besoin, Mr. Kipling l'a satisfait. Il écrit dans un style concis, dépouillé, sautillant, à bâtons rompus, mais il n'y a rien de superflu dans son œuvre. Elle consiste seulement dans l'essentiel, et elle excite l'imagination. Et c'est exactement ce que veulent les gens d'aujourd'hui, car ils ont passé l'âge du jardin d'enfants ; ils peuvent penser par eux-mêmes. Fournissez leur l'essentiel, dépouillé, et ils se chargeront du reste. Ils peuvent penser plus vite qu'ils ne lisent le texte imprimé de l'écrivain, et ils sont pressés. La division du travail, la machinerie économisant de la main-d'œuvre, les transports rapides, le téléphone et le télégraphe — mille et un dispositifs que nos contemporains ont inventés pour économiser de l'énergie et du temps : jamais jusqu'ici les gens n'avaient eu autant de choses à faire, autant de sollicitations visant à employer une partie de leur temps. Si bien que, dans tous les domaines, ils ont besoin de la plus grande quantité possible de choses entassées dans l'espace le plus réduit. Et la littérature doit répondre à cette exigence. Les gens d'aujourd'hui ne veulent pas de romans et d'histoires foisonnant de détails superflus. Ce qui n'est pas élagué sera mis au rancart sans être lu. Ce que veut le lecteur d'aujourd'hui, c'est la substance du sujet et il la veut immédiatement.

XI

UNE PLACE À PRENDRE :
EN LANÇANT UN JOURNAL

Paru sous le titre Running A Newspaper. His Scheme *dans* The
Australian Star (*Sidney*), *4 février 1909. L'un des articles
écrits pour ce quotidien par l'auteur, pendant son séjour à
Sidney au terme de La Croisière du* Snark. (*Voir notre préface
à* Histoires des Îles, *collection 10/18, n° 928.*)

Une grosse fortune attend l'homme compétent en Australie.
Malheureusement pour moi, je ne suis pas l'homme compétent.
Je n'aime pas les affaires, je ne m'intéresse pas suffisamment à
l'argent. Mais comme je ne suis pas mesquin, je suis tout disposé à
expliquer à d'autres comment il faut s'y prendre. Voici le moyen :
lancer un journal. Ne riez pas, je vous prie. Il y a des millions à
gagner — pour l'homme qui convient.

Le succès, pour un journal, dépend du volume de publicité
qu'il peut recueillir et de ses tarifs publicitaires. Un grand journal
ne peut couvrir ses dépenses courantes par les recettes provenant
des abonnements et de la vente au numéro. Quelques-uns des plus
grands journaux des États-Unis affirment que leurs abonnements
ne paieraient même pas le papier sur lequel ils sont imprimés.

Ce sont les annonceurs qui couvrent la plus grande partie
des dépenses courantes et procurent les bénéfices. Le journal
qui a le plus gros tirage recueille le plus fort volume de publicité

et pratique les tarifs de publicité les plus élevés. Les journaux cherchent donc à avoir un grand nombre de lecteurs, non pour l'argent qu'ils en retirent mais pour celui que leur procurent les annonceurs.

Chaque journal existant actuellement en Australie s'adresse à un public particulier. Les journaux qui réussissent le mieux sont ceux qui sont destinés au très grand public. Très bien. L'affaire est donc claire. S'il y a aujourd'hui une fortune à gagner pour le journal australien qui touche le grand public, il y a une fortune encore plus grande attendant l'homme qui lancera un journal susceptible d'atteindre un public encore plus large.

Ce public encore plus vaste existe ici en Australie, et personne ne songe à l'atteindre. Atteindre un public, cela signifie lui donner ce qui lui plaît. La classe ouvrière est plus nombreuse que toute autre classe ou coterie. Malgré cela, il n'existe pas de journal qui s'adresse à elle, réellement, de tout son cœur. Atteindre un public signifie lui donner ce qui lui plaît sans se soucier des sentiments et opinions du reste de la communauté sociale. Les travailleurs aiment entendre parler d'eux dans les journaux, y voir leurs actes et leur politique discutés, défendus et mis en avant et leurs combats représentés loyalement et royalement. Le travailleur est un homme, et en tant qu'homme il s'abonnera au journal qui lui rend hommage et en même temps envoie ceux de la partie adverse au diable. Il n'existe pas en Australie de journal de cette sorte. Certains sont franchement à l'opposé et d'autres entre deux chaises pour s'efforcer d'atteindre des publics hybrides dont les membres ont des intérêts divergents.

Je vais faire de sang-froid une proposition commerciale. Je n'y mets aucun sentimentalisme ni discours sur la recherche du Bien ou du Progrès. La classe ouvrière représente le plus important public d'Australie et c'est un public de consommateurs. Le journal qui aura le courage, l'audace et le bon sens de chercher à l'atteindre comme il faut, d'un point de vue d'affaires, obtiendra le plus gros tirage. Ce plus gros tirage donnera à ce journal les plus importantes recettes de publicité. L'homme qui sera propriétaire de ce journal récoltera la fortune la plus importante et jamais réalisée à ce jour par aucun journal en Australie.

Surtout n'objectez pas que tout ceci semble parfait mais reste après tout théorique. Cela marchera parce que cela a déjà marché. Il n'y a pas si longtemps, il y avait en Californie un sénateur nommé Hearst, propriétaire de l'*Examiner* de San Francisco. Ce n'était pas une feuille très remarquable. Il n'en tirait pas d'argent directement. Il s'en servait pour soutenir ses affaires et ses intérêts politiques, de même que de nombreux millionnaires et sociétés utilisent aujourd'hui les journaux aux États-Unis. Le sénateur Hearst avait aussi un fils. À l'époque où l'*Examiner* avait cessé d'être utile, il sortit du collège. Son père lui offrit plusieurs possibilités de faire avantageusement ses débuts dans la vie mais aucune ne plaisait au jeune homme qui demanda à son père de lui céder plutôt l'*Examiner*, et il l'obtint.

Le jeune Hearst regarda autour de lui d'un œil calculateur. Il avait un sens aigu des affaires et il constata qu'on n'avait jamais touché le très grand public de San Francisco (ni, soit dit en passant, celui de la Californie ou de l'ensemble des États-Unis). Il n'existait pas de journal qui apporte de manière précise et complète à la classe ouvrière ce qu'elle attendait, qui mène ouvertement le même combat qu'elle pour obtenir ce qu'elle voulait. Il ne voyait pas pourquoi un journal n'adopterait pas cette attitude. Il voyait qu'une fortune attendait l'homme compétent qui saisirait cette occasion. Et l'homme compétent fut William Randolph Hearst, puisqu'il a recueilli cette fortune.

Outre sa merveilleuse aptitude aux affaires, il avait du nerf. Il ne se montra ni avare ni mesquin dans la poursuite de cette fortune. Il s'assura les services des meilleurs cerveaux et paya des prix jusqu'ici inouïs, il engagea des directeurs commerciaux, des avocats, des rédacteurs en chef, des écrivains, des dessinateurs humoristiques et des illustrateurs ; quel qu'ait été leur salaire dans leur précédent emploi, il leur donnait davantage. Il leur donnait même le double. Il leur donnait plus qu'ils ne l'auraient jamais rêvé ou demandé. En passant je peux noter qu'un seul de ces rédacteurs en chef applique aujourd'hui une échelle mobile de salaires allant de 10 000 à 15 00 livres par an.

Ayant décidé de donner à la classe ouvrière ce qu'elle désirait, il ne lésina pas. Les cerveaux exercés qu'il avait sous ses ordres étudièrent la psychologie de la classe ouvrière, découvrirent ce qu'elle voulait et le lui donnèrent avec panache. Même quand elle voulait de la banalité, on lui en donnait, mais avec du style. Le résultat fut que l'*Examiner* atteignit le plus gros tirage de San Francisco. Hearst fit de même sur toute l'étendue des États-Unis, exploitant le nouveau champ d'action qu'il avait découvert en créant des journaux similaires dans toutes les grandes villes. Et ville après ville, il s'empara du public le plus étendu, simplement parce qu'il fit ce qu'aucun journal n'avait fait, en s'adressant au très grand public.

Supposons que Hearst se propose d'envahir demain le marché des journaux en Australie. Ses lieutenants commenceraient, disons, par Sidney, en construisant un immeuble convenant à un grand journal moderne, en y installant des presses noir et couleur, les plus modernes possible. En même temps, ces mêmes lieutenants prendraient sous contrat les journalistes australiens les plus remarquables. En quelques jours un certain nombre de places deviendraient vacantes dans les autres journaux. Partout où les lieutenants de Hearst trouveraient un homme qu'ils voudraient avoir avec eux, ils l'engageraient sans se préoccuper du prix. Et quand le premier numéro sortirait, ce serait le meilleur journal qui puisse être fait par les meilleurs journalistes — naturellement, le meilleur journal en fonction des caractéristiques demandées par la classe ouvrière d'Australie. Comme je l'ai dit plus haut, si la classe ouvrière demandait la banalité, elle obtiendrait la banalité mais élaborée par les meilleurs journalistes. Mais si, en revanche, elle voulait autre chose, elle lui serait donnée comme on ne lui avait jamais donné auparavant. L'important étant que la classe ouvrière soit servie, et bien servie, conformément à ses désirs.

Il y aurait beaucoup plus de nouvelles dans ce journal que dans tout autre. Il comprendrait en plus des pages sur le

Commonwealth et sur la Nouvelle-Galles du Sud. On trouverait à chaque page des photographies des personnages et des événements d'une importance actuelle. Il y aurait des dessins des meilleurs caricaturistes australiens, et il y aurait des éditoriaux, des éditoriaux sur le monde du travail, écrits pour les travailleurs, dans leur intérêt, par les meilleurs éditorialistes d'Australie ; lesquels n'écrivent pas d'articles de ce genre aujourd'hui parce que ce n'est pas la coutume des journaux pour lesquels ils travaillent de s'adresser à la classe ouvrière.

Cet hypothétique journal Hearst australien donnerait à la classe ouvrière non seulement beaucoup plus pour son argent, dans ses éditions quotidiennes, qu'aucun journal n'en donne actuellement à son public particulier, mais il publierait aussi une édition du dimanche. Et quelle édition ! Elle comporterait 60, 70 ou 80 pages et parmi un grand nombre d'autres rubriques une double page de bandes dessinées en couleurs et les enfants australiens pleureraient pour l'avoir.

Par ailleurs, la ou les premières pages seraient consacrées aux nouvelles, la publicité étant reléguée dans les pages intérieures. Les titres seraient plus gros, et permettraient ainsi au lecteur de chercher plus facilement les nouvelles particulières correspondant à sa fantaisie. Les caractères ne seraient plus aussi petits et il y aurait plus d'intervalle entre les lignes. Également, la feuille serait d'un format plus réduit. Mais pourquoi s'étendre sur des détails. Le résultat c'est qu'en très peu de temps, ce journal aurait le tirage le plus important. M. Hearst secouerait les ossements desséchés du journalisme australien et il ferait disparaître quelques-uns des quotidiens et des hebdomadaires actuels.

Cependant, il n'y a pas de danger imminent d'une invasion Hearst. M. Hearst est trop occupé pour le moment à dépenser pour satisfaire ses ambitions politiques personnelles les millions qu'il a gagnés avec ses journaux. Mais la classe ouvrière australienne n'est toujours pas touchée. Il reste une chance pour l'homme compétent de recueillir la fortune que M. Hearst récolterait certainement s'il venait par ici.

XII

CRITIQUE DES CRITIQUES LITTÉRAIRES

Paru dans The Bookman, *novembre 1903, en réponse à une enquête menée par cette revue sur les critiques littéraires.*

Il n'y a pas un critique sur cinquante pour mentionner jamais une signification sous-jacente dans mes livres, encore moins pour montrer qu'il comprend cette signification sous-jacente. Mais peut-être est-ce ma faute, et non la leur. Oui, la majorité d'entre eux écrit comme s'ils avaient lu le livre, bien que je me souvienne d'un critique qui écrivit un article tout à fait enthousiaste sur un recueil d'histoires du Klondike en croyant qu'il s'agissait d'un bout à l'autre d'un recueil d'histoires de mer.

Leurs critiques défavorables sont souvent trop bien fondées pour que je me sente à mon aise.

Je trouve les critiques de journaux plus extravagantes, en louanges ou en blâmes, que les critiques de magazine. Ils disent des choses plus gentilles (les journaux) et ils en disent de plus méchantes.

Une pratique très courante chez les critiques consiste, me semble-t-il, à recenser les fautes de grammaire, les anachronismes, les vulgarités, etc., et à y consacrer leurs articles au lieu de s'occuper de l'histoire elle-même.

Le tour le plus affreux — et il est courant — que puisse vous jouer un critique, c'est de raconter lui aussi l'histoire d'un bout à l'autre, de la façon la plus inexacte et, ce faisant, d'utiliser le langage de l'auteur comme si c'était le sien (du critique).

Il me faut cependant reconnaître que j'ai lu dans les journaux quotidiens certains comptes rendus dont le sérieux, la dignité et la compréhension peuvent avantageusement se comparer aux critiques des magazines littéraires.

XIII

L'ÉCRIVAIN N'EST PAS UN CRITIQUE

Lettre (Oakland 20 février 1905) parue dans Ability (*San Francisco*), *avril 1905 sous le titre* Jack London to the Unknowns. *Selon cette revue, il s'agissait d'une lettre circulaire adressée par London à ceux de ses correspondants lui demandant de critiquer leur œuvre.*

Chaque fois qu'un écrivain dit la vérité sur un manuscrit (ou un livre) à un auteur ami, il perd cet ami, ou voit cette amitié s'estomper et se refroidir pour devenir l'ombre de ce qu'elle était auparavant.

Chaque fois qu'un écrivain dit la vérité sur un manuscrit (ou un livre) à un auteur inconnu de lui, il s'en fait un ennemi.

Si l'écrivain aime son ami et craint de le perdre, il ment à cet ami.

Mais à quoi bon se donner le mal de mentir à des étrangers ?

Et, j'insiste là-dessus, à quoi bon se faire des ennemis ?

De plus, un écrivain renommé est submergé de demandes d'inconnus le sollicitant de lire leur œuvre et d'émettre un jugement sur elle. C'est à proprement parler le rôle d'un agent littéraire. Un écrivain n'est pas un bureau littéraire. S'il est assez idiot pour en devenir un, il cessera d'être un écrivain. Il n'aura plus du tout le temps d'écrire.

Il faut dire aussi que pour ce rôle d'agent littéraire non lucratif, il ne reçoit aucune rémunération. Par conséquent, il ne tarderait pas à faire faillite et à vivre lui-même de la charité de ses amis (s'il ne s'en est pas déjà fait des ennemis en leur disant la vérité), tandis qu'il verra sa femme et ses enfants prendre tristement le chemin du bureau de bienfaisance.

Éprouver de la sympathie pour l'inconnu qui essaie de percer, c'est fort bien. C'est très beau — mais il y a tellement d'inconnus qui luttent, quelque chose comme plusieurs millions. Et il ne faut pas abuser de la sympathie. La sympathie commence par soi-même. L'écrivain devrait plutôt laisser la multitude d'inconnus rester inconnus au lieu de mettre ses proches, et ceux qu'il aime, sur la paille et dans la fosse commune.

XIV

LE DANGER DES CHEFS-D'ŒUVRE

Lettre (Glen Ellen, 7 octobre 1906) parue sous le titre From The
Author of the Call of the Wild *dans* The Pacific Short Story
Club Magazine (*San Jose*), *janvier 1908.*

*Le 3 octobre, Henry Meade Bland, Président du « Pacific Short
Story Club » (Club des Écrivains de Nouvelles) avait
annoncé à l'auteur son élection comme membre d'honneur
de l'association. À ses remerciements, London ajoutait,
comme on le lui demandait, ces conseils aux débutants.*

[…] Je pourrais donner deux conseils aux auteurs de nouvelles,
mais permettez-moi de le dire, je le sais d'avance, les membres
du Short Story Club ne seront pas d'accord avec moi. Je m'en
vais donc agiter inutilement le drapeau rouge du danger mais,
comme il est dans ma nature d'agiter des drapeaux rouges, je
vais continuer.

Si les membres du club veulent écrire des nouvelles pour
les magazines, qu'ils prennent bien garde de ne pas écrire de
chefs-d'œuvre. Les rédacteurs en chef de magazines sont, aux
États-Unis, les arbitres de cette variété littéraire connue sous le
nom de domaine de la nouvelle. Les rédacteurs en chef froncent
toujours le sourcil devant les chefs-d'œuvre. Ils ne veulent pas de
chefs-d'œuvre. Voyez-vous, les chefs-d'œuvre nuisent à leur tirage,

101

leur font perdre des abonnés. Et alors le directeur commercial se met en colère et s'en prend aux rédacteurs en chef qui font baisser le tirage. Dans ces conditions, ne vous mettez pas en colère contre le pauvre rédacteur en chef. Il faut qu'il gagne sa vie, comme vous et moi. Et il sait joliment bien de quel côté se trouve le beurre de sa tartine.

D'autre part, ne laissez pas les rédacteurs en chef de magazines vous persuader qu'ils n'acceptent que des chefs-d'œuvre. L'homme est un animal mortel. Il est constitué de telle sorte qu'avant de faire quoi que ce soit, il doit croire qu'il a raison. Les responsables des magazines sont également mortels, et moraux, et, afin de conserver leur place sans heurter leur conscience, ils se sont hypnotisés pour se persuader qu'ils n'acceptent et ne publient que des chefs-d'œuvre de la nouvelle. Ils parleront même très abondamment dans ce sens. Et c'est là qu'ils ont tendance à vous hypnotiser. Ils parleront de « forme, de prise, de pouvoir » ; d'histoires qui sont « intenses, concises, symétriques » ; d'une façon de traiter de la nature humaine qui est « émouvante, courageuse et belle ».

Je ne vous ai donné ci-dessus qu'un échantillon des mots dont ils usent pour hypnotiser. Voici maintenant mon second conseil. C'est seulement la réciproque de ce qui précède. Si vous voulez écrire des chefs-d'œuvre, pour l'amour de Dieu, n'écrivez pas pour les magazines.

Et maintenant, pour finir, ne faites pas ce que je fais, mais faites ce que je dis.

P.-S. — La dernière injonction ci-dessus peut être interprétée de toutes sortes de façons.

XV

LES CONDITIONS DU SUCCÈS

Lettre (*Glen Ellen, 11 décembre 1914*) *à Miss Esther Andersen.*

À mon avis, trois conditions positives sont nécessaires au succès d'un écrivain. Premièrement, l'étude et la connaissance de la littérature telle qu'elle est produite aujourd'hui. Deuxièmement, une connaissance de la vie. Troisièmement, une philosophie efficace de la vie.

À un point de vue négatif, je suggérerais que la meilleure préparation à la carrière d'auteur est un refus ferme d'accepter aveuglément les canons de l'art littéraire énoncés par les professeurs d'anglais de collège et les enseignants de l'anglais et de la composition, à l'Université.

L'auteur moyen a de la chance, je veux dire que l'auteur moyen à succès a de la chance s'il ramasse douze cents à deux mille dollars par an. Un grand nombre d'auteurs à succès tirent de leurs écrits, de diverses façons, jusqu'à vingt mille dollars par an ; quelques rares auteurs se font de cinquante à soixante-quinze mille dollars par an ; et quelques-uns des auteurs ayant le plus de succès ont atteint dans leurs bonnes années jusqu'à cent mille ou deux cent mille dollars.

Personnellement, je suis sensible au très grand avantage propre à la profession d'écrivain : elle laisse plus de liberté dans les affaires et dans les diverses autres professions. Le bureau de l'auteur et ses affaires se trouvent sous son chapeau, il peut aller n'importe où et écrire n'importe où dès qu'il en a l'inspiration.

XVI

UNE PROTESTATION CONTRE LA CENSURE
AU NOM DE L'ART ET DE LA LITTÉRATURE

Lettre (*New York, 21 novembre 1913*), *parue dans le quotidien* The New York Sun, *le 23 novembre 1913 sous le titre* : Six authors. A Protest in the Name of Art and Literature Against Censorship *Texte collectif signé par London et Reginald Wright Kauffman, Upton Sinclair, Daniel Carson Goodman, James Oppenheim, T. Everett Hark.*

Au cours de ces dernières semaines, de nombreuses dépêches de Washington signalent des plaintes au Postmaster General[1] émanant d'une certaine Mrs. Elisabeth Grannia, d'une certaine Miss Jane Stead, et d'autres femmes agissant apparemment de concert, contre des livres, nouvelles, poèmes, articles de magazines et pièces récemment parus et traitant ouvertement de questions sexuelles et d'hygiène sexuelle. Les plaignantes demandent aux autorités postales de refuser à ces publications la distribution par la poste. Comme auteurs de certaines matières littéraires dont on se plaint, nous désirons formuler une contre-protestation.

Nous sommes parfaitement au courant des activités de certains périodiques et maisons d'éditions de second ordre. Ils

---

1. Postmaster General : l'équivalent, aux États-Unis, du ministre des Postes.

ont publié des textes qui n'ont aucune justification artistique ou morale. Gauchement construits, mal écrits, inconsistants par leurs personnages, ces textes ne visent qu'à un seul but : le même que ces brochures obscènes qui sont d'une manière courante secrètement distribuées aux écoliers, au risque de prison. Ces textes sont aussi étrangers à la littérature que ces brochures ; ils sont illustrés par des « artistes » s'accordant parfaitement avec les auteurs du texte et publiés par les magazines auxquels nous avons fait allusion ; sous forme de livres, ils sont vendus officiellement à partir de un dollar cinquante le volume.

Cependant, ce n'est pas à ce genre de marchandises que s'en prend Mrs Grannia. Par un abus adroit des synonymes, pour ne pas dire plus, et même dissimulé sous un masque flatteur, ce qu'elle met en cause c'est l'art qui décrit la vie en termes réalistes, et la propagande légitime qui adopte le langage de l'art pour toucher le grand public. Nous n'irons pas jusqu'à dire que Mrs. Grannia et ses amies ont partie liée avec ce double mouvement de pression qui a si longtemps rendu la littérature américaine stérile et artificielle, et a si longtemps favorisé le mal en l'entourant de silence, mais nous affirmons que, quels que soient la valeur et le sort réservés à nos œuvres, la politique réactionnaire défendue par ces femmes curieusement fourvoyées réussira à faire rétrograder la morale et l'art nationaux.

XVII

À PROPOS DU PLAGIAT

Lettre (Glen Ellen, 3 décembre 1906) à B.W. Babcock. En 1906, au moment de la publication en feuilletons du roman Avant Adam, Jack London fut accusé d'avoir plagié un roman préhistorique de Stanley Waterloo Histoire d'Ab. Il s'en défendit vigoureusement. (Voir ses commentaires, 2e partie, XVIII.)

Un journaliste du New York Times, B.W. Babcock, profita de l'incident pour demander à London, le 27 novembre 1906 : « Je serais heureux si vous vouliez bien m'écrire aussi longuement qu'il vous plaira pour m'exposer vos vues en cette matière sur le plagiat et les accusations de plagiat en général. » D'où, le ton crispé, de la réponse de London.

Cette accusation de plagiat est si absurde que, personnellement, je ne tiens pas à en parler davantage. Mais puisque vous m'en priez, je vous dirai donc ceci : j'ai écrit *Avant Adam* en guise de réponse à l'*Histoire d'Ab* parce que je considérais celle-ci comme antiscientifique. M. Waterloo a concentré sur une seule génération l'évolution sociale de mille génération. Par ailleurs *Avant Adam* veut prouver l'extrême lenteur de l'évolution sociale du monde primitif. J'ai également tenté de reproduire le monde primitif sous une forme artistique, ce que ledit M. Waterloo n'a pas fait. Toute son histoire est remplie de faits, et pleine d'intérêt cependant, une forme maladroite empêche M. Waterloo de procurer l'illusion convaincante propre à la fiction.

Quand un homme a traité le monde primitif d'une façon antiscientifique et maladroite, tous les autres hommes se voient-ils interdire de traiter le même sujet ? Je ne le crois pas. En tout cas, je refuse un tel interdit, et MM. Waterloo et Bandlow[1] peuvent bien bafouiller et protester à leur guise.

Je ne me rappelle plus rien de mes écrits, une fois qu'ils se sont éloignés de moi. J'ignore donc à quoi vous faites allusion quand vous parlez de l'incident initial d'*Ab* que l'on m'accuse d'avoir plagié dans mon troisième chapitre. Je ne sais plus ce que raconte ce chapitre et je n'ai pas sous la main d'exemplaire de mon manuscrit pour m'en assurer. J'imagine, cependant, que l'incident « plagié » doit être celui où l'on voit l'enfant s'accrocher à sa mère tandis qu'elle grimpe à un arbre. Si c'est un plagiat, on ne peut l'éviter en traitant d'un sujet aussi ténu que l'homme primitif. Aujourd'hui, dans le monde moderne, une femme avec un bébé, menacée par un danger quelconque, dispose de mille façons d'y échapper. Elle peut appeler un policier ; sauter dans un canoë et s'en aller en pagayant ; sauter dans un tramway ; courir dans la cuisine et s'y enfermer à clef ; sortir un revolver et affronter le danger ; elle peut, encore, laisser à la nourrice le soin de sauver l'enfant. En fait, les moyens dont une femme avec un enfant dispose pour échapper au danger sont innombrables ; mais dans le monde primitif, il ne lui en reste qu'un seul, c'est de grimper à un arbre. Et pour cela, il lui faut se servir de ses mains. Pour le bébé, la seule façon de coopérer à son sauvetage, c'est de s'accrocher à sa mère pendant qu'elle grimpe.

Vous me demandez mon point de vue sur le plagiat. Je le juge comme un sujet totalement absurde. Je ne peux concevoir un

---

1. Bandlow, employé du « Chicago Press Club », avait traité London de « kleptomane maladroit », dans un télégramme furibond au Magazine *Everybody's*, qui venait de commencer la publication d'*Avant Adam*.

spectacle plus risible que celui d'un homme debout sur ses pattes de derrière et hurlant au plagiat. Aucun homme à l'imagination chétive ne peut continuer à plagier et en tirer un succès. Aucun homme doué d'une vive imagination n'a, d'autre part, besoin de plagier.

Mais j'ai l'impression de discuter dans l'abstrait depuis un bon moment. Alors supposons un cas de plagiat de bonne foi. Voici un homme qui a écrit quelque chose et qui l'a bien écrit. Un second auteur le plagie. Étant donné la perfection de l'original, le plagiat ne le mènera à rien. Supposons au contraire un plagiat si remarquable qu'il éclipse l'original. Qui peut s'en plaindre ? Le public se trouve devant une création mieux réussie. La création d'origine n'en continue pas moins d'exister, et il serait ridicule de la part du créateur original de hurler parce qu'un autre a fait un plus gros pâté. Imaginez un enfant, dans une rue, faisant le premier un pâté et annonçant ensuite aux autres enfants de la rue : « Vous ne ferez pas de plus gros pâtés. » Si ce premier pâté est un échec, un ratage, tous les autres enfants se verront-ils refuser le droit d'essayer de faire des pâtés ?

Oh, et puis un tel sujet est si totalement ridicule que je ne peux m'empêcher d'y rester insensible quand j'y pense. Voilà bien ce qu'est le plagiat — un non-sens. La véritable question, à propos du plagiat, n'est pas : « L'a-t-il fait de la même façon que moi » mais « L'a-t-il fait mieux que moi ? » Et s'il a fait mieux, eh bien, tirons-lui notre chapeau.

Quelque part dans l'histoire d'Égypte, on trouve le récit d'une reine qui était tombée amoureuse d'un jeune Hébreu incorruptible ; celui-ci refusa d'être séduit par elle pendant l'absence de son mari. Aussitôt cette reine arracha ses vêtements et appela la garde. Elle me fait beaucoup penser au genre d'homme qui crie au plagiat.

XVIII

LA (PETITE) GUERRE DU *SNARK*

*Pour conclure de façon concrète les rapports de l'écrivain avec
la profession, il a paru intéressant de donner un panorama
des démêlés de J. London avec ses éditeurs, à travers sa
correspondance. En 1906, pour financer la construction du
Snark avec lequel il allait faire une croisière dans les mers
du Sud, l'auteur proposa à divers magazines des articles
relatant cette croisière.*

*La lettre ci-dessous (Glen Ellen, 18 février 1906) a été adressée
simultanément aux rédacteurs en chef de* Cosmopolitan,
Mc Clure's Magazine, Collier's magazine ; *seul, changeait
chaque fois, dans le texte de la lettre, le nom du magazine.*

La quille est bordée. Le bateau aura quarante-cinq pieds de
long. Il aurait été un petit peu plus court si je n'avais pas découvert
qu'il était impossible autrement d'y loger une salle de bains.
J'appareille en octobre. Hawaii est le premier port que nous
toucherons ; et de là, nous irons à travers les mers du Sud, à Samoa,
en Tasmanie, Nouvelle-Zélande, Australie, en Nouvelle-Guinée et
au Japon par les Philippines. Ensuite la Corée et la Chine, et nous
retournerons par l'Inde, la mer Rouge, la Méditerranée, la mer
Noire, la Baltique, la traversée de l'Atlantique jusqu'à New York
et ensuite jusqu'à San Francisco en doublant le cap Horn. Vous

pouvez jeter un coup d'œil sur la carte et vous faire une idée des différents pays dans lesquels je m'arrêterai en chemin. Je passerai certainement un hiver à Saint-Pétersbourg, j'ai des chances de remonter le Danube depuis la mer Noire jusqu'à Vienne, et il n'y a pas de pays d'Europe où je ne passerai pas un ou plusieurs mois. Cette allure de flânerie se maintiendra d'un bout à l'autre du voyage. Je ne me presserai pas ; en fait, je prévois au moins sept années pour effectuer ce trajet.

La manœuvre du bateau sera assurée par un ami[1] et moi. Il n'y aura pas de matelots. Ma femme m'accompagne. Bien entendu, je prendrai un cuisinier avec moi, et un garçon de cabine ; mais ce seront des asiatiques et ils ne prendront aucune part à la manœuvre. Le gréement du bateau sera un compromis entre la yole et le schooner. Ce sera ce qu'on appelle le gréement en ketch, le même qui est utilisé par les bateaux de pêche anglais sur la Dogger Bank.

Cependant, j'aurai à bord un petit moteur à utiliser seulement en cas d'urgence ; par exemple par mauvais temps, au milieu des récifs et des eaux peu profondes, là où un calme soudain dans un courant rapide laisse un voilier en difficulté. Ce moteur pourra être utilisé dans un autre but. Quand j'aborderai un pays, disons l'Égypte ou la France, je remonterai le Nil ou la Seine, après avoir démâté, propulsé par le moteur. Je peux utiliser largement ce système dans les différents pays, voyager à l'intérieur des terres et loger à bord en même temps. Il n'y a aucune raison pour que je ne remonte pas de cette façon jusqu'à Paris, que je ne mouille pas près du quartier Latin, avec une bouline amarrée à Notre-Dame et une amarre arrière à la Morgue.

Maintenant, parlons affaires. Ce voyage va me retenir absent longtemps. Aucun magazine n'aura la capacité d'insérer tout ce que j'ai à écrire à son sujet.

---

1. Roscoe Eames, l'oncle de Charmian London, seconde femme de l'auteur. Il fut aussi rédacteur en chef du *The Overland Monthly*, où London publia en 1899 ses premières histoires de la ruée vers l'or du Klondike.

D'autre part, on ne peut imaginer que j'écrive 50 000 mots pendant ces sept années et qu'ensuite j'abandonne. Au point où je prévois les choses, ma production littéraire inspirée par le voyage se répartit de telle sorte qu'il ne pourra se produire aucun conflit entre les différentes publications qui souhaiteront en disposer. Elle se classe en trois grandes catégories toutes naturelles qui ne se chevauchent pas : informations, articles économiques et politiques sur les différents pays pour les journaux ; fiction, et finalement, le voyage lui-même.

Une question se pose alors : si vous prenez le voyage en lui-même (ce qui sera le dessus du panier) quel espace le *Cosmopolitan* pourra-t-il me réserver ? À ce sujet, je vous signale que *McClure* et *Outing* me sollicitent instamment ; et comme j'engage dans l'entreprise ma vie, sept années[2] de mon temps, mes possibilités de gain comme écrivain de fiction et énormément d'argent, il m'appartient de serrer de très près mon budget. Et un facteur important sous ce rapport, et que je dois envisager, c'est celui de l'espace rédactionnel.

Et pendant que nous en sommes à cette question de l'espace, je puis aussi bien vous assurer que je livre toujours la copie promise. Naturellement, si mes articles deviennent inconsistants et idiots, eh bien, je n'attendrai d'aucun magazine qu'il continue de les publier. Je crois trop au fair play pour être un bon homme d'affaires et si mon travail est dégueulasse, je serai le dernier à obliger un éditeur quelconque à le publier. D'autre part, j'ai une inébranlable confiance, fondée sur mes travaux antérieurs de toutes sortes, dans mon aptitude à livrer de la copie valable.

Pour en revenir à cette question d'espace, je peux aussi déclarer que je ne m'attache pas tellement à l'importance du lignage mis à ma disposition dans un numéro donné, mais à la durée pendant laquelle l'histoire du voyage pourra être publiée dans le magazine.

2. La Croisière du *Snark*, écourtée par toutes sortes d'incidents, ne dura guère qu'un an et demi. Voir le Journal de Bord du *Snark*, recueilli dans *l'Île des lépreux*, collection 10/18, n° 1353.

Autre point à considérer : je suis un bon photographe (vous connaissez les clichés que j'ai pris de la guerre russo-japonaise pour les journaux Hearst). Pour le public du magazine, l'histoire du voyage sera formidablement mise en valeur si elle est judicieusement et sympathiquement illustrée avec des photographies prises par l'auteur.

Un autre point reste encore à considérer. Ce que j'entreprends n'a jamais été réalisé auparavant. Aucun auteur en vue, pendant qu'il était célèbre, n'a jamais fait le tour du monde en bateau. Même Stevenson, dans sa croisière dans les mers du Sud[3] à bord du *Casco*, a pris un grand bateau en emmenant capitaine et équipage ; il était lui-même le plus authentique passager. Mais ici, je prends un petit bateau avec l'aide d'un ami, un homme de soixante ans, je le fais naviguer moi-même autour du monde. Il n'y aura ni matelot ni capitaine. Cet ami, qui est l'oncle de ma femme, et moi-même, nous assurerons le commandement et la manœuvre par nous-mêmes. Nous nous attendons à énormément d'action, et mon point fort comme écrivain, c'est l'action — voyez toutes mes nouvelles par exemple. Autre détail, tout en étant un écrivain, je suis aussi un marin, car j'ai passé des années sur l'eau dans le gaillard d'avant ; et mieux encore, je suis un écrivain reconnu et à succès pour les sujets maritimes — voir *le Loup des mers*[4], *la Croisière du Dazzler*[5] et *les Pirates de San Francisco*[6]. Bref, je termine ce paragraphe comme je l'ai commencé : on n'a jamais fait rien de tel dans l'histoire du monde des lettres.

J'ai traité la question de l'espace, passons maintenant à celle du paiement. Tout d'abord, je joue le rôle d'un envoyé spécial ;

---

3. Voir son récit de voyage, *Dans les mers du Sud*, paru dans la collection 10/18, n° 1390.

4. *Le Loup des mers* (*The Sea Wolf*, 1904), collection 10/18, n° 843.

5. *La Croisière du « Dazzler »* (*The Cruise of the Dazzler*, 1902), à paraître dans la collection 10/18.

6. *Les Pirates de San Francisco* (*Tales of the Fish Patrol*, 1905), collection 10/18, n° 828.

les collaborateurs de cette catégorie sont habituellement coûteux, tous leurs frais de voyage étant payés par leurs employeurs. Mais, dans mon cas, je paie moi-même les frais. J'ai construit mon bateau, je l'ai équipé, je le fais marcher.

Un autre facteur intervient dans cette question de paiement. Cela va me coûter énormément d'argent de construire ce bateau, de l'équiper, d'acheter les instruments, les cartes, etc. C'est pourquoi, quelle que soit la conclusion tirée, il devrait être stipulé que je recevrai à titre d'avance, pendant la construction du bateau, disons trois mille dollars.

Pour nous résumer : vous savez, en gros, ce que doit être ce voyage. Vous connaissez mes capacités comme écrivain et comme photographe. Les deux points principaux à débattre entre nous concernent l'espace et le prix. L'avance résultera de ce qui précède. Notez en passant que seuls les droits américains de publication en feuilleton seront vendus au *Cosmopolitan*. Les droits anglais sont naturellement réservés.

C'est Cosmopolitan *qui enleva l'affaire comme en témoigne la lettre ci-dessous (Glen Ellen, 3 avril 1906).*

Je suis d'accord pour fournir au *Cosmopolitan Magazine* une série d'articles exclusifs décrivant mon voyage à bord de mon voilier, voyage qui doit s'étendre, si possible, au tour du monde. Je réserve les droits anglais pour la publication de ces articles en feuilletons, en garantissant qu'aucun d'eux ne sera publié en anglais ni dans aucun autre pays étranger avant qu'ils aient paru dans le *Cosmopolitan Magazine*. Ces articles devront comporter quatre mille mots chacun pour les trois premiers, et ne pas dépasser trois mille cinq cents mots chacun pour les suivants, sauf demande expresse du rédacteur en chef du *Cosmopolitan Magazine*. Le tarif de ces articles sera de dix cents le mot. Le nombre d'articles ne dépassera pas dix à moins qu'un nombre supérieur ne soit commandé par le rédacteur en chef du *Cosmopolitan*.

Le *Cosmopolitan* m'a avancé la somme de deux mille dollars, dont reçu ci-inclus, à valoir sur le paiement des articles. Le paiement des autres articles de la série non couverts par les deux mille dollars sera effectué par règlements échelonnés avant que la publication de la série dans le magazine ne soit terminée, étant entendu que si j'ai besoin d'argent après la remise du cinquième article, je peux tirer sur le *Cosmopolitan* à concurrence de quinze cents dollars, en supplément des deux mille déjà payés. Au cas où je serais défaillant dans la livraison des articles, je suis d'accord pour livrer à la place des nouvelles acceptables au même tarif, dans un délai maximum d'un an.

Je suis également d'accord pour fournir des photographies destinées à illustrer les articles, à la condition que le *Cosmopolitan* me fournisse un petit appareil et une quantité suffisante de films, et prenne à sa charge les frais de développement et de tirage.

Le manuscrit et les photographies seront expédiés au *Cosmopolitan Magazine*, aussi rapidement que le permettront les circonstances, au cours du voyage.

> Très sincèrement à vous
> (Signé) Jack London.

Au nom du *Cosmopolitan* je suis d'accord avec les conditions ci-dessus.

> (signé) Bailey Millard
> Rédacteur en chef du *Cosmopolitan Magazine*.

Mais, en raison du gouffre ouvert par la construction du Snark *et l'entretien du ranch, le financement fourni par* Cosmopolitan *n'aurait pu suffire. D'où la lettre ci-dessous (Glen Ellen, 8 avril 1906) à Robert Collier Junior, de* Collier's Magazine.

Je réponds à votre lettre du 2 avril. Dans ma longue lettre qui a précédé celle-ci, et qui était datée du 19 février, je ne vous ai pas proposé le récit du voyage en bateau parce que je ne crois pas que vous disposiez de la place suffisante. Ce récit, j'ai pris mes dispositions pour le donner au *Cosmopolitan*. Mais ce que je vous proposais, c'étaient des « événements de grande valeur d'information » dont je pourrais être témoin. Par exemple, si je me trouvais en ce moment à Naples, je pourrais écrire environ mille mots et fournir des photographies sur la nouvelle éruption du Vésuve. Ou si j'avais réussi à survivre à un ouragan comme celui qui a détruit tous les vaisseaux de guerre à Samoa, il y a quelques années. Ou si je me trouvais en vadrouille du côté du canal de Panama. Ou si je me trouvais à proximité d'un endroit, estimé par vous d'une grande importance au point de vue de l'actualité, auquel cas vous pourriez me câbler d'y aller et de couvrir l'événement.

Par exemple, la description d'une maison des habitants des îles Fidji, famille, installations culinaires, ne fournirait pas une matière convenant au *Collier's*, mais serait en revanche tout indiquée pour le *Woman's Home Companion*, avec qui je négocie pour des articles de ce genre.

En résumé, je tiens à dire que si je partais seulement pour un voyage de six mois, je ne traiterais qu'un seul genre de sujet et pour une seule publication. Mais je m'attends à être absent pendant au moins sept ans, et peut-être plus longtemps. Si je devais rester en Californie et partir pour sept voyages de six mois répartis sur sept ans, et écrire sur chaque voyage pour une publication différente, ce serait plus ou moins semblable à ce que je fais en partant pour ce long voyage continu.

Toujours à la recherche d'argent, et bien que déjà engagé avec Cosmopolitan, *l'auteur saisissait au vol les offres de* Woman's Home Companion. *Le 8 avril 1906, il écrivait à Hayden Carruth, rédacteur en chef de ce magazine* :

En réponse à votre lettre du 3 avril, le *Cosmopolitan* doit obtenir de moi une description du voyage en bateau lui-même, de la manœuvre, de l'organisation, de la navigation. Cela, le *Cosmopolitan* le comprend. Et s'il ne le comprend pas, il le devrait, grâce aux lettres que je lui ai écrites. (À lire son annonce[7] on croirait que c'est le *Cosmopolitan* qui m'envoie là-bas à son service exclusif. Mais, fichtre, je ne peux pas vérifier à l'avance ce que tout le monde est en train d'écrire sur mon compte et interdire ce qui ne me convient pas !)

Vous me suggérez d'écrire des articles dépeignant la vie familiale chez les différents peuples. C'est à quoi je pensais quand je vous ai répondu. Toutefois, et outre les articles sur la vie familiale, j'imagine que, de temps en temps, je pourrais vous donner d'autres articles descriptifs convenant à votre publication sur les endroits dans lesquels je me trouve.

Vous me demandez si je me propose de travailler pour d'autres périodiques en dehors du *Cosmopolitan* et du vôtre. Il y a toutes les chances pour que je le fasse. Je négocie actuellement avec *Collier's* pour la fourniture de temps à autre d'articles de grande information, d'articles politiques et économiques, par exemple [...].

Il n'y a rien d'exclusif dans tout cela — c'est-à-dire, aucune publication n'est appelée à publier l'ensemble de tout ce que j'écrirai. Ce sera exactement comme si je restais en Californie et écrivais de temps à autre pour différentes publications.

Il y a toutefois une certaine sorte d'exclusivité. Le récit de la croisière en elle-même, la navigation et la manœuvre du bateau, etc., est une exclusivité du *Cosmopolitan*. Les articles sur la vie domestique, etc., quelles que soient les dispositions du contrat, seront exclusivement réservés au *Woman's Home Companion*. Les événements touchant à la grande information, les articles sur

---

7. Dans la rubrique « Parlons Boutique » du numéro du *Cosmopolitan* sorti juste avant l'envoi de cette lettre, avait paru l'information suivante : « Lorsque le *Cosmopolitan* a appris que Jack London projetait ce voyage, son rédacteur en chef a immédiatement pris avec lui des arrangements pour que ce magazine ait l'exclusivité du récit de ses vagabondages autour du monde.

l'industrie et la politique, etc., seront réservés exclusivement au *Collier's*. Voilà mon idée.

Conformément à ce que vous suggérez dans votre lettre, comme je vous donnerai des indications précises sur la série du *Cosmopolitan*, nous pourrons établir un plan totalement différent pour la série destinée au *Woman's Home Companion*.

En ce qui concerne le tarif, ce serait mon chiffre habituel de dix cents le mot. Quant aux photographies, j'ai fait des quantités de clichés pour les journaux Hearst, etc., mais je n'ai encore jamais vendu de photographies si bien que je n'ai aucune idée de ce que serait une rémunération correcte. Tout ce que je sais, c'est que les appareils, les films, le développement et les tirages sont terriblement coûteux ; votre chiffre sera le mien.

Tâchant de répondre point par point à votre lettre, j'en arrive au paragraphe exprimant votre désir de savoir quand mon premier article paraîtra dans le *Cosmopolitan* ; vous suggérez que mon premier article pour vous paraisse au moins simultanément. Mon premier article pour *Cosmopolitan* décrira le bateau, l'équipage, et donnera le plan de la croisière. C'est le seul genre d'article « initial » qu'on puisse écrire sur le voyage. Il paraîtra probablement dans le *Cosmopolitan* de novembre, compte tenu du fait que le *Cosmopolitan* est mis sous presse bien avant le premier du mois.

Or, avant d'appareiller, il me sera impossible d'écrire sur la vie domestique, etc., dans les endroits que je m'attends à visiter. Si bien que je ne vois pas comment un article initial correspondant pourrait être publié dans le *Woman's Home Companion*. Il faut d'abord que je sois arrivé quelque part pour écrire sur ce sujet. Je pourrais promettre avec précision, cependant, un article, disons, descriptif de la vie familiale à Hawaii. C'est, comme vous savez, mon premier port de relâche.

Cosmopolitan, *voulant exploiter au maximum la publicité faite autour de la future croisière du* Snark, *avait proposé à l'auteur*

de donner à son bateau le nom du magazine. D'où la réponse
de London au rédacteur en chef Bailey Millard (Glen Ellen,
13 août 1906).

...Je n'ai jamais réfléchi à la question d'appeler mon bateau le *Cosmopolitan*. La seule objection à faire à ce nom, c'est que, comme les chevaux, les bateaux devraient avoir des noms d'une seule syllabe. De bons noms incisifs, vigoureux, qui ne peuvent jamais être entendus de travers. Une seule chose pourrait me faire changer le nom de *Snark* pour celui de *Cosmopolitan* : si le Snark m'était intégralement offert. Il me coûte 10 000 dollars et, fichtre, cela représenterait bien 10 000 dollars de publicité pour le magazine. En échange de ce cadeau, non seulement je prendrais le nom de cinq syllabes *Cosmopolitan*, mais j'y adjoindrais *Magazine*. Cela ferait au total huit syllabes. Eh bien, pendant que j'y serais, je pourrais même prendre des abonnements et de la publicité ! [...]

Le besoin d'argent étant toujours aussi pressant, l'auteur s'effor-
çait d'intéresser à son voyage encore d'autres magazines.
Il écrivait (Glen Ellen, 21 août 1906) à W.H. Cosgrave,
rédacteur en chef de Everybody's :

Je réponds à votre lettre du 14 août. Eh bien, je pense que nous avons simplement à laisser les choses en l'état. Si j'écris quelque chose dont je pense que vous aurez envie, je vous laisserai y jeter un coup d'œil. Tout ce que je connais jusqu'à présent de mon itinéraire, je vous l'ai déjà envoyé, il n'est pas intangible. Il n'y a rien d'intangible dans ce voyage. Il est possible que vous désiriez me voir faire une étude sur le Mikado et il est possible que je ne le désire pas. Et en supposant que j'aie fait cette étude, il est possible que vous n'en vouliez pas. Et il est impossible de dire où je me trouverai à ce moment-là. Je peux m'arrêter à Hawaii pour trois semaines ou trois mois, je peux cingler directement sur

Samoa, ou bien je peux mettre six mois pour arriver à Samoa ; entre-temps faire le tour d'autres îles inimaginables.

Naturellement, en ce qui concerne les nouvelles et les autres œuvres de fiction, je serai heureux de vous laisser en tâter de temps à autre.

La concurrence entre plusieurs magazines que London, par ses besoins d'argent, avait provoquée ne tarda pas à donner lieu à des frictions. D'où cette lettre (Glen Ellen, 20 octobre 1960) à Bailey Millard, du Cosmopolitan :

Les rédacteurs en chef de magazines sont des hommes d'affaires durs et sans principes. Et je n'en ai jamais connu un seul qui s'effondre en vivant à la hauteur de cette réputation. C'est en pensant que vous serez d'accord avec moi sur ce point, que je vous suggère de vous en prendre à Vance du *Woman's Home Companion* avant de vous en prendre à moi. Vous auriez pu essayer de savoir, avant de me semoncer, vous auriez pu simplement vous informer, tout de même ; et diriger votre furie vers la tête de Vance. Au point où nous en sommes, vous avez déchaîné ladite colère sur ma propre tête, et, en raison des limitations imposées par la physiologie, vous serez définitivement incapable d'accumuler une telle réserve de courroux sur le même sujet pour le déverser sur la tête de Vance. C'est là que vous êtes perdant.

J'ai passé un contrat avec le *Cosmopolitan* pour lui donner le récit de la croisière en elle-même.

J'ai passé un contrat avec le *Woman's Home companion* pour lui donner des articles sur les divers aspects des mœurs que je pourrai observer au cours de mes voyages. Je cite l'extrait suivant dudit contrat : « Ces articles devront porter sur la vie domestique et les conditions sociales au sens large du terme (comme cela est indiqué dans la lettre de Mr Vance à Mr London en date du 12 mai 1906) des différents pays visités par ledit Mr London.

Et il est d'accord pour ne pas écrire sur les mêmes sujets pour aucun autre périodique. »

Après avoir lu la citation ci-dessus, il vous appartient d'aller chercher querelle à Vance pour avoir fait passer l'annonce insérée dans le numéro d'octobre. Vous trouverez ci-inclus une lettre que j'adresse à Mr Vance par ce même courrier.

L'idée me vient, en lisant les premières lignes de votre lettre, que le numéro de novembre de *Woman's Home Companion* est peut-être sorti et que vous y avez lu ma lettre dans laquelle je donne une idée de ce que je vais écrire pour le *Companion*. Et que vous fondez votre plainte sur ladite lettre. Dans ce cas, tout ce que je peux dire, c'est que vous avez mis les pieds dans le plat.

En parlant maintenant de ce qui touche au paragraphe précédent, je désire savoir ce que diable vous croyez que 35 000 mots peuvent couvrir ! Croyez-vous que 35 000 mots couvriront le dixième de la croisière proprement dite, encore moins toutes les choses que je me propose de faire et de voir au cours de sept ans ?

Il n'y a absolument aucun conflit entre ces deux contrats que j'ai signés. C'est clair.

Les rédacteurs en chef de magazines sont tous les mêmes. Je me suis fait une règle de ne pas remarquer leurs incorrections à mon égard ; mais maintenant que vous vous en prenez à moi pour les méfaits de l'un de vos confrères, je veux dire Vance, eh bien, je n'ai pas l'intention de me laisser faire. Ne croyez-vous pas que j'ai eu à me plaindre pour la façon dont vous avez annoncé que je faisais le tour du monde pour le *Cosmopolitan* ? Le tour du monde pour le *Cosmopolitan* — diable ! Tout le monde croit que le *Cosmopolitan* a fait construire mon bateau, paie toutes mes dépenses et me donne un salaire princier par-dessus le marché — et ce qui a donné cette impression c'est la publicité que vous avez répandue partout, tout cela fondé sur ces malheureux trente-cinq mille mots que vous avez accepté de prendre. Trente-cinq mille mots à dix cents le mot, cela veut dire trois mille cinq cents dollars et le coût de mon bateau est, dès l'origine supérieur à douze mille dollars, sans parler de ses dépenses de fonctionnement.

Encore une fois, il n'y avait qu'une brute de rédacteur en chef de magazine pour citer ce passage de la lettre d'affaires privée dans laquelle je vous disais qu'aucun « écrivain en renom » n'avait jamais navigué autour du monde, etc. Cela a été cité par tous les ennemis que j'ai dans les journaux, et de méchantes remarques à ce sujet me reviennent déjà dans les coupures de presse d'origine anglaise.

J'ai dit que le bateau me coûtait plus de douze mille dollars. Ce sont les chiffres actuels et ils continuent à monter. San Francisco est fou. Les prix ont grimpé à perte de vue. Je paie deux cents dollars pour un bout de ferraille un peu travaillé destiné au bateau, qui devrait coûter quarante dollars. Tout est en proportion. D'après la tournure que ça prend, je ne pourrai pas appareiller avant janvier. Des semaines se passent sans qu'on travaille au bateau. Impossible d'avoir des hommes. Tout le matériel vient de l'Est, parce que le tremblement de terre[8] a détruit le marché local ; et le fret est embouteillé : À l'heure actuelle, la Southern Pacific a cessé d'accepter du fret dans l'Est, tandis que ses wagons bourrés de marchandises à destination de San Francisco embouteillent les voies de garage sur toute l'étendue de l'État.

La prochaine fois que vous vous embarquerez pour chercher des ennuis, assurez-vous de bien vous en prendre à l'homme concerné.

Et, pour l'amour de Dieu, ne me dites pas que Hearst[9] est « très ému » sur mon compte et sur mes affaires. J'ai lu différents comptes rendus sur Hearst dans les journaux. Il laisse ses lieutenants se faire du souci à sa place. Et il n'a certainement pas de souci en perspective au sujet des trois mille cinq cents dollars de Jack London. Mais si Hearst est réellement soucieux, dites lui qu'il

8. Le 18 avril 1906, San Francisco fut en partie détruit par un tremblement de terre.

9. William Randolph Hearst, propriétaire du *Cosmopolitan*, du *San Francisco Examiner*, etc. Il a servi de modèle à Orson Welles pour son film *Citizen Kane*.

me doit deux cents dollars que je n'arrive pas à me faire payer par ses lieutenants et qu'ils me causent beaucoup de soucis.

Enfin, l'auteur devait apaiser Arthur T. Vance du Woman's Home Companion, *étonné de ne pas avoir reçu d'articles à la date promise. London ne pouvait les écrire avant d'avoir levé l'ancre ; et cet événement ne semblait pas proche comme le reconnaît l'auteur* (Glen Ellen, 20 octobre 1906) :

Je voudrais bien savoir moi-même comment il se fait que je ne sois pas encore parti. Je paie tous les mois mille dollars rien que pour les salaires des ouvriers, sans compter le prix des matériaux. Et la construction du bateau continue à traîner. Un bateau qui aurait dû me coûter tout au plus sept mille dollars m'en a déjà coûté plus de vingt mille. Les conséquences du tremblement de terre, et la puissance du travail organisé en sont responsables. À l'heure actuelle, il y a sept hommes qui travaillent sur le bateau — c'est-à-dire, qui sont payés pour travailler sur le bateau ; et si je n'aime pas leur façon de travailler, eh bien, ils ont ailleurs autant de travail qu'ils veulent. Les charpentiers s'apprêtent à demander huit dollars par journée de huit heures.

Je ne sais vraiment pas quand je pourrai partir. Je dis à présent un certain jour d'avril, mais je ne serais pas surpris que ce soit en avril 1908 ! J'ai quitté le ranch le 1er décembre, m'attendant à appareiller le 15 — et je suis encore là. Il faudrait mille fois mille mots pour vous raconter l'histoire de la construction du bateau et les causes du retard. Le 28 mars, le bateau retourne sur les glissières — il n'a cessé de prendre l'eau depuis qu'il a été lancé, et maintenant, il va nous falloir retirer le revêtement de cuivre et trouver la voie d'eau. Je ne suis pas très heureux. Je ne le serai que lorsque je serai parti et je vais partir aussi vite que Dieu, les tremblements de terre, et le travail organisé me le permettront. Je suis désolé que cela bouleverse vos projets au point de vue du magazine. Mais grand Dieu, pensez à ma situation. Vous reposez sur un lit de roses si l'on compare votre situation à la mienne.

Après des incidents de dernière minute (factures impayées et oppositions d'huissiers), le Snark *finit par lever l'ancre le 23 avril 1907. London et sa femme l'abandonnèrent le 3 novembre 1908 en Australie, où il fut vendu quelques semaines après. Trois ans plus tard, la croisière du* Snark *soulevait de derniers incidents, éditoriaux cette fois, dont London se plaint (Glen Ellen, 7 avril 1911) auprès de H.S. Latham des éditions Macmillan.*

Je réponds à votre lettre du 4 mars 1911. Je vous envoie aujourd'hui, par exprès, port payé, valeur déclarée cent cinquante dollars, les épreuves corrigées de *la Croisière du « Snark »*, et aussi, dans le même paquet, les épreuves des illustrations.

Laissez-moi vous dire que vous m'avez certes mis dans une fureur noire. Si vous connaissez quoi que ce soit de mon travail, vous saurez que je n'ai jamais été consulté sur les illustrations de l'un de mes livres, ni sur les couvertures d'aucun d'entre eux. Vous saurez que je ne fais jamais de révisions. Vous saurez que je ne reviens jamais sur ce que j'ai fait. Et vous saurez aussi que la chose la plus folle que j'aie jamais faite a été, en me donnant un mal fou, en faisant un travail navrant, sinistre, d'arranger les photographies par chapitre dans l'ordre convenable pour chaque chapitre, avec une légende accompagnant chaque film ou épreuve, pour *la Croisière du Snark*. Je ne peux recommencer, et je ne peux pas non plus trouver d'adjectifs pour qualifier l'ordre impeccable dans lequel j'ai arrangé ces illustrations, avant de vous les transmettre. Et alors vous me flanquez tout par terre. Comme je le disais au début de cette lettre, vous m'avez mis dans une rogne noire. Quand j'ai vu le gâchis qui avait été fait avec tout cela, j'ai été tout près d'abandonner le livre. Rappelez-vous, je ne recommence jamais les choses. Je n'en suis pas plus fier pour cela. Je suis ainsi fait, c'est tout.

Vous m'avez retourné les reproductions sans les enveloppes. Vous m'avez retourné les enveloppes sans les reproductions. Vous avez mis tout ce gâchis à son comble en envoyant les enveloppes vides sur lesquelles étaient inscrites les légendes, à tel point que le receveur des postes a refusé de me les remettre jusqu'au moment où je me suis rendu personnellement au Bureau pour accepter le paquet en signant pour dégager la responsabilité de la Poste. Dieu sait, si je débrouille ce gâchis, combien de ces enveloppes, chacune d'une importance vitale, avaient été glissées dans une grande enveloppe bon marché. La grande enveloppe bon marché était, naturellement, en lambeaux. Et entre New York et Glen Ellen, le sol de chaque point de transbordement du courrier a été jonché d'enveloppes intérieures perdues.

Vous me dites : « Le résultat, c'est qu'on a dû extraire tous les films des enveloppes, et personne d'autre que vous n'est capable de reconnaître quelle légende doit accompagner telle illustration. Je pense que vous verrez comment c'est arrivé et que vous admettrez avec nous qu'on ne pouvait pas l'éviter. »

L'extrait ci-dessus de votre lettre semble parfait au novice. Mais vous me faites peu de confiance si vous pensez que je peux l'accepter un instant. Supposons que je sois Jésus-Christ, que je vienne d'être crucifié et que mon autobiographie illustrée vienne de vous être envoyée. Cela ferait un beau et gros volume. Croyez-vous que vous l'illustreriez parce que je suis mort sur la Croix ? Non. Vous auriez mis au point un système grâce auquel chaque légende sur chaque enveloppe aurait été identifiée avec chaque film ou chaque épreuve qui arriverait aux photograveurs. Vous l'ignorez peut-être, mais en ma qualité de photographe professionnel ayant derrière lui quinze années d'expérience, laissez-moi vous dire que chaque épreuve, film, ou plaque peut être marqué lisiblement et sans peine (pour son identification) avec un simple crayon à mine de plomb. Pourquoi cela n'a pas été fait dans mon cas, voilà qui me dépasse, mais vous en êtes responsable. Vous avez fait de tout cela un chaos trois fois emmêlé. Maintenant je ne m'en prends à personne d'autre que vous, mais laissez-moi vous dire que vous m'avez fait passer des jours épouvantables. Et laissez-moi vous dire que le meilleur dîner qu'on puisse faire à New York ne serait en rien une excuse pour tous les ravages dont vous m'avez accablé avec ce seul incident tenant à de simples détails.

Revenons aux affaires. Il y a nombre d'importantes reproductions et nombre d'importantes enveloppes manquantes. Sur les importantes enveloppes absentes, je n'ai aucun indice d'aucune sorte. Mais les importantes reproductions qui manquent ont laissé leur trace sous forme d'enveloppes vides que je vous retourne dans le paquet ci-dessus mentionné. Par exemple, voici quelques-unes des légendes : « L'air que nous respirons était lourdement chargé du parfum des fleurs », « Loups de mer », « L'Île de Floride », « Le carénage du *Snark* ».

J'avais ajouté à cette dernière légende une indication précisant que deux films ou épreuves, ou davantage, étaient contenus dans l'enveloppe et qu'il fallait choisir. Je désire avoir l'illustration correspondant à cette légende plus que n'importe quelle autre illustration du livre.

Si vous pouvez localiser une ou plusieurs illustrations manquantes, pour l'amour du Ciel, collez-les à l'endroit qui leur revient. À vous de faire de votre mieux dans cette affaire, car je suis furieux de la façon dont j'ai été traité.

Je crains que toute l'affaire n'ait été prise à la légère par vous-même et votre bureau. Par exemple, le frontispice « Le *Snark* mouillé au quai de Suva, dans les Fidjis ». Il était nettement mis dans une enveloppe séparée marquée « Frontispice ». Vous l'avez cependant fait reproduire aux proportions d'une coquette petite décoration marginale. Vous devez reprendre ce film et en faire un grand frontispice présentable.

Encore autre chose. Permettez-moi de vous répéter mon désir que vous me retourniez les films et les épreuves — et qu'ils ne soient pas éparpillés à chaque point de tri du courrier entre New York et Glen Ellen. Faites-en, voulez-vous, un paquet convenable et rationnel.

XIX

AUTRES CRIMES DE RÉDACTEUR EN CHEF

Lettre (*Glen Ellen, 24 novembre 1906*) *à la rédaction de* Cosmopolitan.

Je viens de voir le numéro de Noël du *Cosmopolitan*. Vous avez publié merveilleusement l'article[1] et vous le mettez en valeur d'une manière splendide, je vous en félicite et vous en remercie. Mais après quoi, voici les hurlements qui arrivent — l'habituel hurlement prolongé du loup. Je n'aime pas la façon dont vous avez pris des libertés avec ma copie. N'importe quel débutant peut couper dans un manuscrit en se donnant l'impression qu'il est co-créateur avec l'auteur. Mais c'est le diable pour ce dernier. Dans les bureaux d'un magazine, il n'y a pas un homme sur un million, y compris les garçons de bureau, capable d'élaguer convenablement le travail d'un auteur professionnel. Et les gens de votre bureau ont certainement fait des cocottes en papier avec le début de la première moitié de mon premier article sur le bateau.

Les gens de votre bureau sont complètement inaptes à un travail de ce genre. Par exemple, je viens de finir de lire les épreuves de *Rien que pour manger*[2]. À un certain endroit, je

1. Il s'agit de l'article présentant le *Snark*, sa construction, la future croisière.
2. *Just Meat*, paru dans *Cosmopolitan* en mars 1907.

fais dire à mon cambrioleur : « Je lui ai fait son affaire » en employant le mot « kibosh » que quelqu'un de chez vous a cru devoir remplacer par le mot « crimp » dont l'emploi dans ce sens est incorrect. Deuxièmement, il n'y a dans le sens de « kibosh » rien qui devrait lui interdire l'accès de vos colonnes. « Kibosh » n'est ni vulgaire ni obscène. Une telle initiative est totalement injustifiée et témoigne d'un zèle sans fondement. Est-ce que ce co-créateur que vous m'avez déniché dans votre bureau croyait savoir ce qu'il faisait quand il a opéré une substitution aussi ridicule ? Et s'il le croit vraiment pourquoi diable ne se met-il pas à tout écrire lui-même ?

Dans notre contrat, je considère que votre droit de révision consiste à rejeter un article dans sa totalité, ou à éliminer des phrases pouvant soulever des protestations. Je n'y fais aucune objection. Je n'ai pas d'objection à vous voir ramper aux pieds de la prude Mrs Grundy[3] lorsque, par exemple, vous coupez les jurons ou bien vous remplacez « Allez au Diable ! » par « Allez dans les flammes ! » C'est une simple question de forme. Dans ce genre de révision, vous pouvez vous en donner à cœur joie ; mais non quand il s'agit de couper l'essentiel de mon travail, opération que vous avez fait subir à mon premier article sur le bateau. Vous avez rendu mon exposition complètement boiteuse.

Je tisse ma toile ; vous pouvez en couper une partie entière mais vous ne pouvez pas en couper des parties çà et là et laisser derrière vous des fragments mutilés ! Ne voyez-vous pas où je veux en venir ? Vous vous êtes attaqués à mon exposition, avez coupé les prémisses et je ne sais quoi d'autre, tout cela pour donner à l'article la longueur convenable, ou plutôt l'espace qui semble convenir à un tel article. Qui diable êtes-vous tous, autant que vous êtes, pour aller vous imaginer que vous pouvez faire mon travail mieux que moi ? Comprenez-moi ! Si l'ensemble de la chose ainsi agencée — événement, récit,

---

3. Mrs Grundy est la personnification de la pruderie dans les pays anglo-saxons.

description — ne convient pas à votre magazine, eh bien, coupez la totalité. Je ne m'en soucie pas. Mais je me refuse à envisager un seul instant qu'il y ait dans vos bureaux, ou dans les bureaux de n'importe quel magazine, quelqu'un capable d'améliorer mon art ou l'art de n'importe quel autre écrivain professionnel de premier ordre.

Je tiens à vous avertir immédiatement : je ne le supporterai pas. Plutôt que de le supporter, je préfère tout laisser tomber. Si vous osez faire cela avec mes articles suivants (et je le saurai peu de temps après que l'article dans lequel vous vous livrez à ces remaniements aura été publié), je ne vous enverrai pas une ligne de plus. Bon sang ! il faut que vous régliez carrément cette affaire. Croyez-vous un instant que je vais mettre mon cœur (mon cœur exercé, professionnel, s'il vous plaît), dans mon œuvre pour que vous vous mettiez, vous autres, à le massacrer pour le rendre conforme à vos goûts journalistiques ? Ou bien je vais écrire cette série d'articles, ou c'est vous qui l'écrirez, car vous devez savoir dès maintenant que je refuse nettement et définitivement de collaborer avec vous ou avec quiconque appartenant à votre rédaction.

Afin que cette lettre ne s'égare pas, j'en envoie des copies à chacun des trois hommes qui, d'après mon hypothèse actuelle seraient, je crois, éventuellement le rédacteur en chef du *Cosmopolitan*.

Et je désire recevoir dès que possible l'assurance que le genre de mutilation dont je me plains, ne pourra pas se reproduire.

Peu avant la lettre ci-dessus, London avait été prié d'adresser ses correspondances à la « Rédaction » et non à l'une des trois personnes (Bailey Millard, Perrington Maxwell, John Brisben Walker) qui la dirigeaient. D'où sa réaction ironique à leur encontre. La lettre suivante (Glen Ellen, 1er décembre 1906) est adressée à Perrington Maxwell. Malgré sa menace de « laisser tomber », l'auteur collabora à Cosmopolitan *jusqu'à sa mort (1916) et même au-delà. Des posthumes de lui, furent publiés jusqu'en 1926.*

En mains votre lettre inconsistante, évasive, du 26 novembre. Je vois que vous essayez la très vieille ruse consistant à envahir le camp de l'ennemi afin de repousser l'attaque. Mais vous ne le faites pas intelligemment. Alors qu'un grand nombre de mes lettres importantes n'ont pas reçu de réponse de votre part, vous répondez en m'accusant de ne pas avoir répondu à vos lettres. Vous citez deux de vos lettres antérieures, évasives, équivoques comme n'ayant pas reçu de réponse et vous en demandez la raison. Cependant, tout ce que vous vouliez savoir, c'était la date de mon appareillage. Je vous l'ai donnée — il y a quelque temps, en principe le 1er janvier ; et un peu plus tard, vers le 15 décembre. Je peux vous dire maintenant que ce sera un jour entre ces deux dates.

Parlons maintenant affaires. Ou bien nous allons travailler ensemble ou non. Franchement, j'aimerais mieux tout laisser tomber. Rien ne me plairait davantage : car vous, ou la plupart d'entre vous, vous m'avez dégoûté. De ma vie, je n'ai été ainsi traité. Si vous ne voyez aucune possibilité de renoncer, alors, c'est à vous de trouver une base nous permettant de travailler. Et si vous ne trouvez pas la base convenable, on y renoncera bon gré mal gré.

Nous avons le choix entre deux bases ; d'abord une base loyale et nette ; deuxièmement, une base technique. Si vous choisissez cette dernière, sur votre tête qu'il en soit ainsi. Je ne fais ni ne demande grâce. Et si jamais vous êtes mis sur la sellette, l'enfer gèlera avant que vous réussissiez à tout expliquer.

Nous allons repartir à zéro pour trouver la voie vers une base de travail nette et correcte. Dans la lettre que vous m'écriviez le 27 octobre, vous prétendez parler « au nom de la justice, du fair play et des bonnes affaires ». Dans ma réponse datée du 18 novembre, à laquelle je vous prie de vous reporter, je vous donnais des extraits de notre correspondance et des contrats montrant d'une manière concluante qu'il n'y a eu de ma part aucune mauvaise foi — toutes choses que vous ignorez dans votre lettre à laquelle je suis en train de répondre, et vous écrivez avec désinvolture : « Je crois que nous n'avons plus besoin ni l'un ni l'autre de nous soucier de cette affaire. » Telle est votre façon de gagner du temps, quand il vous appartient, à vous et à votre équipe, de montrer si vous représentez bien « la justice, le fair play ou les bonnes affaires ».

Maintenant, je ne vous l'envoie pas dire ; vous ne pouvez pas dans les parages de New York, m'accuser d'être de mauvaise foi et quand je vous ai montré d'une manière concluante que cette accusation est fausse et sans aucun fondement, répondre d'un air dégagé : « Je crois que nous ne devons plus ni l'un ni l'autre, nous soucier de cette affaire. » Il faut que vous rétractiez votre accusation de mauvaise foi, sinon vous allez vous apercevoir qu'un gros tas d'ennuis est encore en train de fondre sur vous.

Bref, vous et votre équipe, vous allez devoir en ce qui me concerne, entreprendre une réforme radicale, et l'entreprendre rapidement. Je vous ai donné le choix entre deux bases. Si vous voulez être technique, je traiterai avec vous sur une base technique. Je vous donnerai trente cinq mille mots et vous laisserai tomber ensuite. Si vous ne désirez pas une base technique, mais une base franche et nette, si vous voulez plus de trente-cinq mille mots, à vous de décider dès maintenant. Si vous décidez qu'il vous en faut davantage vous pouvez m'envoyer par retour du courrier un contrat pour trente-cinq mille mots supplémentaires en stipulant que ni pour les premiers trente-cinq mille mots ni pour les seconds, vous ne me jouerez les tours de révision que vous m'avez joués dans mon premier article sur le bateau publié dans votre numéro de Noël. Vous avez ma lettre consacrée à ce sujet. Rafraîchissez-vous la mémoire.

Vous m'avez traité d'une manière indigne, et vous continuez à le faire. C'est la première fois de ma vie que j'ai un conflit avec un magazine. J'espère que ce sera la dernière, mais je le ferai durer jusqu'à ce qu'il se termine.

Votre proposition consistant à remettre une note détaillée pour mes dépenses de photographies a de quoi faire dresser les cheveux sur la tête. Vous rendez-vous compte, mon cher Mr Maxwell, que ces deux cent cinquante dollars ne représentent pas une dépense qui doit m'être remboursée par le *Cosmopolitan Magazine* ? C'est une avance sur des photographies que je dois lui envoyer. Je supporte la dépense et je ne pense pas un moment que je suis un minable à quatre sous pour vous fournir un état détaillé de mes propres dépenses.

Maintenant, envoyez-moi tout de suite ces deux cent cinquante dollars ; et en même temps un échelonnement précis et satisfaisant des paiements pour les photographies ; j'ai essayé en vain de l'obtenir de votre bureau de bousilleurs en savates depuis des mois et des mois. Et vous ne vous êtes pas montré moins empoté que votre personnel. Vous avez tout simplement ignoré ce point particulier de ma lettre, sur lequel j'insistais pourtant. C'est la dernière fois que je vous demanderai un échelonnement des paiements pour les photographies.

Vous désirez savoir quand mon prochain article vous sera envoyé. Il y a quelques points sur lesquels je voudrais d'abord être fixé et d'une manière satisfaisante, sinon vous ne saurez jamais quand ce second article vous sera envoyé ; vous aurez l'impression que le Jour du Jugement Dernier arrivera beaucoup plus vite que ce second article.

Répondez, et répondez aussi vite que vous le permettra votre amour-propre, et dites-moi sur quelle base nous marchons. Guerre ou paix. À prendre ou à laisser. À vous de décider. Tout doit être réglé *maintenant*. Et de crainte que vous ne sachiez peut-être pas ce que je veux voir réglé, je vais vous en donner un résumé. Je veux voir régler, avant tout, la base sur laquelle nous marchons. Base correcte et nette, ou base technique. Ensuite, je veux l'assurance que ma copie ne sera pas tripatouillée et revue par vos bureaux. Je veux une avance de deux cent cinquante dollars sur les dépenses de photographies. Je veux un contrat pour trente-cinq mille mots supplémentaires. Si vous n'envoyez pas ledit contrat, cela nous place irrémédiablement sur la base technique, ce qui signifie que, ou bien vous obtenez précisément trente-cinq mille mots et je vous laisse tomber, ou bien vous n'obtenez pas de mots du tout. Et pour finir, je veux une rétractation de votre part pour vos accusations de mauvaise foi.

Je veux une réponse, et rapide. Je la veux sur ce point, et sur tous les points.

Pour terminer ce panorama sur l'auteur et la profession, un aperçu de ce qu'on nomme les « comptes d'auteur ». Une rubrique féconde en incidents entre l'éditeur et l'auteur. Exemple, la lettre ci-dessous (Oakland, 12 février 1907) à la « rédaction » de Cosmopolitan.

Je réponds à votre lettre du 7 février. En ce qui concerne le décompte des mots dans les trois articles, il me semble que notre désaccord au sujet du nombre de mots est dû à ce que nous considérons comme des mots. J'ai toujours compté les mots composés, par exemple, pour deux mots ou davantage. J'ai toujours compté les abréviations pour deux mots. Par exemple, quand « was not » est abrégé sous la forme d'usage dans la conversation en « wasn't », je l'ai toujours compté pour deux mots. Vous l'imprimez certainement comme deux mots dans votre magazine. Vous substituez simplement une apostrophe à l'« o » de « not » et vous imprimez cette abréviation séparément. Et ainsi de suite. Je pourrais continuer longuement en soulignant les causes de désaccord dans notre compte de mots. C'est la première fois que j'ai vu ma méthode de décompte mise en question. Mais je désire être arrangeant dans cette affaire et je suis d'accord pour accepter votre méthode de décompte en ce qui concerne ces trois articles.

Vous dites vous être assurés que le tarif de quinze cents le mot que vous me payez est supérieur à celui qui est pratiqué par n'importe quel autre magazine. D'autres vérifications vous attendent. Je vous donnerai quelques exemples puisés dans ma mémoire, et vous avez mon autorisation pleine et entière pour vous rendre chez les rédacteurs en chef et les comptables des magazines cités pour vérifier mes dires. Prenez par exemple *Collier's Weekly*. Il n'y a pas si longtemps que j'ai refusé une offre pour vingt articles que je devais préparer sur une période de deux ans pour le *Collier's Weekly*. On m'offrait mille dollars par article de cinq mille mots. Si cela ne fait pas vingt cents le mot, je mange mon chapeau. J'ai décliné l'offre pour les vingt articles parce que je pensais que cela me tiendrait éloigné trop longtemps des œuvres de fiction et des articles que je préfère écrire. L'été dernier, j'ai vendu au *Collier's Weekly* une nouvelle intitulée le *Logement pour un jour*[4] qui comportait cinq mille mots. J'ai reçu sept cent cinquante dollars rien que pour les droits américains. Soit quinze cents le mot. Le magazine n'a pas encore publié l'histoire mais si vous voyez ces gens à ce sujet, ils confirmeront mes dires. Pour le dernier article publié par le *Collier's*, j'ai été payé au tarif de vingt cents le mot. Soit dit en passant, je peux déclarer, qu'à l'heure actuelle, j'ai un contrat avec *Collier's* pour des articles d'information, pour lesquels je dois recevoir quinze cents le mot et le remboursement de toutes mes dépenses.

Au cours de l'été dernier, *Everybody's* a publié une histoire de cinq mille mots de moi intitulée *Loup Brun*[5] qui m'a été payée sept cent cinquante dollars, soit à raison de quinze cents le mot. On verrait certainement dans ses livres la somme versée pour cette histoire. J'ai vendu quarante mille mots à *Everybody's* l'été dernier, dans le feuilleton[6] dont il vient à peine d'achever

4. *A Day's Lodging* paru le 25 mai 1907 dans *Collier's* ; recueilli dans *The Love of Life* (1907). En français dans *l'Amour de la vie*, collection 10/18, n° 862.
5. *Brown Wolf*, paru dans *Everybody's Magazine* en août 1907. Recueilli en 1907 dans *The Love of Life*. En français dans *l'Amour de la vie*.
6. Il s'agit du roman *Before Adam* paru dans *Everybody's* d'octobre 1906 à février 1907. En français : *Avant Adam*, collection 10/18, n° 816.

la publication, qui m'ont été payés cinq mille dollars, soit douze cents et demi le mot — tarif de gros sur lequel nous nous étions mis d'accord. Rappelez-vous que pour toutes les histoires et les articles que je mentionne, y compris les articles d'information pour *Collier's*, les prix payés ne correspondent qu'aux droits de publication en Amérique.

À l'heure actuelle, j'ai un contrat pour la livraison de deux histoires de cinq mille mots à *Success*, au prix de sept cent cinquante dollars chacun, soit quinze cents le mot. Je ne vais pas vous importuner avec d'autres exemples portant sur le même sujet. Vous pouvez vérifier les déclarations que je viens de faire et si vous en désirez davantage, je vous les enverrai.

D'autre part, n'oubliez pas un instant qu'un gars s'embourbe parfois, écrit une histoire épatante qu'aucun magazine n'oserait publier ; il ne pourrait trouver aucun magazine pour la publier en lui payant quinze cents le mot. Il y a d'autres cas où dans un moment d'humeur facile, je laisse une histoire partir pour un magazine à raison de dix cents le mot, alors que mon tarif était de quinze cents. Quand un rédacteur en chef me dit : « C'est il y a un an et demi que vous avez accepté de me donner une histoire. À cette époque, votre tarif était de dix cents le mot. Par conséquent, j'estime que je devrais vous payer dix cents le mot et non à votre tarif actuel. » Et je laisse partir l'histoire. Je ne suis pas tellement coriace, sauf quand je me mets en rogne. Je vous ai laissé prendre *Rien que pour manger* à dix cents le mot à une époque où mon tarif était de quinze cents le mot. Si vous voulez bien vous reporter à notre correspondance de l'époque, vous verrez combien j'étais arrangeant, et les raisons que je vous ai données moi-même pour laisser cette histoire vous être livrée à 10 cents le mot.

Et maintenant que je vous ai montré, au risque de vous importuner, que vous alliez recevoir quelques vérifications en perspective, retournons à nos affaires. Je suis disposé à accepter votre compte pour les trois articles qui sont actuellement en votre possession, soit :

Tableaux[7], que vous comptez à quatre mille quatre cent soixante-treize mots, *le Pénitencier*[8], que vous comptez à cinq mille quatre cent quatre-vingt-onze mots, et *Pincé* ![9], que vous comptez pour cinq mille deux cent quatre-vingt-seize mots. Conformément à votre suggestion, dès réception de mon accord sur ce qui précède, vous voudrez bien m'envoyer un chèque pour ces trois articles.

Votre suggestion concernant un titre général pour la série d'articles est parfaite. Il entre dans mes intentions, par la suite, de publier ce recueil en volume, sous le titre *les Vagabonds du rail*[10], avec le sous-titre « Souvenirs du Trimard » ou tout autre titre que vous préféreriez choisir vous-mêmes.

Et à présent, simplement pour être arrangeant, j'ai encore, terminés, quatre autres de ces articles sur le trimard. Ces quatre articles complètent la série. Ce sont les suivants, et ils devraient être publiés dans cet ordre :

Vagabonds qui passent dans la Nuit[11].	6 910 mots
« *Gosses du rail* » et « *Chats gais*[12] ».	5 433 mots
(Dans cet article je raconte comment	
je suis parti pour la première fois sur la route).	
L'Armée industrielle de Kelly[13]	4 750 mots
Les Taureaux[14]	6 865 mots

7. *Pictures, stray memories of life in underworld* paru dans *Cosmopolitan* en septembre 1907.

8. *The « Pen », long days in a country penitentiary. Cosmopolitan*, août 1907.

9. *Pinched, a prison experience. Cosmopolitan*, juillet 1907.

10. *The Road.* New York, Macmillan, novembre 1907. En français : *les Vagabonds du rail*, collection 10/18, n° 779.

11. *Hoboes That Pass in the Night. Cosmopolitan*, décembre 1907.

12. *Road-Kids and Gay Cats.*

13. *The March of Kelly's Army : the story of an extraordinary migration*, dans *Cosmopolitan*, octobre 1907. Recueilli sous le titre *Two Thousand Stiffs* dans *The Road* (*les Vagabonds du rail*).

14. *Some Adventures With the Police* dans *Cosmopolitan*, mars 1908. Recueilli dans *The Road* (*les Vagabonds du rail*) sous le titre *Bulls* (*les Taureaux*).

Maintenant, je vais vous dire ce que je vais faire. Pour vous permettre de disposer de la série entière, je vous offre les quatre à dix cents le mot — ET VOUS ACCEPTEZ MON DÉCOMPTE DE MOTS. Je vais vous dire une chose : les meilleurs articles de la série se trouvent parmi ces quatre derniers.

Si vous voulez bien prendre mon offre en considération, envoyez-moi un télégramme à mon adresse d'Oakland et je vous expédie immédiatement les quatre articles par la poste.

Naturellement, il est expressément entendu que pour tous ces articles je vous cède seulement les droits américains de publication en feuilleton[15].

---

15. *Cosmopolitan* accepta cette offre et publia la série complète de *The Road*, en attendant que le *Snark* ayant pris la mer — l'auteur puisse leur fournir le récit de la croisière. Pour ce dernier récit, London avait reçu une avance de 2 000 dollars, d'où l'impatience du *Cosmopolitan* à voir le *Snark* appareiller.

Deuxième partie

L'ÉCRIVAIN
ET L'ŒUVRE DES AUTRES

I

CYRANO DE BERGERAC,
d'EDMOND ROSTAND

Cyrano de Bergerac, *pièce d'Edmond Rostand* (*1868-1918*).

[...] Si vous en avez l'occasion, lisez la traduction américaine de *Cyrano de Bergerac* ; mais lisez lentement ou pas du tout. Plusieurs morceaux semblent contenir mes propres pensées, mes propres sentiments[1].

Avez-vous lu *Cyrano de Bergerac* ? Je l'ai vu jouer avec talent, l'année dernière, et j'en ai une édition-pirate. J'ai vraiment été passionné ; si vous ne l'avez pas lu, et si vous en avez envie, je vous l'enverrai[2].

Je ne puis partager votre opinion sur *Cyrano*. Peut-être est-ce parce que je l'ai vu jouer, mais je trouve la fin logique, bien menée et tout à fait à propos. Cette dernière scène, où il titube, en pleurant qu'il lui faut rencontrer la Mort, debout, et l'épée à la main, me semble superbe, et le dénouement de même, quand il enlève son casque au plumet impeccable dans les salles de la Fête du Christ[3].

1. Lettre (Oakland, Californie, 6 décembre 1898) à Mabel Applegarth.
2. Lettre (Oakland, 22 avril 1899) à Cloudesley Johns.
3. Lettre (Oakland, 30 avril 1899) à Cloudesley Johns.

II

FACTUREZ-LE À LA COMPAGNIE,
de CLOUDESLEY JOHNS

Titre original : Charge it to the Company. *Cloudesley Johns,
écrivain et militant socialiste, est l'un des tout premiers
à avoir reconnu le talent de London. Aussitôt après avoir
lu sa première nouvelle, dans le numéro de janvier 1899
de* The Overland Monthly, *il lui avait écrit pour lui dire
son admiration. Ce fut le début d'une longue et intense
correspondance, au cours de laquelle les deux amis
échangeaient des idées et critiquaient leurs œuvres.* Sur
Facturez-le à la Compagnie, *voir également dans la troisième
partie les commentaires de London sur sa propre nouvelle*
En Pays lointain.

Facturez-le à la Compagnie ou *Buzzard and Co* seraient de
très bons titres pour votre histoire. Je crois préférer le premier ;
cependant je trouve que vous pourriez secouer un peu vos méninges
pour trouver mieux. Mais tout d'abord, il serait bon que j'explique
la totale impossibilité où je me trouve de donner un jugement
correct sur le style de quoi que ce soit, si ce n'est pas imprimé
ou dactylographié. J'ai bien un moyen pour les manuscrits :
l'oreille, en lisant tout haut. Mais ma propre œuvre tient ou tombe,
par la vue, le regard. C'est pourquoi elle doit être imprimée ou
dactylographiée. En fait, vous devez bien comprendre ce que

signifie pour moi juger par la vue. Vous savez, quand quelqu'un commence à scander ou à écrire des vers, il compte inévitablement sur ses doigts ; mais, en se perfectionnant, il perd peu à peu et inconsciemment cette habitude — de la même manière, un regard me donne le rythme et la structure.

Mais revenons à vous : votre histoire est virile, elle donne l'impression d'une vie rude, et de ce fait réelle. Je vous recommanderais ceci : supprimez toute référence directe à la compagnie Norton-Drake, et prenez un millier de mots supplémentaires pour faire des vrais hommes de vos Mexicains, qui sont des marionnettes, et pour amplifier le caractère de Mc Carthy et de O'Connel. Ces deux derniers sont vrais mais accentuez-le, rentrez un peu plus dans la psychologie, les traits raciaux. Bref, insistez un peu plus sur leurs mentalités, leurs tempéraments, etc.

Il est difficile d'expliquer ce que je veux dire. Ainsi pour les Mexicains : les statistiques ne provoquent pas d'émotion, quand elles sont énoncées comme telles. Ne dites pas la Compagnie traitait les hommes comme ceci, ou les trompait comme cela. Laissez le lecteur découvrir ces faits à travers l'esprit des hommes eux-mêmes, laissez le lecteur voir le problème à travers leurs yeux. Il y a diverses manières d'obtenir cela — la plus commune est de les faire parler entre eux. Laissez-les s'ouvrir et dire ouvertement l'amertume de leur cœur, l'injustice qu'ils subissent ou pensent subir de la Compagnie, la haine qu'ils portent à leurs patrons, etc. Vous voyez ce que je veux dire.

De plus, rendez-nous Mc Carthy plus sympathique. Montrez-nous plus clairement ses solides qualités auxquelles, je le sais, vous avez pensé. Souvenez-vous, le lecteur ne le connaît pas, vous si. Pour vous, chaque action de Mc Carthy est l'action du Mc Carthy que vous connaissez ; pour le lecteur, celle du Mc Carthy que vous avez décrit, etc.

Pour la compagnie Norton-Drake, même si la moitié du monde se récrie contre elle, de nombreux romans sont écrits à dessein. Ce n'est pas le champ légitime de telles productions littéraires. Un article de journal (3 000 mots), exposant des faits sensationnels, et pas à la manière d'une histoire, serait le meilleur moyen d'attaquer et de démasquer une telle compagnie — et ce serait fait dans les colonnes de la presse. Vous connaissez l'éternelle bienséance !

Ne mentionnez pas votre Compagnie ou R.R. par leurs noms, inventez-en un, ou mieux encore, soyez tout à fait abstrait. Le premier idiot sera capable de lire entre les lignes.

Restez bien en dehors de l'histoire. J'ai remarqué de nombreux « je ». Ils choquent. Mettez tout à la troisième personne.

Évitez surtout les répétitions (c'est parfois admissible, mais rarement). Page 1, paragraphe 3, « vague » apparaît deux fois en quatre mots — changer en « lame », ou autre chose.

(Opinion personnelle), dans la phrase qui suit, j'écrirais plutôt « et le chemin de fer continuait sa percée ».

Phrase suivante — supprimez « et » après « couper ». Vous avez « autre », dans le même genre, et vous pouvez vous en servir.

« Devenu » est un bon truc, mais vous l'utilisez trop souvent — substituez « été », etc., de temps à autre.

Page 3, troisième paragraphe : voyez si vous pouvez retrouver la phrase chez n'importe quel auteur moderne. Trop colon et semi-colon (à mon avis).

Page 4 : considéreriez-vous la Compagnie Norton-Drake comme un nom singulier ? Dans ce cas, « ont » ne devrait-il pas plutôt être « a » ?

Page 5 : laissez les Mexicains parler de tuer deux patrons, et aussi des faits dont il est question dans la page précédente. Si ce n'est par des conversations familières, introduisez tout de même le lecteur, en exploitant l'attitude, la manière des hommes qui regardent.

Page 6 : « Mais cela » blesse la langue et l'oreille ; vous pouvez changer : « Mais un grenouillard reviendra ; cela est sûr. »

Page 6 : supprimez « dont nous n'avons aucune idée ». Tout en n'élucidant pas le pourquoi ou le comment, vous, dans la même phrase, concevez clairement la possibilité d'une telle chose.

Page 7 : troisième ligne : supprimez le deuxième « que ». Utilisez le pronom relatif « lequel » pour « que », de temps en temps. L'utilisation de « que » est largement admise, mais il ne faut pas dépasser les bornes.

Votre style me rappelle parfois Bierce.

Page 10 : « il savait qu'il avait » — supprimez « que ».

Page 11 : je ne serais pas aussi horrible avec cet intestin, supprimez « et pendant ». (C'est seulement mon goût, pourtant j'apprécie de tels faits, puisque j'en ai vu beaucoup.)

J'aime la façon dont O'Connel tourne, sa mort, et ses derniers mots à Mc Carthy ; coup vrai, fort.

Page 12 : à travers combien de côtes un couteau peut-il passer ?

Un travail vif et réaliste dans « la moitié vivante de l'horrible chose contorsionnée, etc. » Le fait de membres morts au travers d'un dos brisé.

En conclusion : vous avez une matière très riche dans cette histoire, caractères forts, contrastes raciaux, instincts primaires, etc. Je conseillerais de la recomposer entièrement. Essayez d'incliner davantage les lecteurs en faveur des acteurs de la tragédie, etc. L'histoire, bien sûr, n'est pas mauvaise ; mais je plaide ainsi à cause des possibilités qui s'y trouvent. Je sais que j'ai tout saboté, que vous ne comprendrez pas ce que je veux dire et me maudirez quinze fois d'être aussi stupide, etc. Mais quoi ? je n'ai, de toute façon, jamais fait de critique ; alors je dis juste ce que je pense — et vous gagnez ma sincérité, à défaut d'autre chose. Si je pouvais parler avec vous quelques minutes, ce serait tellement plus clair.

III

ROBERT LOUIS STEVENSON

Quel exemple d'application et de travail personnel il donnait !
Il n'a pas son égal pour raconter une histoire ; et on peut presque
en dire autant de ses essais. Si ses autres œuvres exercent une
fascination simplement irrésistible, pour moi la plus puissante
est *le Creux de la vague*[1].

Étudiez votre Kipling tant haï[2]. Étudiez votre bien-aimé
Creux de la vague[3]. Étudiez-les et voyez comme les auteurs
s'effacent eux-mêmes, créent des choses qui vivent, respirent,
agrippent les hommes et font faire aux lampes de lecture des
heures supplémentaires. Une bonne atmosphère exige toujours
l'effacement de l'artiste, ou, plutôt, l'atmosphère est l'artiste ;
quand il n'y a pas d'atmosphère et que l'artiste est toujours là, cela
veut dire simplement que le mécanisme grince et que le lecteur
l'entend. [...] Quand, dans *le Creux de la vague*, la goélette est à
l'île perlière, et que le pêcheur de perles missionnaire rencontre
ces trois hommes désespérés et oppose sa volonté à la leur pour
la vie ou la mort, le lecteur pense-t-il à Stevenson ? Pense-t-il

1. Lettre (Oakland, 7 mars 1899) à Cloudesley Johns.
2. *The Ebb-Tide* (1893). En français, *le Creux de la vague*, collection
10/18, n° 1172.
3. Cloudesley Johns, destinataire de ces lignes, adorait Stevenson
mais détestait Kipling.

une seule seconde à l'écrivain ? Non, non. Après, quand tout est fini, il se souvient, s'étonne et aime Stevenson — mais sur le moment ? Sûrement pas[4].

Vous souvenez-vous quand Robert Louis Stevenson disserte sur la mort, dans son *Voyage sur les canaux et les rivières*[5] ? C'est un magnifique développement de « Mange, bois, réjouis-toi, car demain nous mourrons[6] ».

Mes nombreuses histoires n'ont jamais empêché personne d'aller à Hawaï, ni d'y investir un dollar. Croyez-moi, le *Father Damien Letter*[7] de Stevenson a eu beaucoup plus d'effet en une seule minute que toutes les histoires que j'ai écrites et que j'écrirai encore[8].

De toutes les histoires que j'ai jamais lues, je place *l'Île au trésor* de Stevenson au premier rang[9].

4. Lettre (Oakland, 16 juin 1900) à Cloudesley Johns.

5. *An Inland Voyage* (1878). Recueilli, sous le titre *Voyage sur les canaux et les rivières*, dans *la France que j'aime*, collection 10/18, n° 1246.

6. Lettre (Oakland, 30 avril 1899) à Cloudesley Johns.

7. Stevenson avait pris la défense du missionnaire catholique Damien, bienfaiteur des lépreux, que la presse anglo-saxonne avait couvert d'injures et de calomnies.

8. Lettre (Glen Ellen, 1er février 1910) à Lorrin Thurston. Ce correspondant reprochait à London d'écrire des nouvelles qui dépréciaient Hawaii. Voir *l'Île des lépreux*, collection 10/18, n° 1353.

9. Lettre parue dans *The Chattanooga Daily Times*, du 26 mai 1915, en réponse à une enquête sur les lectures récréatives.

IV

RUDYARD KIPLING

Voir plus loin, XI, l'article : Mort, Kipling ? Il ressuscitera ; *et dans la troisième partie, XXV, les commentaires de l'auteur sur* la Force des forts.

Je vois que vous ne partagez pas mon admiration pour Kipling. Il touche le fond des choses. « Il montre la Chose comme il la voit, au nom des Choses en elles-mêmes. » Il serait inutile que je mentionne toutes mes pièces favorites. Un exemple suffira : *la Chanson du banjo*, une seule ligne même. Au loin dans le désert, là où des garçons trop jeunes se battent pour avoir une terre et une selle à eux, le banjo chante, leur rappelant le monde dont ils sont exilés :

« Je suis la torture, je suis la ville, je suis ce qui accompagne toujours la robe de la nuit[1]. »

Très souvent, à des milles de toute civilisation, avide d'un visage de femme, d'un journal, d'un bon livre ou, mieux, de musique, plein du mal des charmes de l'ancienne vie, je me suis souvenu de cette phrase, en entendant les accords d'un banjo qui

---

1. *The Song of the Banjo* (1895). Poème recueilli en 1896 dans *Seven Seas*.

ramenait tout à cela : « Je suis la torture, je suis la ville, je suis ce qui accompagne toujours la robe de la nuit. »

Qu'elle semble prosaïque et piètre, mon explication ! c'est une impression, que seul peut comprendre celui qui l'a ressentie[2].

D'accord avec vous : R.L.S. n'a jamais écrit de la camelote, Kipling si ; mais, bon, Stevenson n'a jamais eu à s'inquiéter des façons et des moyens, alors que Kipling, simple journaliste, s'est trouvé obligé de rechercher des ventes immédiates, au lieu d'une gloire posthume. Stevenson recevait de sa famille 93 livres par an, je crois. Vous imaginez-vous ? quarante dollars par mois, avec personne d'autre que lui-même à s'occuper, et dans un pays où ces quarante dollars revenaient à un pouvoir d'achat de quatre-vingts dollars.

Comme ces lignes, préface de l'un des contes de Kipling, m'ont obsédé !

> « O Toi qui as construit le monde !
> O Toi qui as allumé le soleil !
> O Toi qui as noirci le Lac !
> Juge, Toi,
> Le Péché de la Pierre qu'hurlait le Capricorne à la lumière
> du soleil,
> En s'enfonçant dans la boue du Lac,
> Maintenant même — Maintenant même — Maintenant
> même ! »

Kipling a la main sur « l'âme belle des choses[3] ».

Quel effet produisent les vers que Kipling trouve ! Ainsi vous aimez *The Dipsy Chanty*[4] ? L'avez-vous déjà comparé à son

---

2. Lettre (Oakland, 7 mars 1899) à Cloudesley Johns.
3. Lettre (Oakland, 15 mars 1899) au même.
4. *The Last Chantey* (1893), recueilli sous le titre *The Dipsy Chanty* dans *Seven Seas* (1896).

First Chantey[5] ? Je ne me souviens pas si c'est le nom. Connaissez-vous le début de *la Légion perdue*[6] ?

> « *Dans la légion des Perdus, dans la cohorte des Damnés,*
> *Sur le chagrin d'outre-mer de ses frères,*
> *Chante un gentilhomme anglais,*
> *Né comme il faut, engraissé machinalement,*
> *Et soldat de la Cavalerie de l'Impératrice, s'il vous plaît*[7]. »

Qu'en pensez-vous ? Je vous ai juste cité les strophes complètes dont j'ai pu me souvenir. Il n'y aura pas de fin pour Kipling. Jamais de fin[8].

---

5. *The First Chantey*. Paru dans *Seven Seas* (1896).

6. Lettre (Oakland, 30 avril 1899) à Cloudesley Johns.

7. *The Lost Legion* (1893). Recueilli dans *Chansons de la chambrée* (*Barrack-Room Ballads*, 1893), à paraître dans la collection 10/18.

8. Lettre (Oakland, 18 mai 1899) au même.

V

AU CŒUR DE LA VIE,
d'AMBROSE BIERCE

Titre original : Tales of Soldiers and Civilians (*1891*). *Repris ensuite sous le titre* : In the Midst of Life. *Parmi les dernières éditions françaises de ces nouvelles* : Histoires Impossibles (*Grasset, 1956*), Morts violentes (*Grasset, 1957*), Contes noirs (*Losfeld, s.d.*). *London fit plus tard la connaissance d'Ambrose Bierce (1842-1914) et fréquenta comme lui la colonie d'écrivains et d'artistes établie à Carmel.*

Après avoir envoyé la critique et m'être, de ce fait, souvenu de Bierce, j'ai ressorti *Au cœur de la vie.* Je remarque dans ses œuvres une absence totale de compassion. Dans leur genre, elles sont magnifiques, et pourtant elles ne doivent rien à la grâce du style. Je dirais presque que ce qui les caractérise est leur coloris métallique et intellectuel. Elles font appel à l'esprit, mais pas au cœur. Oui ; elles font appel aux nerfs, aussi, mais, vous le remarquerez, d'une manière psychologique et dénuée d'émotion. De toute façon, j'ai une grande admiration pour lui, et ne me lasse jamais de son article du dimanche dans l'*Examiner* (San Francisco)[1].

1. Lettre (Oakland, 30 mars 1899) à Cloudesley Johns.

149

VI

LES ENTREPRENEURS,
de CLOUDESLEY JOHNS

Lettre (Oakland, 22 décembre 1900) à C. Johns. Au début de cette lettre, pour critiquer la nouvelle les Entrepreneurs, *l'auteur évoquait sa propre nouvelle :* la Loi de la vie. *On trouvera ce passage plus bas : 3e partie, VII. Après avoir recommandé à son correspondant de s'inspirer du point de vue adopté dans* la Loi de la vie, *London enchaînait par les lignes ci-dessous. Rappelons que* les Entrepreneurs *(pas plus qu'aucune œuvre de C. Johns) n'a été éditée en volume.*

[…] Je sais que vous avez assez d'estomac pour digérer mes critiques. Votre style — ne soyez pas si hésitant et si détaché. Variez la structure de votre phrase. Une phrase succédant à une autre phrase sont chez vous identiques de structure et, quelquefois, presque de même longueur. Des phrases rapides, vives, courtes et nerveuses sont très souvent excellentes pour l'action. Mais si, dans l'inaction, ou dans une action sans importance, vous les avez employées, quand vous en arrivez à l'action importante, à la grande action, elles sont sans valeur et pires que sans valeur.

Je reviens encore une fois, sur votre façon de vous exprimer. Vous ne la cultivez pas assez ; vous êtes trop sec. Vous tombez trop rarement sur une phrase heureuse comme « les oiseaux de l'horreur pleins de dignité ». (Je pourrais en citer d'autres.) Mais trop rarement. Prenez votre plume et cherchez-les, martelez-les dans la sueur et le sang, prenez votre part des douleurs de l'enfantement. N'ayez pas tant de mort-nés.

Ah ! Autre chose, Cloudesley. Vous êtes en même temps un malheureux et un prodigue. Vous êtes avare de mots, et prodigue de substance. L'art de l'omission est d'une énorme importance, mais doit être bien compris. Parmi les nombreux détails, les détails caractéristiques, choisissez seulement les plus saillants — mais, Bon Dieu, mon vieux ! quand vous en avez choisi un, montez-le en épingle pour le mettre en valeur. Dans une scène telle que la vôtre, une douzaine de détails essentiels peuvent être saillants, et mille sans importance. C'est à vous de choisir le principal et plusieurs autres moins importants. Mais alors ne négligez pas les moins importants en les subordonnant tout le temps au principal. Regardez, par exemple, comme vous avez été prodigue avec l'épisode du printemps qui disparaît en laissant le héros encore plus seul. Cet épisode a été expédié en deux courtes phrases ! Eh bien, vous auriez dû reprendre cela presque dès le début, d'une manière insinuante, adroitement, sans cesser d'y préparer le pauvre lecteur inconscient. Faites-le arriver au milieu du vaste désert, comme on va chercher la consolation auprès d'un être humain, qu'il s'étende par terre pour penser au passé, en tirer une morale. Prenez-le dans cette trame jusqu'à ce qu'elle fasse partie de lui, — et alors, quand le désert disparaît, votre petite tragédie est consommée sans qu'un mot ait jamais été prononcé. La tragédie est évidente. Le seul fait de déclarer que le printemps a disparu suffit. Pas besoin de dire qu'il se sent plus seul ; inutile, si votre travail préparatoire a été bien fait. Seigneur ! Quel pathétique ! Vous tenez tout le pathétique du monde dans ce seul incident ; mais vous ne l'exprimez pas, ne le développez pas. Il reste à l'état potentiel. Pouvez-vous saisir où je veux en venir ?

VII

LA PIEUVRE,
de FRANK NORRIS

Paru dans Impressions, *juin 1901. Frank Norris (1870-1902), émule américain de Zola, est surtout connu par son roman* Mac Teague (1899) *dont Eric von Stroheim a tiré le film* les Rapaces. The Octopus (La Pieuvre) *paru chez Doubleday Page and Co est le premier volet d'une trilogie inachevée. Le second étant* le Puits (The Pit, *1902*). *Le roman* la Pieuvre *emprunte son titre au surnom donné par les socialistes de Californie à une compagnie de chemins de fer. Sur cette compagnie et ses méfaits, voir notre postface* (Ed Morrel, un Robin des Bois de Californie) *au tome II du* Vagabond des étoiles, *collection 10/18, n° 1020 ; pp. 219-223.*

« Il était là, le Blé, le Blé ! La petite graine depuis longtemps semée, germant dans les sillons profonds, obscurs, du sol, peinant, se gonflant, avait, soudain, en une nuit, jailli à la lumière. Le blé avait levé. Il était devant lui, autour de lui, partout, à perte de vue, sans limite. Le sol brun de l'hiver était recouvert d'un léger chatoiement vert. La promesse des semailles était tenue. La terre, cette mère loyale qui ne déçoit jamais, qui ne fait jamais défaut, tenait une fois de plus parole. »

Il y a très longtemps, nous entendions chuchoter dans l'Ouest que Frank Norris avait en tête d'écrire une *Épopée du Blé*. Et il est impossible de nier que nous étions nombreux à douter — non pas seulement de l'aptitude de Frank Norris à le faire, mais de celle des hommes, de tous les hommes. Ce grand Ouest, incohérent, sans forme ! Qui pouvait saisir l'esprit et l'essence du blé, l'aspect extérieur et le miracle intime, lier le tout, avec précision et netteté, et le faire tenir dans les pages imprimées d'un livre ? Sûrement nous autres hommes de l'Ouest, qui connaissons bien notre Ouest. On peut donc nous pardonner notre manque de confiance.

Et à présent, Frank Norris l'a fait. Dans ce siècle de machinisme il a accompli ce qui était le privilège de l'homme des temps héroïques. Bref, il a chanté l'*Épopée du Blé*. « Plus de puissance à sa portée », comme aurait dit Charles F. Lummis.

La première fois qu'on aperçoit la vallée de San Joaquin, on ne peut s'empêcher de parler de « pays neuf et dénudé ». Il y a apparemment peu de chose à voir. Quelques ranches isolés au milieu de l'immensité, pas d'arbres, une population éparse — c'est tout. Et les hommes des ranches, qui peinent sur une tâche épuisante, ils doivent, de même, être neufs et dénudés. C'est ce qui semblerait ; mais Norris a donné aux uns et aux autres de l'ampleur, et de la profondeur. Il est non seulement allé à l'intérieur du sol, dans les entrailles de cette terre passionnée, aspirant à la maternité, qui nourrit les nations, mais jusqu'au fond du cœur de son peuple, simple, élémentaire, porté vers les charmes primitifs de l'existence, grondant et rugissant de colère brutale sous l'injustice cruelle. On doit éprouver de la sympathie pour ces hommes, travailleurs et combattants, et du respect pour tout ce qu'ils peuvent avoir de faiblesses. Et après tout, comme l'a très bien montré Norris, leur faiblesse ne tient pas à eux. C'est la faiblesse du manque d'organisation, la faiblesse qui s'associe à la force qu'ils représentent et dont ils sont une partie, la force agricole opposée à la force capitaliste, le cultivateur contre le financier, le laboureur contre le capitaine d'industrie.

Aucun homme qui n'aurait pas eu un grand cœur, qui aurait manqué de sympathie spontanée, qui n'aurait pas été capable de grands enthousiasmes, n'aurait pu écrire *la Pieuvre*. Presley, le poète, rêveur et chanteur, est un personnage composite. Tant qu'il s'agit d'incidents superficiels, il est, avec audace, Edwin Markham. Mais tout au fond de son cœur, il est Frank Norris. Presley avançant à tâtons dans le silence de la nuit brûlante et attendant le soupir de la terre. Presley, avec son grandiose Chant de l'Ouest qui surgit sans cesse dans son imagination et qui sans cesse se dérobe. Presley, se battant passionnément pour trouver le balancement de sa « tonitruante progression d'hexamètres » — qui est ce Presley, sinon Norris, aux prises avec le pénible enfantement de son problème de *la Pieuvre*, et souvent assailli par le doute, comme nous l'avions été, nous, de l'Ouest ?

Les hommes accèdent à la connaissance de deux manières ; en généralisant à partir de l'expérience ; en prenant pour leur compte les généralisations des autres. En ce qui concerne Frank Norris, on ne peut éviter de marquer un temps de réflexion. Il est évident que dans cette œuvre, qui lui a coûté son plus grand et son tout dernier effort, il ait exposé avec intransigeance la conception matérialiste de l'histoire ou, plus poliment, l'interprétation économique de l'histoire. Une question se pose à présent : Frank Norris a-t-il connu l'interprétation économique de l'histoire d'après les pensées imprimées d'autres écrivains et abordé ensuite, ainsi armé, son problème de *la Pieuvre* ? Ou bien, plutôt, l'a-t-il abordé de lui-même, en toute naïveté et innocence ? Et, à la suite d'un contact direct avec les grandes forces sociales, n'a-t-il pas été amené à généraliser ainsi pour son propre compte ? C'est une jolie question. Nous y répondra-t-il un jour ?

Est-ce que Norris a subi la même évolution que celle qu'il dépeint avec vigueur chez Presley ? Le tout dernier concept sociologique de Presley est né, plus ou moins, de cette façon : Shelgrim, président et propriétaire du Pacific and Southwestern, posa « un index épais et puissant sur la table pour insister sur ce qu'il allait dire : "Essayez de comprendre ceci — pour commencer — que les chemins de fer se construisent tout seuls. Là où il y a une demande, tôt ou tard, il y sera répondu. D. Derrick, fait-il pousser son blé ? Le blé pousse tout seul. À quoi sert-il ? Fournit-il la force ? À quoi est-ce que je sers ? Est-ce que je construis le chemin de fer ? Vous avez affaire à des forces, jeune homme, quand vous parlez de blé et de chemins de fer, pas à des hommes. Voici le blé, la marchandise. Il doit être transporté pour nourrir les gens. Voilà la demande. Le blé est une force, le chemin de fer en est une autre, et il y a une loi qui gouverne ces forces, la loi de l'offre et de la demande. Les hommes n'ont que peu de choses à faire dans l'ensemble de l'affaire. Des complications peuvent surgir, des conditions qui pèsent sûrement sur l'individu — qui l'écrasent, peut-être — mais le blé sera transporté pour nourrir les gens aussi inévitablement qu'il a poussé". »

On se sent porté à chercher querelle à Norris pour son réalisme excessif. Qu'est-ce que ça peut bien faire au monde que le garde-manger soit carré ou oblong ? Qu'il soit garni d'un grillage de fil de fer ou de mailles de moustiquaire ? Qu'il soit pendu aux branches du chêne ou à la poutre faîtière de la grange ? Et puis même que Hooven ait un garde-manger ou n'en ait pas ? C'est à dessein que j'ai dit : « on se sent porté ». À la vérité, nous ne pouvons pas nous disputer avec lui. C'est une confession et une capitulation. Les faits sont contre nous. Il a donné des résultats, des résultats titaniques. Ne nous occupons pas du réalisme, du détail sans importance, de la description minutieuse du garde-manger de Hooven et du reste. Qu'il soit déclaré carrément que Frank Norris ni personne d'autre que lui n'aurait pu venir à bout de la vaste vallée de San Joaquin et de la non moins vaste *Pieuvre*, avec ses tentacules par une autre méthode. Des résultats ? C'était le seul moyen d'en obtenir, le seul moyen de peindre la vaste toile qu'il a peinte, avec un rayon de soleil dans son pinceau.

Mais il nous donne quelque chose de plus que du réalisme. Écoutez :

« Une fois de plus le pendule des saisons décrit son arc puissant.

« Alors, à travers l'étendue plane du ranch, il entendit, léger et prolongé, le sifflet de la machine au passage de Bonneville. Sans cesse, à courts intervalles dans sa course rapide, la machine siffla pour les croisements, pour les virages aigus, pour les ponts. Des notes menaçantes, rauques, mugissantes, avec des accents de menace et de défi. Et tout d'un coup, Presley revit, dans son imagination, le monstre galopant, la terreur d'acier et de vapeur, avec son œil unique, cyclopéen, rouge, s'élançant d'un horizon à l'autre. Mais il le voyait à présent comme le symbole d'une vaste puissance énorme, terrible, renvoyant l'écho de son tonnerre bien au delà des limites de la vallée, semant sur son chemin le sang et la destruction. Le Léviathan, dont les tentacules d'acier s'enfoncent dans le sol, la Force sans âme, la Puissance au cœur d'acier, le monstre, le Colosse, la Pieuvre.

« L'angoissante immensité de ces dix mille acres de blé, rien que du blé aussi loin que la vue pouvait porter, lui causa un choc. Il y avait quelque chose de vaguement indécent dans ce spectacle, cette nourriture pour le peuple, cette force élémentaire, cette énergie de base, se vautrant ici sous le soleil, dans toute la nudité inconsciente d'un Titan primitif, s'écartelant en tous sens.

« Partout, d'un bout à l'autre de l'immense Vallée de San Joaquin, sans qu'on pût les voir ni les entendre, mille charrues retournaient le sol par dizaines de mille, les socs s'enfonçaient profondément dans le sol tiède et humide. C'était la longue caresse, vigoureuse, mâle, puissante que la Terre semblait attendre, pantelante. L'étreinte héroïque d'une multitude de mains d'acier, plongeant profondément dans la chair brune, chaude de la terre qui frissonnait en répondant passionnément à cette rude avance, si robuste qu'elle semblait presque être un assaut, violente au point d'être vraiment brutale. Là, sous le soleil, sous un ciel brillant et sans tache, le Titan commença sa cour. La vaste passion primitive, les deux forces du monde, les éléments Mâle et Femelle, noués dans une colossale étreinte, agrippés dans l'angoisse d'un désir infini, immédiatement terrible et divine ne connaissant pas de loi, indomptée, sauvage, naturelle, sublime. »

Beaucoup d'hommes, et aussi de femmes, défilent à travers les pages de *la Pieuvre*, mais il y en a un, le plus grand, que nous ne pouvons nous dispenser de citer au passage — Annixter. Rude, presque jusqu'à l'insolence, direct dans sa façon de parler, intolérant dans ses opinions ne se fiant absolument à personne d'autre qu'à lui-même, de caractère bourru, brutal de tendance, travailleur acharné, en qui on avait largement confiance mais qu'on haïssait aussi largement. Obstiné et contrariant, mauvais coucheur, et délicieusement effrayé par les « femelles » — tel est Annixter. Il vaut la peine d'être connu. Norris lui a insufflé la vie d'une façon si adroite que sa mort cause un choc comme en causent rarement les morts imaginaires. Osterman pose la tête sur ses bras comme un homme fatigué qui cherche le repos, Delaney rampe instinctivement hors de la mare de sang pour mourir dans le blé en herbe, mais c'est Annixter, tué sur le coup, tombant inerte, que nous pleurons en premier lieu. Un homme vivant est mort là.

Eh bien, la promesse de *Moran* et de *McTeague* a été tenue. Pouvons-vous en demander davantage ? Cependant nous n'avons que le premier volet du triptyque. Satisfaits de *la Pieuvre* ; nous pouvons attendre de confiance *le Puits* et *le Loup*. Cette fois, nous n'éprouverons pas de doute.

VIII

FOMA GORDYÉEF,
de MAXIME GORKI

Article paru dans Impressions, *en novembre 1901. La traduction américaine du roman de Gorki (1868-1936) avait paru la même année, à New York, chez Charles Scribner's Sons.*

> *Quelle chose, sans rien demander, s'est précipitée ici, venant d'où ?*
> *Et, sans rien demander, venant d'ici, s'est précipitée, vers quel lieu ?*
> *Oh ! plus d'une coupe de ce vin défendu*
> *Doit noyer le souvenir de cette insolence !*

Foma Gordyéeff est un grand livre — il contient non seulement l'immensité de la Russie, mais la dimension de la vie. Cependant, bien que, dans tous les pays, au sein de ce monde de marchés et de bourses, dans ce siècle de commerce et de trafic, des personnages passionnés se dressent pour demander à la vie ce qu'est sa fièvre, dans *Foma Gordyéeff*, c'est un Russe qui se dresse ainsi pour interroger. Car Gorki, l'Amer, est essentiellement russe dans sa façon d'appréhender les faits de la vie et dans sa façon de les traiter. Toute l'auto-analyse et l'insistante introspection russes lui appartiennent. Et, comme tous ses frères russes, une protestation ardente, passionnée imprègne son œuvre. Il y a un dessein dans cette œuvre. Il écrit parce qu'il a quelque chose à dire que le monde doit entendre. De son poing crispé, ce ne sont pas des histoires romanesques, légères aériennes, douces, charmantes et séduisantes, qui s'échappent, mais des réalités — oui, grandes, brutales, rébarbatives, mais des réalités.

Il pousse le cri du malheureux et du méprisé et dans une mise en accusation magistrale du règne du commerce, il proteste contre les conditions sociales, contre l'expression douloureuse qui se peint sur les visages du pauvre et du faible, contre l'onanisme du riche et du fort, dans son désir effréné d'avoir les places et le pouvoir. Il est extrêmement douteux que le bourgeois ordinaire, gras, satisfait de lui-même, prospère, puisse comprendre un homme comme Foma Gordyéeff. La rébellion qu'il a dans le sang ne vibre à l'unisson de rien de ce que ce bourgeois a dans le sien. Pour lui, il restera inexplicable que cet homme, avec sa santé et ses millions, ne puisse pas continuer de vivre comme vit sa classe, en s'installant à des heures régulières devant son bureau, en se rendant à la Bourse, conclure des contrats serrés, faire des offres plus avantageuses que ses concurrents, se réjouir des désastres financiers de ses confrères. Cela semblerait si facile et, après une telle vie, dans une situation bien assise et éminemment respectable, il pourrait mourir. « Ah », interrompra Foma avec rudesse — il est porté aux interruptions brutales — « si mourir et disparaître est le dénouement de ces années passées à thésauriser, alors, pourquoi thésauriser ? » Et le bourgeois qu'il a interrompu avec rudesse ne comprendra pas. Et Mayakin ne comprendra pas non plus, tandis qu'il travaille saintement avec son filleul indocile.

« Pourquoi te vantes-tu ? », dit Foma en éclatant. « De quoi as-tu donc à te vanter ? Ton fils… où est-il ? Ta fille… qu'est-elle ? Pouah ! toi, dispensateur de la vie ! Allons, à présent, tu es intelligent, tu sais tout — dis-moi, pourquoi vis-tu ? Pourquoi amasses-tu de l'argent ? Tu ne vas donc pas mourir ? Eh bien, alors quoi ? »

Et Mayakin se trouve lui-même sans voix, incapable de répondre, mais il n'est ni ébranlé ni convaincu.

Ayant hérité la nature farouche, de taureau, de son père, plus la passivité indomptable et le caractère tâtonnant de sa mère, Foma, fier et révolté, est rebuté par l'environnement égoïste, avide d'argent dans lequel il est né. Ignat son père et Mayakin, son parrain, et toute la horde des marchands ayant réussi qui chantent le péan des forts et les louanges du laissez-faire sans merci ni remords, ne peuvent l'attirer. Pourquoi ? demande-t-il. C'est un cauchemar, cette existence ! Elle est dépourvue de signification ! Qu'est-ce que tout cela veut dire ? Qu'y a-t-il en dessous ? Quel est le sens de ce qui se trouve en dessous ?

« Tu as raison de plaindre les gens », dit Ignat à Foma, le garçon, « seulement tu dois te servir de ton jugement en même temps que de ta pitié. Examine d'abord l'homme, découvre comment il est, quel usage on peut faire de lui ; et si tu vois que c'est un homme fort et capable, aide-le à condition d'en avoir envie. Mais si un homme est un faible, qui n'a pas envie de travailler — crache dessus et passe ton chemin. Et tu dois savoir que lorsqu'un homme se plaint de tout, pleurniche et gémit, — il ne vaut pas un sou, il ne mérite pas la pitié et il ne te servira à rien si tu lui viens en aide. »

Tel est le franc discours d'un adepte du commerce, hurlé entre des rasades de liqueurs fortes. Vient alors Mayakin qui parle avec douceur et sans se moquer : « — Eh ! mon garçon, qu'est-ce que c'est qu'un mendiant ? Un mendiant est un homme qui est forcé par le destin, à nous rappeler le Christ ; c'est le frère du Christ. Il est la cloche du Seigneur, il tinte pour éveiller notre conscience, pour secouer la satiété de la chair de l'homme. Il se met sous la fenêtre et chante : "Pour l'amour du Christ !", et il nous rappelle ainsi le Christ, son Saint Commandement d'après lequel nous devons aider notre prochain. Mais les hommes ont arrangé leur vie de telle sorte qu'il leur est absolument impossible de vivre en accord avec les enseignements du Christ, et Jésus-Christ est devenu pour nous complètement superflu. Non pas une fois, mais, selon toute probabilité, mille fois, nous l'avons livré pour être crucifié, mais cependant nous ne pouvons Le bannir de nos vies aussi longtemps que Ses frères pauvres chantent son nom dans les rues et nous font penser à Lui. Et ainsi, à présent, nous avons eu l'idée d'enfermer les mendiants dans des bâtiments spéciaux, de sorte qu'ils ne puissent errer dans les rues et réveiller nos consciences. »

Mais Foma n'aura rien de tout cela. Il ne doit être ni stimulé ni cajolé. Sa nature le pousse à chercher la lumière. Il lui faut de la lumière. Et dans un état de révolte ardente il s'en va à la recherche du sens de la vie. « Ses pensées embrassaient tout le menu peuple qui peine dur. C'était étrange — pourquoi vivaient-ils ? Quelle satisfaction éprouvaient-ils à vivre sur la terre ? Tout ce qu'ils faisaient, c'était d'accomplir leur tâche malpropre et dure, de manger pauvrement. Ils étaient misérablement sales, portés à l'ivrognerie. L'un d'eux avait soixante ans, il peinait côte à côte avec les jeunes gens. Dans son imagination, Foma les voyait comme un immense amoncellement de vers qui grouillait sur la terre à seule fin de manger. »

Il devient la vivante interrogation sur la vie. Il ne peut pas commencer à vivre sans savoir ce que la vie signifie, et il cherche cette signification en vain. « Pourquoi devrais-je essayer de vivre une vie quand je ne sais pas ce que c'est que la vie ? », objecte-t-il lorsque Mayakin s'efforce d'obtenir de lui qu'il retourne diriger ses affaires. Pourquoi des hommes devraient-ils aller chercher des choses pour lui ? Être ses esclaves et ceux de son argent ?

« Le travail n'est pas tout pour un homme », dit-il, « il n'est pas vrai que la justification se trouve dans le travail… Il y a des gens qui ne travaillent pas de toute leur vie — et cependant ils vivent mieux que ceux qui besognent. Pourquoi cela ? Et quelle justification en ai-je ? Et comment tous ceux qui donnent leurs ordres se justifieront-ils eux-mêmes ? Dans quel but ont-ils vécu ? Mais mon idée, c'est que tout le monde devrait immanquablement savoir d'une façon certaine pour quelle raison il vit. Est-il possible qu'un homme soit né pour travailler dur, amasser de l'argent, construire une maison, avoir des enfants, et… mourir ? Non. La vie a un sens en elle-même… Un homme est né, a vécu, est mort — pourquoi ? Nous devons tous réfléchir à la raison pour laquelle nous vivons, par Dieu, nous le devons ! Il n'y a pas de sens à notre vie — il n'y a de sens à rien. Certains sont riches — ils ont à eux assez d'argent pour mille personnes — et ils vivent sans rien faire. D'autres se courbent toute la vie sur leur tâche, et ils n'ont pas un sou. »

Mais Foma ne peut être que destructeur. Il n'est pas constructeur. L'esprit nébuleux et tâtonnant de sa mère, la malédiction de son environnement font trop lourdement pression sur lui, et il est écrasé jusqu'à la débauche et à la folie. Il ne boit pas parce que la liqueur lui paraît avoir bon goût. Il ne trouve aucun charme aux compagnons abjects qui pourvoient à la satisfaction de ses bas appétits. Tout cela est entièrement méprisable et sordide, mais c'est là que le conduit sa quête, et il va où le conduit sa quête. Il sait que tout est mal, mais il ne peut rien y changer, il ne peut pas dire pourquoi. Il ne peut qu'attaquer et démolir. « Quelle justification avez-vous tous, devant Dieu ? Pourquoi vivez-vous ? », demande-t-il à une réunion de marchands, de gens qui ont réussi dans la vie. « Vous n'avez pas créé de vie — vous avez creusé une fosse d'aisances ! Par vos actions, vous avez disséminé la pourriture et les exhalaisons malodorantes. Avez-vous seulement un peu de conscience ? Est-ce que vous vous souvenez de Dieu ? Mais vous avez surpassé votre conscience ! » Rappelant le cri d'Isaïe : « Allez, à présent, hommes riches, pleurez et gémissez à cause des infortunes qui vont fondre sur vous », Foma pousse celui-ci : « Buveurs de sang ! Vous vivez de la force des autres ; vous travaillez avec les mains des autres ! Pour tout cela, on doit vous faire payer ! Vous périrez — vous devrez comparaître pour rendre des comptes ! Pour tout — jusqu'à la dernière petite larme ! »

Abasourdi par ce gâchis qu'est la vie, incapable de lui trouver un sens, Foma pose des questions, mais les pose en vain, soit sur Sofya Medyinsky dans son salon de beauté, ou dans les profondeurs malsaines du cœur de la première courtisane venue. Linboff, dont les livres sont en contradiction les uns avec les autres, ne peut rien pour lui ; pas plus que les pèlerins entassés dans des

162

bateaux bondés, pas plus que les rimailleurs et les prostituées rencontrés dans les cabarets et les bouges. Et ainsi, toujours en quête, pesant le pour et le contre, perplexe, étonné, se laissant aller au tourbillon de la vie, démentiel de l'existence, dansant la danse de la mort, cherchant à tâtons un quelque chose qui n'a pas de nom, restant vague, la formule magique, l'essence, le fait intrinsèque, le jet de lumière dans la boue et les ténèbres — bref, la sanction rationnelle de l'existence — Foma sombre dans la folie et la mort.

Ce n'est pas un joli livre, mais une magistrale interrogation sur la vie — non pas sur la vie universelle mais sur une vie particulière, la vie sociale d'aujourd'hui. Il n'est pas charmant ; et la vie sociale d'aujourd'hui ne l'est pas. On repose le livre écœuré — écœuré de la vie avec « tous ses mensonges et ses appétits ». Mais c'est un livre sain. Sa peinture de la maladie sociale est si terrible, celle-ci s'y trouve dépouillée si impitoyablement des blandices du vice que sa tendance en faveur du bien ne peut être que bonne. Il aiguillonne la conscience assoupie des hommes pour les faire participer à la bataille pour l'humanité.

Mais on ne raconte aucune histoire, objectera-t-on, rien ne se termine. Certes, lorsque Sacha se jette par-dessus bord pour nager vers Foma, il se passe quelque chose. Cela était lourd de possibilités. Cependant cela ne se termine pas, ne se dénoue pas. Elle l'abandonne pour partir avec le fils d'un riche fabricant de vodka. Et tout ce qu'il y avait de meilleur en Sofya Medyinsky s'est trouvé réveillé quand elle a posé sur Foma le regard de la Mère. Elle aurait pu être dans sa vie une force en faveur du bien, elle aurait pu y faire entrer la lumière et l'élever jusqu'à la sécurité, l'honneur et la compréhension. Mais elle est partie le lendemain et il ne l'a jamais revue. Aucune histoire n'est racontée, rien ne se termine.

Ah ! mais sûrement l'histoire de Foma Gordyéeff est racontée ; sa vie se termine, comme tous les jours des vies se terminent autour de nous. En outre, c'est ainsi que va la vie, et l'art de Gorki est à base de réalisme. Mais c'est un réalisme moins ennuyeux que celui de Tolstoï et de Tourgueniev. Il vit et respire d'une page à l'autre avec un élan et une fougue auxquels ces auteurs ont rarement atteint. Ils ont laissé tomber leur toge sur les jeunes épaules de Gorki, et celui-ci promet de la porter d'une manière royale.

Même dans ces conditions, cette vie de Foma Gordyéeff est si désemparée, si désespérante, si terrible que nous éprouverions pour Gorki un profond chagrin si nous ne le savions pas sorti de la vallée des Ténèbres. Il a l'espoir, nous le savons, sinon il ne serait pas actuellement en train de croupir dans une prison russe pour avoir eu le courage de vivre selon son espérance. Il connaît la vie, il sait pourquoi et comment on doit la vivre. Et pour conclure, une seule chose est manifeste : ce livre n'est pas le simple exposé d'un problème intellectuel. Car Foma Gordyéeff a vécu comme a vécu Gorki, en interrogeant la vie, dans la sueur, le sang et le travail.

IX

LINCOLN, HOMME DU PEUPLE,
d'EDWIN MARKHAM

Critique parue dans The San Francisco Examiner, *supplément magazine, du 10 novembre 1901 sous le titre* Lincoln the Man of the People. *Publié par Mc Clure Phillips and Co, New York 1901, c'est le deuxième des quatre recueils de poèmes d'E. Markham (1852-1940). On lui doit plusieurs anthologies poétiques et une compilation critique* : The Real America in Romance (*15 vol. 1909-1927*).

Lorsque *l'Homme à la houe*[1] s'empara du monde entier par surprise, il fut considéré par beaucoup de gens comme une lueur éblouissante, la seule étincelle de génie brillant en tous sens, le seul chant de ce Markham et un chant qui fut chanté. Paraît à présent son second volume, *Lincoln et autres poèmes*, une gerbe de chants qui démentent des opinions hâtives et des jugements erronés. Car la voix de Mr Markham est forte et claire. Il ne joue pas sur son flûtiau des chants tremblants, il ne chante pas à contrecœur, et il ne se rappelle pas avec regret la grandeur et la gloire des choses passées. Son thème, c'est l'Ici, le Maintenant

---

1. *The Man with His Hoe* (l'Homme à la houe). New York, Doxey's, 1899. Son premier recueil de poèmes, inspiré par le célèbre tableau de Millet : *l'Angelus*.

et le Futur. La passion et la prophétie sont, d'après ce qu'il dit, de la joie et un grand bonheur, et ses paroles emportent sur leurs ailes des messages d'Amour et d'Espoir, de Camaraderie et de Fraternité.

Il croit en la jeunesse du monde et ce n'est qu'émerveillement et délices. Toutes choses sont encore jeunes. L'homme et le monde viennent de terminer leur adolescence ; ils commencent à peine à se réaliser. L'aube exerce sur lui une merveilleuse fascination. D'un bout à l'autre de ses poèmes, il se délecte de sa beauté et de son éclat. Il y trouve une belle et radieuse promesse, comme dans ce vingtième siècle il trouve le monde arrivant juste à son aube. La « Muse du Travail » chante pour le monde, et il en est de même pour lui :

> *Le premier chaleureux élan de ravissement dans mon chant*
> *La première vague lueur matinale sur ma chevelure.*

Le premier poème de ce nouveau volume, *Lincoln, l'homme du peuple* est, aussitôt après *l'Homme à la houe* la chose la plus remarquable que Mr Markham ait écrite. Car de Lincoln, l'homme qui a dit : « Dieu doit avoir aimé le petit peuple, il l'a créé en si grand nombre », il fallait un homme comme Markham pour en exprimer pleinement l'appréciation et la compréhension. Lorsque la déesse Norne créa Lincoln, « un homme qui réponde aux besoins des mortels »,

> *« Elle prit l'argile foulée de la grand route*
> *Argile encor tiède de la douce chaleur de la Terre,*
> *Y injecta un trait de prophétie*
> *Puis mêla un éclat de rire à cette matière sérieuse*
> *La couleur du sol, de la terre rouge, était en lui*
> *La saveur et l'odeur des choses primitives*
> *La droiture et la patience du roc*
> *La gaieté du vent qui agite les épis*
> *Le courage de l'oiseau qui ose se risquer sur la mer*
> *La justice de la pluie qui aime toutes les feuilles. »*

Quelle façon plus splendide de caractériser le « Grand Émancipateur » ? Elle va droit à notre cœur, à nous qui connaissons et aimons notre Lincoln, elle nous fait venir les larmes aux yeux. « Alors un éclat de rire vient se mêler à la matière sérieuse. »

> « *Il tenait sa place*
> *Maintenait son long dessein comme un arbre qui grandit*
> *Le maintenait malgré les blâmes sans se laisser griser par les éloges.*
> *Et quand il tomba dans un tourbillon, il s'abattit*
> *Comme lorsqu'un cèdre royal aux rameaux verdoyants*
> *S'abat sur les collines avec un grand cri,*
> *Et laisse une place vide contre le ciel.* »

Sans oublier pour autant « O Captain, My Captain » de Walt Whitman, poème trempé de larmes et entrecoupé de sanglots étouffés, il n'est pas exagéré de déclarer que dans le *Lincoln* de Mr Markham, le dernier mot a été dit. Le poème lui-même est « d'une étoffe à durer des siècles ». Dans les siècles à venir, il est inévitable qu'il reste associé au nom de Lincoln. Si son auteur n'avait pas d'autres titres à la gloire, celui-ci suffirait. C'est une biographie inspirée, un portrait impérissable, et il durera aussi longtemps que durera le souvenir de Lincoln.

Mais il y a d'autres poèmes, et importants, dans ce dernier recueil. Il s'ouvre magnifiquement sur *le Semeur*, poème écrit après avoir vu le tableau de Millet portant ce titre. Bientôt le grillon solitaire près de la pierre va commencer à faire taire la nuit et, amenée par un souffle léger, la senteur des champs va emplir le bleu qui s'efface. Les vieilles odeurs des sillons que connaissait l'Eden antique.

Et là-haut, dans le crépuscule, on entendra le bruissement d'ailes d'un oiseau regagnant son nid.

La vraie qualité poétique s'insuffle dans une large mesure comme en témoignent ces quatre strophes :

« Les voix s'élèvent de la poussière de Tyr,
De Baalbek et des pierres de Babylone
Nous avons élevé nos colonnes sur l'ambition
Nous avons péri sous le regard enflammé du soleil.

L'éternité était sur la pyramide
L'immortalité sur la Grèce et sur Rome
Mais en elles se cachait le Traître antique
Elles chancelaient comme une écume instable.

Il n'y avait pas de fondement à leurs espoirs ambitieux.
La voix de Thèbes n'est plus qu'un cri dans le désert
Une araignée barre la route de sa toile
Là où les légions de Carthage faisaient retentir le sol.

Un butor crie là où jadis retentissait le rire de la blonde
Hélène
Un chardon penche la tête là où la foule se répandait sur le
Forum
Un lézard monte sur une tige et prête l'oreille
Là où jadis le Colisée grondait de voix. »

M. Markham jeta un coup d'œil dans « l'abîme de Wall street » au temps où la Northern Pacific s'éleva vers le ciel et où le marché devint fou :

« Je vois un enfer de visages qui émergent et tourbillonnent
Comme un maëlstrom dans l'océan — des visages maigres
Émaciés comme les serres d'un vautour —
Des faces brûlantes comme celles des loups
Qui guettent le voyageur s'enfuyant dans la nuit
Visages sinistres contractés et effondrés
Labourés profondément comme l'écorce du chêne rongée par
les intempéries
Visages tirés comme ceux des morts
Vieillis soudain tout près de la Terre.

Oh ! plus sains sont les cœurs qui mènent une vie calme !
Trois fois plus heureux ceux qui loin de ces temps violents
Grandissent doucement comme les pommes d'un arbuste.
Plus sage le laboureur qui dans son champ retourne
De son sac rapide un nouveau sillon bien droit.
Plus sage le berger sifflant de tout son cœur
Dans les ombres longues du crépuscule
Plus sage le pêcheur à la main ferme
Offrant sa voile au léger vent du soir. »

Pendant bien des mois, Mr. Markham a été considéré comme pessimiste. Mais on ne peut accepter ce jugement pour peu qu'on lise ses poèmes. Ses paroles sont chaudes de Foi et d'Espérance. Il professe une foi inébranlable dans un nouveau ciel et une terre nouvelle, une humanité renouvelée, une démocratie plus complète, une fraternité plus large. Ou bien M. Markham n'est pas pessimiste, ou bien alors le pessimisme a perdu ce qu'il avait de mauvais pour devenir quelque chose de bon qu'il faut rechercher.

De la première à la dernière ligne, d'un bout à l'autre, il est optimiste. Cependant, il ne s'agit pas de l'optimisme béat et suffisant des petits hommes égoïstes, sans âme, mais de l'optimisme au grand cœur de celui qui agit et combat, qui s'efforce de triompher des coups et des obstacles. Le monde est excellent, M. Markham l'affirme, mais il pourrait être encore meilleur. Faisons tout pour qu'il le soit.

C'est un mécontentement, mais ce n'est pas celui du pessimisme. C'est un noble mécontentement qui est le secret du progrès. Seuls les pusillanimes sont satisfaits. Les désirs du cœur sont les mécontentements divins. Celui qui n'est pas satisfait est le seul à faire des choses. Celui qui est satisfait ne fait rien. L'absence de satisfaction est le stimulant de la réalisation. La satisfaction est destruction et l'antichambre de la mort.

Et, pour cette raison, M. Markham a une roi sublime dans le sol. Il y trouve les actions ébauchées, les chefs de demain, le pouvoir et la gloire de l'homme et de la vie. Il trouve plus de plaisir dans la fréquentation du vacher et du laboureur que dans les pompes et les fêtes des cours et des rois — d'un côté c'est la force et la vertu du sol, dans l'autre le vide du trompe-l'œil et l'impotence de l'âge. Les vieilles gens et les vieilles idées ne conviennent pas au monde jeune d'une humanité jeune. Il doit y avoir de la fraîcheur et de la nouveauté ; il doit y avoir de la vigueur et de la virilité, des coups massifs pour la Cause et de hauts faits ; et il doit y avoir des rêves dorés et des idéaux attrayants qui se traduisent en faits vivants. La fibre dure, teutonique, de son être, assagie et sublimée par les chaleurs de vingt siècles continue à voir dans le monde un terrain de combat, non pour le désir et la conquête, mais pour le Droit et la Justice.

Il y a un nouveau Sphinx surveillant la route ! Son nom est le travail, et le monde doit entendre — doit entendre et répondre à sa terrible question — oui. Ou périr comme les tribus d'hier.

Il croit dans l'homme moyen, et dans la brillante destinée et que celui qui s'interpose doit périr. Il insuffle dans sa période ce qu'il croit et le But est écrit en gros caractères. Il n'est pas « le chanteur oisif d'un jour vide ». La vie n'est pas la vie sans un but, c'est la mort au milieu de la vie. Celui qui s'interpose ainsi est mort, mort et condamné, et damné. Quant à l'homme ordinaire :

> « Ce n'est pas à lui qui titube comme une motte de terre sans but
> Car avec le geste auguste d'un dieu
> Un geste qui est une question et un ordre,
> Il lance de sa main le pain de l'action
> Et dans un geste passionné lance
> Son ressentiment féroce à la face des rois.

* * *

> C'est le dieu de la Terre du dernier jour
> Montrant avec une joie solennelle le chemin qui monte.

* * *

La Démocratie dont la démarche révolutionnaire assurée
ébranle les royaumes jusqu'à la dernière pierre sur laquelle
ils assoient leur fierté. »

Tout maître doit avoir eu lui-même un maître, mais au point de vue du style, quel maître avait eu M. Markham ? Ce serait une tâche difficile et probablement vaine d'essayer de le découvrir. M. Markham est ce qu'il est, et si près de l'être qu'un homme grégaire peut l'être. Sa puissance est à lui, sa manière d'agir la sienne. Tandis qu'il est remarquable pour l'étendue de ce qu'il embrasse, un caractère vivant et concret est le propre de son œuvre. Ses phrases résonnent comme des appels de trompette, et il y a un mouvement épique dans ses conceptions, dans ses images. Et ses images, toujours nettes, nettement dessinées, ont en elles tout le caractère primitif des éléments et de la terre. « Avec le vent du rire et la pluie de la joie », « Le tonnerre et le tremblement de terre sont là de l'autre côté de la porte »... si bien qu'il saisit et utilise les grandes forces naturelles, toutes puissantes, pour plaire ou terrifier, qui se sont inscrites dans l'héritage de la race.

Nous avions eu les rois et les empereurs couronnés de lauriers, les héros et les races, et maintenant arrive M. Markham, l'homme ordinaire couronné de lauriers. Nous avions eu les *Hommes d'Angleterre* de Shelley, les *Chants du Travail* de Morris mais leurs plus ardents admirateurs doivent reconnaître qu'ils n'ont jamais chanté le chant du travail comme le fait M. Markham. Il est lui-même la « Muse du Labeur » et il prêche parfaitement l'évangile et la dignité du travail. Pour lui : « Plus que la fumée d'encens s'élevant jusqu'en haut du clocher [texte manquant] Est un champ bien labouré et un clou planté à sa place. »

Et comme il dit quelque part, « le Livre des Rois est clos, et le Livre du Peuple est en train de s'ouvrir ».

On ne peut mieux conclure cette étude de l'œuvre de M. Markham que par ce qu'il a dit sur lui-même :

« Donnez-moi le contact du cœur avec tout ce qui vit
Et la force de dire ce que j'ai à dire
Mais si cette grâce m'est refusée, donnez-moi
La force de vivre sans être entendu. »

X

L'ORFÈVRE DE NOME,
de SAM CLARKE DUNHAM

En plus d'une méthode pour acquérir la pratique rapide de la sténographie (1894), Sam C. Dunham (1855-1920) a publié trois volumes de poèmes inspirés par la Ruée vers l'or de 1898 : Just Back from Dawson *(1899),* The Goldsmith of Nome *(Washington, The Neale Publishing Co, 1901) et* The Man Who Blaze the Trail *(1913). L'appréciation de London était citée par l'éditeur de* l'Orfèvre de Nome, *dans des placards publicitaires postérieurs à la sortie du livre, précédée de la mention : « Ce que J. London, l'auteur du* Grand Silence Blanc *et autres livres, en pense — il a été là-bas, lui aussi. »*

Il y a de cela longtemps j'ai lu votre rapport sur le Klondike[1] dans le Bulletin du Department of Labor et ensuite votre article sur Nome[2]. Puis j'ai découpé dans le *San Francisco Examiner* votre *Complainte du vieux chercheur d'or*, et je

---

1. *The Alaska Goldfields*, dans *U.S. Department of Labor Bulletin*, 1898.
2. *The Yukon and Nome Goldfields*, dans *U.S. Department of Labor Bulletin*, 1900. Nome, ville maritime de l'Alaska, avait connu peu après Dawson une mini-ruée vers l'or déclenchée par la découverte de paillettes dans le sable de la plage.

l'ai lue à tous les aventuriers que j'ai pu rencontrer. Vous voyez donc que nous ne sommes pas l'un pour l'autre des inconnus. Et maintenant je viens de lire *l'Orfèvre de Nome*. Je ne trouve pas de mots pour vous dire combien ce texte m'a plu, mais je peux dire ceci : vos vers donnent l'impression la plus vraie sur le Grand Nord. Pour cette raison même qu'ils ne font pas vibrer quoi que ce soit dans le cœur de ceux qui n'ont pas mené la vie du Grand Nord. *Juste de retour de Dawson, Depuis que je suis revenu de Dawson* et *Je m'en retourne à Dawson*. J'ai lu et relu ces trois poèmes et je sais qu'il me serait impossible de partager l'immense joie qu'ils m'ont causée avec quiconque qui ne serait pas un vieil aventurier du Pays de l'or. Mes propres sentiments quand je pense au Grand Nord, personne ne peut les comprendre. Comment cela vous frappe-t-il ? Ah ! je reprends le passage. Cela vous a frappé et profondément ; car, voilà que je lis :

« Car les gars de là-bas n'attendent pas anxieusement ce que j'ai à dire. »

Et

« Quand vous tracez le chemin qui mène au pays blanc et silencieux
Et je sais que quand vous aurez lu vous sentirez et comprendrez ? »

XI

MORT, KIPLING ? IL RESSUSCITERA !

Paru sous le titre These Bones Shall Rise Again *dans* Reader,
juin 1903 et recueilli en 1910 dans Revolution. *Rudyard
Kipling est mort, on le sait, en 1936.*

Rudyard Kipling, « prophète de sang et de vulgarité, prince
des éphémères et idole du non-élu » — comme dit en gloussant
de joie un critique de Chicago — est mort. Cela est vrai. Il
est mort, mort et enterré. Et une armée voltigeante d'hommes
babillards, de petits hommes, d'hommes qu'on ne regardait
même pas, l'ont recouvert de pages non coupées de *Kim*[1], l'ont
enveloppé, en guise de linceul, dans *Stalky & Co*[2] et ont gravé
sur sa pierre tombale les vers les moins conventionnels de *la
Leçon*[3]. C'était très facile. La chose la plus simple du monde.
Et les messieurs voltigeants et babillards se frottent les mains,
étonnés, et se demandent pourquoi ils ont attendu si longtemps,
c'était tellement simple.

Mais les siècles à venir, sur lesquels les messieurs voltigeants,
babillards, sont enclins à discourir longuement auront leur mot à
dire à ce sujet. Et quand les générations futures se tourneront vers

1. *Kim* (1901), roman paru en français au Mercure de France.
2. *Stalky and Co.* (1899), paru en français au Mercure de France.
3. *The Lesson* (1901). Poème recueilli en 1903 dans *Five Nations*.

le XIXᵉ siècle pour découvrir quel genre de siècle c'était — pour découvrir, non pas ce que les gens du XIXᵉ siècle croyaient penser, mais ce qu'ils pensaient en réalité, non pas ce qu'ils croyaient devoir faire, mais ce qu'ils faisaient en réalité, alors on lira un certain homme, Kipling — et on le comprendra. « Ils s'imaginaient le comprendre, ces gens du XIXᵉ siècle », diront les générations futures, « et alors ils pensèrent qu'il n'y avait rien à comprendre en lui, et ensuite ils ne surent plus ce qu'ils pensaient ».

Voilà qui est trop sévère ; mais s'applique seulement à cette catégorie d'individus qui joue un rôle plus ou moins semblable à celui de la plèbe de la Rome antique.

C'est la masse instable et grégaire, toujours à califourchon sur la barrière, toujours prête à tomber d'un côté ou de l'autre et à y regrimper sans la moindre gêne ; qui vote démocrate à une élection et républicain à la suivante ; qui découvre et hisse sur le pavois aujourd'hui un prophète qu'elle lapidera peut-être demain ; qui pousse des clameurs d'admiration pour le livre que tout le monde lit, pour la seule raison que tout le monde le lit. C'est le troupeau où règnent la fantaisie et le caprice, la marotte et la mode, c'est la masse instable, incohérente, parlant et pensant comme la foule, les « singes », excusez-moi, du temps présent. Aujourd'hui, ils lisent *la Ville Éternelle*[4]. Hier ils lisaient *le Chrétien*[5] et quelques jours plus tôt, c'était Kipling. Oui, honte pour lui, ces gens le lisaient. Mais ce n'était pas de sa faute. S'il avait dépendu d'eux, il aurait bien mérité de mourir et de ne plus jamais ressusciter. Mais pour eux, soyons justes, il n'a jamais vécu. Ils le croyaient en vie, mais il était déjà aussi mort qu'il l'est aujourd'hui et le sera à jamais.

Lui n'y pouvait rien car il était devenu à la mode, et c'est facilement compréhensible. Quand il se coucha, luttant corps à corps avec la mort, ceux qui l'aimaient eurent du chagrin. Ils

4. *The Eternal City* (1901), roman de l'écrivain populaire anglais Sir Thomas Henry Hall Caine (1853-1931).
5. *The Christian* (1897), roman de Hall Caine.

étaient beaucoup et d'innombrables voix, depuis les rivages des Sept Mers, clamèrent leur peine. Sur quoi, cette classe à l'esprit obtus commença vite de s'informer sur cet homme dont tant de gens portaient le deuil. Si tout le monde portait le deuil, ils se devaient d'en faire autant. Et ainsi une grande lamentation s'éleva. Chacun stimulait le chagrin de l'autre et ils se mirent tous en secret à lire cet homme dont ils n'avaient jamais rien lu et proclamèrent qu'ils l'avaient toujours apprécié. Et le lendemain, sans perdre un instant, ils noyèrent leur chagrin dans un océan de romanesque historique puis oublièrent tout de lui. La réaction fut inévitable. Émergeant des flots où ils venaient de plonger, ils s'aperçurent combien ils l'avaient vite oublié, combien ils auraient dû avoir honte si les petits hommes voltigeants et babillards n'étaient pas venus dire : « Allons, enterrons-le ». Et ils le mirent dans un trou, rapidement pour qu'il soit hors de leur vue.

Et quand il se seront tapis dans leur propre petit trou, douillettement plongés dans leur dernier sommeil, les siècles futurs soulèveront sa pierre tombale et il réapparaîtra. Car, il faut le savoir : Cet homme *qui a rendu ce siècle impérissable, est lui-même impérissable*. Cet homme d'entre nous qui a retracé les faits saillants de notre vie, révèle nos pensées, et ce que nous sommes et ce que nous valons — cet homme sera notre porte-parole dans les siècles à venir et il le restera tant qu'il y aura des oreilles pour l'entendre.

Nous nous souvenons de l'homme des cavernes. Nous nous souvenons de lui parce qu'il a rendu son siècle impérissable. Hélas, nous conservons de lui un souvenir imprécis, collectif, parce qu'il a perpétué son siècle d'une manière imprécise, d'une façon collective. Il ne disposait pas d'un langage écrit, et nous a donc laissé des gravures grossières de bêtes et d'objets, des ossements sculptés et des armes de pierre. C'était là sa meilleure façon de s'exprimer. S'il avait gravé son nom en même temps que ces gravures de bêtes et d'objets, marqué ses os éclatés de son sceau personnel, signé ses armes de pierre de sa marque personnelle, nous nous souviendrions de cet homme en particulier. Mais il fit de son mieux, et nous nous souvenons de lui de notre mieux.

Homère prit sa place avec Achille et les héros grecs et troyens. Nous nous souvenons de lui parce que nous nous souvenons d'eux. Qu'il ait été un seul homme ou douze hommes, ou une douzaine de générations d'hommes, nous nous souvenons de lui. Et aussi longtemps que le nom de la Grèce se trouvera sur les lèvres des hommes, le nom d'Homère survivra. Tant d'autres noms associés à leur temps sont venus jusqu'à nous, davantage encore viendront s'y ajouter ; et nous devons y ajouter quelques-uns des nôtres, en témoignage de notre existence.

Parmi les artistes, seuls survivront ceux qui ont parlé justement de nous. Leur vérité doit être la plus profonde et la plus significative, leurs voix claires et fortes, nettes et cohérentes. Des demi-vérités et des vérités partielles ne passeront pas plus que les petites voix flûtées et les chants chevrotants. Leurs chants devront avoir une dimension cosmique. Ils devront se saisir des faits essentiels de notre existence et les mouler dans des œuvres artistiques durables. Ils devront dire pourquoi nous avons vécu, car faute de raison de vivre, croyez-le, pour les temps à venir, ce sera comme si nous n'avions jamais vécu. Ce qui était vrai pour les hommes qui vivaient il y a mille ans ne l'est plus pour nous aujourd'hui. Le roman de la Grèce par Homère est le roman de la Grèce au temps d'Homère. C'est indéniable. Ce n'est pas le nôtre. Et l'on ne peut pas attendre de celui qui de nos jours chante la romance de la Grèce d'Homère qu'il la chante aussi bien qu'Homère, ni qu'il chante notre histoire et chante notre romance le moins du monde. Le siècle de la machine diffère totalement des temps héroïques. Ce qui est vrai des armes automatiques, de la Bourse et des moteurs électriques ne peut être vrai des javelots lancés à la main et des roues de chars en pleine course. Kipling le sait bien. Il nous l'a dit toute sa vie, il l'a vécu toute sa vie dans son œuvre.

Ce qu'a fait l'Anglo-Saxon, il l'a rendu inoubliable. Et par Anglo-Saxon, il ne faut pas entendre seulement les habitants de cette petite île étroite au bord de l'Océan occidental. Anglo-Saxon désigne les hommes du monde entier qui parlent anglais et qui, par leurs institutions et traditions, sont plus particulièrement et plus nettement anglais que n'importe quoi d'autre. Ce peuple, Kipling l'a chanté. Sa sueur, son sang, son labeur ont fourni le thème de ses chants ; mais, sous-jacent à tous les thèmes de ses chants, se trouve le thème des thèmes, la somme de tous ces thèmes et quelque chose de plus, qui ne fait qu'un avec ce que recouvre toute la sueur, le sang et le labeur anglo-saxons : c'est-à-dire le génie de la race. Et c'est là sa dimension cosmique. L'éternelle vérité de la race, vérité également valable pour notre époque, il l'a saisie et moulée dans sa forme artistique. Il a saisi la note dominante de l'Anglo-Saxon, et il lui a donné la forme de rythmes merveilleux qui pour être chantés, demanderaient des jours et des jours.

L'Anglo-Saxon est un pirate, un voleur de terre et de mer. Sous son mince vernis de civilisé, il demeure ce qu'il était à l'époque des Morgan[6], des Drake[7], des William[8] et des Alfred[9]. Le sang et la tradition de Hengist et de Horsa[10] coulent dans ses veines. Au combat, il est sujet à ces crises de furie sanguinaire des Bersek[11] de jadis. Le pillage et le butin le fascinent au plus

6. Sir Henry Morgan (1635-1688). Pirate des Antilles, surnommé l'amiral des boucaniers en raison des raids contre Panama, Cuba et Maracaïbo qu'ils effectuèrent sous sa direction. Nommé Gouverneur de la Jamaïque en 1678 et anobli, il se montrera un farouche défenseur de la loi et l'ordre contre ses anciens collègues.

7. Sir Francis Drake (1543-1596). Amiral anglais qui incarne l'âge héroïque de la marine britannique et contribua à lui assurer la suprématie aux dépens des Espagnols.

8. Guillaume Ier dit le Conquérant (1027-1087). Duc de Normandie, puis roi d'Angleterre après avoir gagné la bataille de Hastings (1066).

9. Alfred le Grand (849-899). Roi saxon qui défendit l'Angleterre contre les Danois.

10. Hengist et Horsa : les deux frères qui, au ve siècle, furent les premiers rois Saxons d'Angleterre.

11. Bersek : guerrier et héros d'une légende scandinave qui, dans le feu d'une bataille, prit l'apparence d'une bête sauvage.

179

haut degré. L'écolier d'aujourd'hui refait le rêve de Clive[12] et de Hastings[13]. L'Anglo-Saxon a le bras fort et la main lourde et il possède une brutalité primitive bien à lui. Il y a dans son sang, un mécontentement, une insatisfaction qui ne le lui laissera aucun répit et le pousse à l'aventure à travers la mer et parmi les terres au milieu de la mer. Il ne se reconnaît jamais battu, d'où son surnom de « boule-dogue » et qui proclame à tous son entêtement. Il a « un certain souci de la pureté des moyens, ne désire pas de faux dieux, et ne jongle pas avec une fantasmagorie intellectuelle ». Il adore la liberté, mais ne l'accorde pas aux autres, il est opiniâtre, d'une énergie sans borne, et ne travaille que pour lui. Il est aussi un maître de la matière, un organisateur de la loi, et un administrateur de justice.

Et au XIXe siècle, il s'est montré digne de sa réputation. Comme il s'agissait du XIXe siècle et d'aucun autre, et dans la mesure où il était différent de tous les autres siècles, il s'est exprimé différemment. Mais bon sang ne peut mentir ; au nom de Dieu, de la Bible et de la Démocratie, il a parcouru la terre entière, s'emparant de vastes étendues de terre et de confortables revenus, établissant ses conquêtes par son simple courage, son esprit d'entreprise et son organisation hors de pair.

À présent, les générations futures cherchant à découvrir l'Anglo-Saxon du XIXe siècle et ses actes ne s'occuperont guère de ce qu'il n'a pas fait et de ce qu'il aurait aimé accomplir. C'est pour ce qu'il a réellement accompli qu'on se souviendra de lui. À l'égard de la postérité il revendiquera, pour le XIXe siècle, d'avoir maîtrisé la matière ; pour le XXe siècle, il aura, selon toute probabilité, organisé le monde — mais les Kipling du XXe ou du XXIe siècle chanteront cela. Le Rudyard Kipling du XIXe siècle a chanté « les choses telles qu'elles sont ». Il a

12. Robert Clive (1725-1774). Officier britannique. Entré à la Compagnie des Indes orientales à l'âge de dix-huit ans, il devint, après diverses batailles victorieuses, gouverneur du Bengale.
13. Warren Hastings (1732-1818). Gouverneur des Indes britanniques.

vu la vie telle qu'elle l'est, « il l'a saisie carrément », des deux mains et l'a longuement observée. Quel meilleur enseignement sur l'Anglo-Saxon et son œuvre que *les Bâtisseurs de ponts*[14] ? Quelle meilleure appréciation que *le Fardeau de l'homme blanc*[15]. Quant à la foi et aux idéaux bien nets — non pas « des enfants et des dieux, mais des hommes dans un monde d'hommes » —, qui a mieux prêché que lui ?

Tout d'abord, Kipling a glorifié l'homme d'action opposé au rêveur — l'homme qui agit, insensible aux chants oiseux des jours vides, mais qui va de l'avant et abat la besogne, le dos courbé, le front en sueur et les mains calleuses. Ce qu'il y a de plus caractéristique chez Kipling est son amour des réalités, son sens pratique très accusé, son profond respect pour les faits nets et péremptoires. Et pardessus tout, il a prêché l'évangile du travail, avec autant d'autorité que Carlyle. Car il l'a prêché non seulement dans les hautes sphères, mais auprès de gens du commun, devant la foule en sueur des hommes du commun qui entendant et comprennent, et cependant restent bouche bée devant l'éloquence boursouflée de Carlyle. Fais ce qui est à ta portée, mais fais-le de toutes tes forces. Peu importe quelle chose. Remplis ta tâche. Remplis-la et rappelle-toi Tomlinson, Tomlinson sans sexe et sans âme, à qui fut refusée l'entrée du Paradis. Pendant des siècles, des générations ont erré et cherché à tâtons dans les ténèbres. Il appartenait au siècle de Kipling de s'épanouir au soleil, d'établir en d'autres termes, le règne de la loi. De tous les artistes de son siècle, c'est Kipling qui a le mieux parlé de la loi dans les termes les plus achevés :

> « *Observe la Loi — Obéis promptement*
> *Délivre le pays du mal, trace la route et franchis le gué*
> *Donne à chacun son dû*

14. *The Bridge Builders* (1893). Nouvelle parue au Mercure de France.
15. *The White Man's Burden* (1899). Poème recueilli en 1903 dans *The Five Nations*.

Qu'il récolte ce qu'il a semé ;
Que la paix entre Nos Peuples apprenne aux hommes que
nous servons le Seigneur. »

Ainsi depuis la devise de Mc Andrew : « Loi, Ordre, Devoir et Sobriété[16] » jusqu'au dernier et au plus court de ses vers, qu'il soit dans *le Vampire*[17] ou *l'Hymne final*[18]. Et aucun prophète d'Israël n'a dénoncé plus haut les péchés du peuple ni ne l'a appelé au repentir en termes plus terribles.

« Mais il est vulgaire, il remue la boue de la vie », objectent les messieurs voltigeants et babillards, les disciples de Tomlinson. Allons, la vie n'est-elle pas vulgaire ? Pouvez-vous séparer les faits de la vie ? Elle a du bon et du mauvais ; mais qui peut écarter ses vêtements et dire « Je n'en suis pas ? » Pouvez-vous dire que la partie est plus grande que le tout ? que le tout est plus ou moins que la somme des parties ? Quant au limon de la vie, son odeur vous incommode ? Et après ? Ne vivez-vous pas en plein dedans ? Pourquoi ne la nettoyez-vous pas ? Réclamez-vous un filtre pour nettoyer seulement votre petite place ? Et, l'ayant nettoyée, êtes-vous en colère parce que Kipling a de nouveau fait remonter la vase ? Du moins, il a agité l'eau sainement, avec une vigueur soutenue et de la bonne volonté. Il n'a pas fait venir à la surface uniquement la lie, mais des valeurs plus significatives. Il a révélé aux siècles futurs nos mensonges et nos convoitises, mais aussi la noblesse qui accompagne nos mensonges et nos convoitises. Et il nous a dit aussi, il n'a cessé de nous dire d'être purs et forts, de marcher droit comme des hommes.

« Mais il manque de sensibilité », babillent les messieurs voltigeants. « Nous admirons son art et son intelligence brillante,

16. *Mc Andrew's Hymn* (1894). Poème recueilli en 1896 dans *The Seven Seas*.
17. *The Vampire* (1897). Poème recueilli en 1919 dans *Verse Inclusive Edition*.
18. *The Recessional* (1897). Poème recueilli en 1903 dans *The Five Nations*.

sa technique éblouissante et son sens rare du rythme ; mais …
il est totalement dépourvu de sensibilité. » Grands Dieux ! Que
doit-on entendre par là ? Devrait-il parsemer ses pages d'adjectifs
sentimentaux, à tant par paragraphe, comme le compositeur de
campagne les émaille de virgules ? Sûrement pas. Les petits
messieurs ne sont pas tout de même aussi tatillons. Les plus
grands humoristes, le fait est bien connu, ne sourient jamais de
leurs plaisanteries, même pas au moment crucial où l'auditoire
hésite entre le rire et les larmes.

De même avec Kipling. Prenez par exemple, *le Vampire*.
On s'est plaint qu'il ne contienne aucune trace de pitié pour
l'homme et sa ruine, aucune morale à en retirer, aucune
compassion pour la faiblesse humaine, aucune indignation
contre l'absence de cœur. Mais sommes-nous des élèves du
jardin d'enfants à qui l'histoire doit être contée en mots d'une
syllabe ? Ou bien sommes-nous des hommes et des femmes,
capables de lire entre les lignes ce que Kipling voulait nous
laisser deviner ? « Car une partie de lui-même vivait, tandis
que l'autre, la plus importante était morte. » N'y a-t-il pas
là toute la compassion du monde pour notre chagrin, notre
pitié, notre indignation ? N'est-ce pas la fonction de l'art que
d'éveiller en nous des états d'âme complémentaires de la
scène décrite ? La couleur de la tragédie est le rouge. L'artiste
doit-il également peindre un déluge de larmes et la pâleur d'un
visage ravagé par la douleur ? « Car une partie de lui-même
vivait, tandis que l'autre, la plus importante, était morte »
— le côté déchirant de la situation pouvait-il être traduit d'une
manière plus douloureuse ? Ou bien aurait-il mieux valu que
le jeune homme, dont une partie était vivante, mais dont la
plus importante était morte, montât sur la scène pour adresser
une homélie à l'auditoire en pleurs ?

Pour l'Anglo-Saxon, le XIXᵉ siècle a été remarquable à deux
grands points de vue ; la maîtrise de la matière et l'expansion de
la race. Trois grandes forces y contribuèrent : le nationalisme, le
commerce, la démocratie — l'affrontement des races, le *laissez*

faire[19] sans merci ni remords de la bourgeoisie dominante, et le gouvernement pratique et effectif des hommes dans les limites d'une égalité restreinte. La démocratie du XIXe siècle n'est pas celle dont avait rêvé le XVIIIe siècle. Ce n'est pas la démocratie de la « Déclaration des Droits », mais ce que nous avons pratiqué et avec quoi nous avons vécu la concilie avec le fait qu'il doit y avoir « le moins de races possible en dehors de la Loi ».

Ce sont ces tendances et ces forces du XIXe siècle que Kipling a chantées. Et il en a chanté le romanesque qui, sous-jacent à tout effort objectif le transcende et qui traite des impulsions raciales, des actes de la race et des traditions de la race. Même dans le langage chargé de vapeur de ses locomotives, il a exalté notre vie, notre esprit, notre destin. De même qu'il est notre porte-parole, ainsi sont-elles ses porte-parole. Et le roman de l'homme du XIXe siècle, comme l'ont exprimé au XIXe siècle, l'arbre de transmission et la roue, l'acier et la vapeur, les voyages lointains et l'aventure, Kipling l'a fixé dans des chants merveilleux que chanteront les siècles futurs.

Si le XIXe siècle est le siècle du Voyou, alors la voix de Kipling est celle du Voyou, aussi sûrement qu'il est la voix du XIXe siècle. Qui est le plus représentatif ? *David Harum*[20] est-il plus représentatif du XIXe siècle ? Est-ce Mary Johnston[21], Charles Major[22] ou Winston Churchill ? Est-ce Bret Harte#[23] ? William Dean Howells ? Gilbert Parker ? Lequel d'entre eux est-il essentielle-

19. En français dans le texte.
20. *David Harum* (1898). Roman posthume de l'écrivain américain Edward Noyes Wescott. Il a connu un énorme succès populaire en raison du héros : D. Harum. Banquier d'une petite ville des environs de New York, il symbolisait la décence et la sagacité de l'Américain moyen.
21. Mary Johnston (1870-1936). Femme de lettres américaine célèbre pour son roman *Prisoners of Hope* (1898) où elle évoquait la Virginie coloniale.
22. Charles Major (pseudonyme de Sir Edwin Caskoden, 1856-1913). Écrivain américain connu pour ses romans historiques.
23. Bret Harte (1836-1902). Fondateur de la revue de San Francisco, *The Overland Monthly* (où London publia en 1899 ses premières nouvelles

ment représentatif de la vie au XIXe siècle ? Si Kipling devait être oublié, se souviendrait-on de Robert Louis Stevenson à cause de *Docteur Jekyll et Mr Hyde*[24], *Enlevé*[25] et *David Balfour* ? Non pas. Son *Île au trésor*[26] deviendra un classique, à l'égal de *Robinson Crusoé, la Traversée du miroir*[27] et des *Livres de la Jungle*[28]. On se souviendra de Kipling pour ses essais, ses lettres, sa philosophie de la vie, pour lui-même. Il restera le bien-aimé, comme il l'a toujours été. Mais son droit à la postérité sera différent de celui que nous envisageons. Car chaque époque a son chantre. De même que Walter Scott a célébré le chant du cygne de la chevalerie et Dickens les inquiétudes de la bourgeoisie devant la montée de la classe marchande, Kipling a entonné, mieux que personne, l'hymne de la bourgeoisie dominante, la marche guerrière de l'homme blanc autour du monde, le péan triomphal du commercialisme et de l'impérialisme. Pour cette raison on se souviendra de lui.

OAKLAND, Californie.
Octobre 1901.

composant *le Fils du loup*). Auteur de poèmes et roman sur la Californie et l'ouest américain.

24. *The Strange Case of Dr. Jekyll and M. Hyde* (1866). En français : *Le Cas étrange du Dr Jekyll et de Mr. Hyde* [suivi] *de histoires non moins étranges*. Collection 10/18, n° 1044.

25. *Kidnapped !* (1886) et *David Balfour* (titre américain de *Catriona*, 1893). En français : *Les Aventures de David Balfour*, collection 10/18, n°s 1042 et 1043.

26. *Treasure Island* (1882). En français *L'Île au trésor*, collection Presses Pocket, n° 1447.

27. *Through the Looking-Glass* (1872), suite d'*Alice au pays des merveilles*, de Lewis Carrol.

28. *The Jungle Book* (1894), *The Second Jungle Book* (1895). Parus en français au Mercure de France.

185

LA CONCISION DU RÉCIT
ET LA SITUATION DANS LA NOUVELLE

Lettre (*Oakland, 13 octobre 1904*) *à Anna Strunsky, militante socialiste et écrivain* (*morte en 1964*). *London avait fait sa connaissance à l'automne 1899 à San Francisco, au cours d'une conférence socialiste prononcée par Austin Lewis. Elle écrivit avec London en 1903* : Rien d'Autre que l'Amour (*voir ce titre, dans la 3ᵉ partie ci-après*). *London critique ici une œuvre* (*non identifiée*) *qu'elle lui avait donné à lire.*

Il y a là un mouvement trop rapide et ce n'est pas assez étoffé. Cela a trop la forme d'une narration, et la narration, dans une nouvelle, n'est bonne que lorsqu'elle est à la première personne.

Le sujet mérite un plus long développement. Faites des scènes plus longues, avec des dialogues intercalés.

Et puis vous abandonnez trop soudainement, trop brusquement. Le récit n'est pas amené progressivement à sa conclusion, il est tranché à la hache.

Vous devriez travailler l'évolution de sa folie apparente, sa psychologie personnelle, la psychologie de la cruauté des idéalistes de l'Est — comme dans le récit que vous m'en avez fait de vive voix.

Bref, ma critique consiste à dire que vous avez pris un sujet splendide et que vous n'en avez pas tiré toute la splendeur. Vous en

avez la maîtrise (du sujet), la pleine maîtrise — vous *comprenez* ;
cependant vous ne faites pas partager votre compréhension au
lecteur. Et j'adresserais la même critique à toutes vos nouvelles
en général.

Rappelez-vous une chose : limitez une nouvelle au laps de
temps le plus bref — une journée, une heure, si possible — ou
bien si, comme cela se produit quelquefois avec les meilleures
nouvelles, une longue période doit être embrassée — des mois —,
contentez-vous de suggérer ou d'esquisser (incidemment)
l'écoulement du temps et ne racontez l'histoire qu'à ses moments
cruciaux.

En réalité, vous savez, le développement ne relève pas de la
nouvelle, mais du roman.

La nouvelle est un fragment détaché sans cassure de la vie,
un état d'âme, une situation ou une action uniques.

N'allez pas me considérer comme égocentrique si je vous
renvoie à mes nouvelles — je les ai sur le bout de la langue, je
gagne du temps en les citant. Ouvrez *le Fils du loup*[1].

Les huit premières histoires traitent de situations uniques,
bien que plusieurs embrassent des périodes assez longues — le
temps est indiqué et subordonné à la situation finale. Voyez-vous,
la situation est considérée essentiellement. Au début, le « Fils du
loup » a envie d'une femme, il va s'en chercher une ; la situation
consiste dans sa façon de la trouver.

La Prérogative du prêtre, c'est la scène dans la cabane — le
reste est une introduction, des préliminaires.

Bal masqué[2] n'est en aucune façon une bonne histoire.

« L'Odyssée du Nord », couvre une longue période racontée
à la première personne si bien que cette longue période (la vie
entière de Naass) est traitée en une heure et demie dans la cabane
de Malemute Kid.

---

1. *Le Fils du loup* (*The Son of the Wolf*, 1900) : premier ouvrage de
l'auteur. Collection 10/18, n° 1021.
2. Voir ce titre dans la 3ᵉ partie, ci-après.

Prenez *le Dieu de ses pères*[3] et ouvrez-le.

Première histoire, situation unique.

La Grande Interrogation — une situation unique dans la cabane où est traitée toute l'histoire passée d'un homme et d'une femme. Et ainsi de suite, jusqu'à la dernière histoire *Mépris de femmes*[4] — là, remarquez comment le temps est toujours esquissé et la situation traitée — cependant, ce n'est pas une nouvelle.

Et ainsi de suite et ainsi de suite.

Je vous envoie *le Nez*[5] car il faut bien rire un peu.

---

3. *The God of His Fathers* (1901), deuxième ouvrage de l'auteur. En français : *En pays lointain*, collection 10/18, n° 1285.

4. Voir ce titre dans la 3ᵉ partie ci-après.

5. *Un Nez pour le roi* (*A Nose for the King*, 1906). Nouvelle de l'auteur recueillie en français dans *En rire ou en pleurer*, Collection 10/18, n° 1022.

XIII

LE DÉLÉGUÉ SYNDICAL PERMANENT,
UNE DRAMATIQUE HISTOIRE
DU MONDE DU TRAVAIL,
de LEROY SCOTT

Paru sous le titre : The Walking Delegate, Leroy Scott's Dramatic Labor Story *dans* The San Francisco Examiner (*le 28 mai 1905*). *Ce premier roman de Leroy Scott* (*1875-1929*) *publié par Doubleday Page and Co, fut suivi de treize autres volumes, parmi lesquels* : Children of the Whirlwind (*1921*), Counsel for the Defense (*1912*) *et* N° 13 Washington Square (*1914*).

Voici une contribution significative à la littérature sur les conflits industriels : *le Délégué syndical permanent*, par Leroy Scott (Doubleday, Page & Co). Un document humain très significatif, venant à son heure, réaliste, et c'est encore le premier roman de bonne foi sur le monde du travail émergeant d'un flot de romans sur les travailleurs qui sont tout ce qu'on voudra, sauf de bonne foi. L'auteur prouve qu'il est très familiarisé avec son sujet — avec la vie des gens dont il parle, leur vie chez eux, au travail et dans les affaires.

Au premier abord, le *Délégué syndical permanent* est l'histoire d'un conflit entre un syndicat et un groupe d'employeurs. C'est aussi, s'il est permis de se risquer à deviner, une étude du personnage de Sam Parks, le célèbre chef des travailleurs, dont les agissements entachés de corruption, ont fait tant de tort au mouvement ouvrier tout en comblant d'aise tous les capitalistes, à l'exception de ceux qui ont été obligés de partager leurs profits avec Sam Parks et de contribuer à sa corruption.

Mais il y a plus qu'un aspect superficiel dans le *Délégué syndical permanent*. Ce livre comporte un récit, il a aussi sa profondeur. En fait, la description des conditions de travail et l'action sont tellement pittoresques que plus d'un lecteur captivé par l'intérêt et le côté vivant de l'histoire, pourra, c'est à craindre, le dévorer d'un bout à l'autre et méconnaître son enseignement — non, pas l'enseignement, plutôt les données sous-jacentes, les faits éthiques et économiques de la vie américaine d'aujourd'hui.

Le livre est transcrit d'après la vie, la vie du XXe siècle, à New York, où les gratte-ciel d'acier s'élancent dans les airs et constituent les pics dressés, les éperons saillants, les chaînes de montagnes dans la jungle de l'empire commercial. Les personnages du livre, cela cadre bien avec l'ensemble, sont les ouvriers en charpente métallique qui ont construit les gratte-ciel, les entrepreneurs qui ont dirigé leur travail selon les lignes définies par les architectes et les ingénieurs, le tout devant être payé ensuite sur le capital des propriétaires de l'édifice.

Comme d'habitude dans toutes les jungles, il y a dans cette jungle commerciale un conflit d'intérêts. Les propriétaires du capital tiennent à ce que les gratte-ciel soient construits le plus économiquement possible. Les entrepreneurs et les ouvriers exécutent le travail. Une fois achevé, le gratte-ciel est leur œuvre commune (représentée en dollars). Pour le partage de ces dollars, provenant de leur œuvre commune, entrepreneurs et ouvriers entrent en conflit. Les charpentiers veulent retirer le maximum du produit commun, ils essaient d'y parvenir par le moyen d'horaires plus courts et de salaires plus élevés. Les entrepreneurs sont opposés à la journée de travail plus courte et aux salaires plus élevés, car ces deux mesures tendent à diminuer le produit qu'ils retirent de leurs contrats.

Les entrepreneurs repoussent donc les demandes des charpentiers. Ceux-ci se mettent en grève ; les entrepreneurs tentent de briser la grève, alors le conflit prend naissance, le conflit du xxe siècle. L'homme primitif se battait pour le partage de la viande d'un animal tué. L'homme moderne se bat pour le partage d'une abstraction (des dollars et des cents) qui, à son tour, représente en pouvoir d'achat la viande qui peut être achetée, et en même temps, l'effort cérébral et musculaire dépensé en assemblant de l'acier et de la pierre pour leur donner la forme connue sous le nom de gratte-ciel. Telle est la différence entre l'homme dans la jungle primitive et l'homme dans la jungle moderne. Il se bat toujours pour la viande qui apaisera la faim lui tiraillant l'estomac.

Bien entendu, dans toute jungle humaine il doit exister des règles morales, et des violations à ces règles — des vertus idéales et des actes répréhensibles. Et dans n'importe quelle jungle prise en particulier, les actes répréhensibles doivent être spécifiques à celle-ci. La jungle commerciale du xxe siècle a son genre particulier d'acte répréhensible, et M. Scott l'a défini dans *le Délégué syndical permanent*. Peut-être M. Scott a-t-il travaillé plus adroitement qu'il ne le croit. Peut-être a-t-il simplement dépeint la vie telle qu'il l'observait et décrit le défaut saillant de la vie commerciale sans généraliser en disant qu'il s'agissait d'un défaut saillant. Il a peut-être atteint la vérité à l'aveuglette, grâce à un réalisme plein de confiance. Il a peut-être atteint la vérité délibérément, à travers la généralisation. Mais de toute façon, le résultat est le même : il a atteint la vérité.

Passons maintenant à cet acte répréhensible particulier de la jungle commerciale, tel qu'il est dépeint par M. Scott. C'est la trahison. La trahison, ou la perfidie, est le péché le plus fréquemment commis aujourd'hui dans la vie des affaires. C'est une espèce d'acte secret, caché, comme un serpent dans l'herbe, un acte dirigé contre un type pour lui faire du tort et qui n'est même pas digne de l'embuscade des anciens temps. Dans la jungle commerciale, des hommes falsifient adroitement la nourriture (pour en tirer profit) et tuent chaque année des milliers de bébés. En secret et avec perfidie. Hérode commettait le péché d'une façon plus primitive, tuait des milliers de bébés, mais il le faisait ouvertement et sans tricher. Dans la jungle commerciale, un homme vole un autre homme ; il le fait en secret et avec perfidie, par le biais d'un accord avec une compagnie de chemin de fer ou d'une ristourne. Le Capitaine Kidd[1] au contraire, agissait ouvertement et cartes sur table. Il arborait en haut de son grand mât un crâne et des tibias croisés, il s'emparait ouvertement et sans tricherie de la propriété d'autrui.

Une corporation a pour objectif de voler le peuple. En secret, avec perfidie, elle achète les législateurs. En secret, avec perfidie, les législateurs se laissent acheter pour voter les lois profitables à cette corporation, ils trahissent le peuple. La chose est faite, le peuple est spolié. Dans les temps anciens, tout se passait autrement. Un parti de pirates nordiques disait : « Allons dévaliser quelqu'un. » Alors ils mettaient à l'eau leurs minces bateaux de guerre et allaient débarquer sur quelque rivage étranger ; là, ils lançaient leur bélier sur les portes du château, escaladaient les murs, volaient ouvertement et sans se décontenancer, sous les yeux de Dieu.

En vérité, les vertus simples du franc parler, de la franchise, des actes au grand jour, sont passées de mode. Comme l'a dit M. Edward Alsworth Ross : « Le petit doigt de la Chicane est arrivé à être plus épais que le bras de la Violence. » Dans la jungle commerciale du XXᵉ siècle, le jeu de la vie consiste à tricher. La loi fournit les règles du jeu et punit les maladroits. La loi est l'arbitre qui juge de l'habileté et de la dextérité des tricheurs. Et tout cela parce que la société commerciale est basée sur la production en vue du profit. Si la société était basée sur la production pour rendre service, il n'y aurait plus ni perfidie ni tricherie. Mais ceci est une autre histoire.

1. Pirate anglais célèbre au XVIIᵉ siècle. Edgar Poe l'évoque au début du *Scarabée d'or*.

Le récit que nous avons sous les yeux est celui publié par M. Scott sous le titre : *le Délégué syndical permanent.* Tel est notre sujet, avec la tricherie et la perfidie qu'il relate. Buck Foley est le délégué permanent du syndicat des charpentiers en fer. Homme puissant, hardi, dépourvu de scrupules, il a fait de son syndicat une machine analogue à cette machine politique connue sous le nom de Tammany. Grâce à cette machine mise au point par lui, Buck Foley déclenche une grève ou la fait cesser, à son gré. Et ici intervient la tricherie de Buck Foley. Tout en combattant apparemment les entrepreneurs, au nom du syndicat, il vend secrètement et sans arrêt le syndicat aux entrepreneurs. Cet acte de tricherie et de trahison est appelé « corruption », un mot d'usage courant aujourd'hui aux États-Unis.

Tom Keating, homme honnête, membre du syndicat (et également héros de l'histoire), dégoûté par la corruption du délégué permanent, essaie de renverser Buck Foley et le système de corruption qu'il a institué. Tom Keating, naïf et honnête, va voir M. Baxter, l'un des entrepreneurs les plus importants. Tom Keating souhaite la coopération de M. Baxter et lui offre en échange la coopération d'un syndicat honnête purifié de toute corruption. M. Baxter en discute avec les ouvriers honnêtes, et simule lui-même l'honnêteté. À la fin de la conversation, il réserve sa décision et demande à Keating de revenir le voir pour la connaître.

La tricherie de M. Baxter ne tarde pas à intervenir. Il convoque immédiatement Buck Foley et dénonce le travailleur honnête qui s'efforce de constituer un syndicat honnête. Mais, cette tricherie de M. Baxter est forcément basée sur une tricherie antérieure. Voilà longtemps qu'il trahit ses collègues entrepreneurs. La conversation suivante entre lui et Buck Foley explique cette trahison :

« Vous faites deux fois plus d'affaires qu'il y a trois ans, dit Buck Foley à M. Baxter. Pour quelle raison avez-vous obtenu les contrats pour l'immeuble Atwell et l'hôtel Sewanee ? Les deux affaires qui vous ont procuré une situation prédominante à New York ? Parce que Driscoll, Bobbs et quelques autres n'avaient pas réussi à achever les travaux en cours dans le délai prévu au contrat. Et pourquoi n'y sont-ils pas parvenus ? Parce que vous ne vouliez pas qu'ils terminent dans les délais, qu'ils embauchent un bon nombre de bons à rien au passé douteux, et je leur ai donné leur ration de grèves.

— Vous n'avez tout de même pas fait cela pour mes beaux yeux, insinua M. Baxter sur un ton significatif.

— Bien sûr que non, pas plus que vous ne m'avez mis au courant au sujet de Keating par affection pour moi. »

Foley continuait.

« — Les gens qui veulent faire construire des immeubles ont découvert que vous terminiez dans les délais, et les autres pas. Si bien que vous avez décroché l'affaire. Pourquoi terminez-vous dans les délais ? Parce que je veille à ce que vous ayez les hommes les plus adroits du syndicat. Et aussi parce que je veille à ce que vous n'ayez pas de conflit du travail. »

Buck Foley se met à engager la bataille avec Tom Keating, le travailleur honnête. Mais Buck Foley ne se bat pas à visage découvert. Il va trouver M. Driscoll, qui emploie Tom Keating comme contremaître. Résultat de cette visite, Tom Keating est licencié. Alors, Tom Keating et M. Driscoll jouent cartes sur table.

« — Mon travail ne vous donnait donc pas satisfaction ? demande Tom Keating.

— Ce n'est pas une question de travail, répond M. Driscoll. Si cela peut vous faire plaisir, je reconnaîtrai que je n'ai jamais eu un contremaître qui obtienne des hommes un tel rendement, et d'aussi bonne qualité.

— Alors, vous me renvoyez parce que Foley vous en donne l'ordre.

— Si vous voulez savoir la vérité, c'est cela. Mais que puis-je faire ? Je suis prisonnier.

— Alors, combattez-le.

— J'ai essayé, répondit M. Driscoll sur un ton sarcastique, merci.

— Voilà comme vous êtes, vous, les patrons, s'écria Keating. Vous pensez plus aux dollars qu'à votre honorabilité. Vous êtes trop lâches pour vous en tenir à ce qui est juste.

Les yeux de M. Driscoll commencèrent par flamboyer. Puis il avala longuement sa salive.

— Je pense que vous n'êtes pas loin de la vérité. »

Tom Keating, le travailleur honnête, ne peut pas trouver de place. Chaque fois qu'il en déniche une dans sa spécialité (non plus comme contremaître, mais simplement ouvrier), Buck Foley va trouver son employeur et il est congédié. Dans ses recherches pour trouver du travail, Keating échoue par suite de manœuvres déloyales et perfides. Pour un employeur, payer un ouvrier au-dessous de l'échelle des salaires était interdit par l'association des employeurs ; il s'en trouva cependant un pour offrir à Keating trois dollars par jour au lieu du salaire syndical de trois dollars soixante-quinze.

« — Mais vous avez signé un accord pour appliquer le plein tarif ! s'écria Tom.

— Oh ! on signe des tas de choses.

Tom était sur le point de s'en aller, mais la curiosité prit le dessus sur son dégoût.

— Eh bien, supposons que je vienne travailler pour trois dollars, comment ferons-nous pour ne pas être découverts ?

— Je passe cet accord avec tous mes hommes. Samedi vous trouverez le salaire complet dans votre enveloppe. Quiconque vous voit ouvrir votre enveloppe peut constater que vous touchez plein salaire. Ensuite, vous me ristournez trois pièces de vingt-cinq cents. »

Dans cet exemple, l'employeur trahit l'association des employeurs, l'homme qui travaille pour lui trahit son syndicat. Inutile de le dire, Tom Keating n'accepta pas la place.

La tricherie constitue le jeu, et l'homme qui a confiance en qui que ce soit est un idiot et un maladroit. M. Baxter et Buck Foley communient dans une pourriture mutuelle de trahison, cependant ils ne se risquent pas à se faire confiance. M. Baxter charge Johnson, un membre du syndicat, d'espionner le syndicat et surtout Foley ; ainsi amène-t-il Johnson à trahir non seulement son délégué permanent, mais tous ses camarades.

Keating essaie d'être élu délégué permanent ; il obtient la majorité des voix, mais il est battu à cause de la duplicité et de la dépravation de Buck Foley. Keating s'efforce de déclencher une grève, sachant que Buck Foley s'est vendu aux entrepreneurs pour l'éviter. Si Keating peut susciter une grève réussie allant à l'encontre des directives de Foley, il détruira l'influence de ce dernier à l'intérieur du syndicat. Il sème l'agitation parmi les hommes avec tant de succès que Foley voit apparaître la grève comme inévitable. Il viole instantanément ses engagements secrets à l'égard des entrepreneurs et prône lui-même la grève, coupant l'herbe sous les pieds de Keating. Par l'intermédiaire de son espion Johnson, M. Baxter est mis immédiatement au courant de la trahison de Foley, et dans la conversation qu'il a ensuite avec ce dernier, des vérités brutales sont dites.

« — Vous semblez avoir complètement failli à l'engagement que vous aviez pris, et d'après lequel il n'y aurait pas de grève, dit M. Baxter.

— M. Baxter, répondit Foley, les meilleurs d'entre nous sont sujets à des erreurs. Je parie même que vous n'avez pas trompé tous ceux que vous auriez eu l'intention de tromper. »

Obligé par Keating à trahir les entrepreneurs, dont il avait été l'instrument, Foley décide de trahir au maximum, et il déclare en matière de conclusion :

« — Je vais vous combattre, Baxter, je vais vous mener à un train d'enfer. Depuis deux ans je supporte vos sacrées manières d'homme aux ongles manucurés. Vous avez agi avec moi comme si l'on devait me prendre avec des pincettes. Pourquoi croyez-vous que je l'ai supporté ? Parce que ça me rapportait de l'argent. À présent qu'il n'est plus question d'argent, croyez-vous que je vais vous supporter plus longtemps ? Des clous, bon Dieu ! La chance s'offre à moi, et je vais vous faire une vie d'enfer.

Et Foley menaçait de son poing fermé le nez de Baxter. L'entrepreneur ne broncha pas.

— M. Foley, dit-il de sa voix froide et égale, je crois que vous connaissez le chemin le plus court pour sortir de ce bureau.

— Je le connais, répondit Foley, et il est encore vachement trop long.

Il lança à M. Baxter un long regard, plein de haine et de défi ; envoya d'une chiquenaude méprisante son cigare à moitié consumé sur le bureau immaculé de M. Baxter, et sortit. »

Mais M. Baxter avait une épouse. Compte tenu de son intelligence, c'était une bonne femme. Elle faisait partie des dames patronnesses d'un ou deux clubs d'ouvrières et participait à plusieurs œuvres de charité élégantes. De plus, elle dépensait pour sa maison cent vingt-cinq mille dollars par an. En raison du train de vie de sa femme, M. Baxter se trouvait dans l'obligation d'encaisser les insultes de Foley. La grève culminait vers le succès. M. Baxter convoqua Foley et négocia sa trahison envers le syndicat. Foley rencontra secrètement le comité des entrepreneurs. Il demanda cinquante mille dollars. Murphy, qui était conseiller municipal en même temps qu'entrepreneur, fit des objections :

« — La moitié suffirait, déclara-t-il.

« Foley lui ricana au visage.

— D'après ce que j'ai appris, vingt-cinq mille dollars, c'est exactement ce que vous avez gagné en manœuvrant le Conseil Municipal pour faire accorder une concession à la société des tramways de Lincoln Avenue. Allons ! le prix de la vie ne cesse d'augmenter.

« Le visage du personnage municipal devint cramoisi, mais il dut, lui aussi, encaisser l'affront. Pour cinquante mille dollars, Buck Foley vendit son syndicat et accepta de faire cesser la grève. M. Driscoll faisait partie du comité d'entrepreneurs qui arrangea cette combinaison. Elle ne lui plaisait pas.

— Bon Dieu ! s'écria-t-il, je suis dégoûté de cette sale façon de faire les affaires par en dessous. »

Si bien qu'il démissionna du comité. Mais son associé le remplaça et fit le sale travail pour lui. Cela n'empêcha pas M. Driscoll d'en recueillir le fruit.

Miss Arnold est sténographe dans les bureaux d'un entrepreneur. Elle a des sentiments élevés. Elle est amoureuse de l'ouvrier honnête, Tom Keating. Apprenant la dernière tricherie de Buck Foley, elle se hâta de trahir ses employeurs en racontant tout à Keating.

Ainsi vont les choses. Trahison et tricherie, tricherie et trahison ! Personne ne peut éviter la salissure, la souillure de ce jeu de tricheurs pratiqué dans la jungle commerciale et qu'on appelle « les affaires ».

Grâce à la trahison de Miss Arnold, Tom Keating est prévenu. Il recueille des témoignages contre Foley et les entrepreneurs suborneurs. Dans la soirée les travailleurs du syndicat des charpentiers en fer se réunissent pour décider par un vote si la grève doit se poursuivre, ou si le syndicat doit s'incliner. En manipulant cet organisme, Foley a préparé la capitulation du syndicat. Que la grève ait échoué, c'est une conclusion prévue. Mais avant que la décision ne soit mise aux voix, Keating lance son témoignage contre Foley. Foley est renversé et malmené. Le syndicat vote la continuation de la grève. Tom Keating est le héros de la journée, de plus on le reconnaît comme chef et porte-parole du syndicat, et son futur Délégué Permanent.

Mais, entre-temps, Johnson, l'espion au sein du syndicat, voit que Keating connaît la tricherie et se prépare à en tirer parti. Tandis que Foley est malmené par les hommes qu'il a trahis et que le syndicat est en train de voter la continuation de la grève, Johnson annonce ces nouvelles à M. Baxter. Voilà un moment critique pour ce monsieur. Il voit déjà son nom et ses propres manœuvres de corruption s'étaler dans les journaux du lendemain. Il a vite réfléchi, il trahira Foley. Il se rend chez le District Attorney, accuse Foley de corruption et demande son arrestation. M. Baxter explique naturellement que ce plan de corruption avait été mis sur pied par lui et ses associés dans le but d'amener Foley devant la justice. Un mandat d'arrêt est immédiatement lancé contre Foley. M. Baxter s'est rendu coupable, comme on dit dans le langage des voleurs, de jouer sur les deux tableaux.

Et M. Baxter ne peut pas en rester là. Après avoir commis un acte susceptible de le faire apparaître comme le champion du public contre Buck Foley, M. Baxter se hâte de duper à son tour le public en avertissant Foley de son arrestation imminente. Il ne faudrait surtout pas que Buck Foley soit arrêté et dise ce qu'il sait au sujet de M. Baxter.

Et c'est à présent la défaillance du seul homme loyal du livre, Tom Keating, le travailleur honnête, le champion de la vérité et du droit. Il a une entrevue avec M. Baxter. Keating a entre les mains des témoignages accablants pour M. Baxter et les membres du comité des entrepreneurs. Mais Keating ne les rendra jamais publics. Il préfère devenir maître-chanteur. Il utilise ces témoignages pour faire pression sur les entrepreneurs et les amener à mettre fin à la grève en cédant aux exigences du syndicat. Dans son propre intérêt et dans celui du syndicat, Tom Keating a trahi le droit et la vérité.

Ainsi se termina *le Délégué syndical permanent*. Un livre véridique. Il traduit la vie réelle — c'est une histoire d'actes répréhensibles accomplis en secret, de tricheries, de trahisons, de déloyauté.

Ce livre vient à son heure. Sur toute l'étendue des États-Unis, il y existe des syndicats et des associations d'employeurs en lutte les uns contre les autres. La corruption est partout, et la corruption, c'est la trahison. Les grandes villes et des États entiers sont dominés par des organisations politiques rappelant celle qu'avait édifiée Buck Foley, délégué permanent. Et quand une ville ou un état sont ainsi dominés, ils sont trahis. Il n'y a même plus de discussion sur la trahison commise par la Standard Oil aux dépens des producteurs et des consommateurs. Les magazines et les journaux sont pleins de confessions de voleurs. Lawson est dupé par des associés et dupe à son tour ses associés en expliquant leur fourberie au public. Bref la parution du *Délégué syndical permanent* ne pouvait être plus opportune qu'actuellement, alors que les États-Unis sont en train de mettre à sécher la colossale lessive du linge sali par la rapine. Et la rapine est en langage moderne le mot pour désigner ce qui fut jadis le péché le plus terrible, la tricherie et la trahison.

XIV

LA LONGUE JOURNÉE

Paru dans The San Francisco Examiner, *le 15 octobre 1905.*
Critique de The Long Day, *ouvrage anonyme dû à une militante socialiste de New York.*

Voici un livre vrai. Un document humain. Il devrait être lu par tout homme, femme, ou enfant, qui tient à ne pas passer pour un balourd égoïste. On peut l'acheter pour un dollar vingt cents chez le libraire du coin. Celui qui ne disposerait pas de cette somme, peut l'obtenir gratuitement dans n'importe quelle bibliothèque publique. Celui qui aura lu ce compte rendu jusqu'au bout et qui, ensuite, ne lira pas le livre, est un pleutre. Non, je refuse de retirer ce terme. C'est un pleutre. Il se dérobe à son devoir en évitant d'apprendre en quoi consiste ce devoir. S'il répond comme a fait Caïn à Dieu : « M'a-t-on donné mon frère à garder ? », alors cet homme est en outre un lâche.

Tout jeune homme, toute jeune fille, tout petit garçon, toute petite fille, dont le cœur contient la moindre bonté, ou un désir de bonté, devrait lire ce livre. Car ici s'élèvent les cris de ceux qui, nombreux, sont terrassés et blessés, et ici se trouve l'œuvre à accomplir par tout être humain fier d'être un homme et non une bête. L'œuvre à accomplir, c'est la remise en cause de ce qui va mal, le soulagement de la misère, la suppression de l'injustice.

Parlons à présent du livre. Il contient l'examen d'un problème. Voici une jeune femme, nette et saine, abandonnée dans un monde hostile, la ville de New York. Elle n'a personne pour l'aider. Elle ne peut compter que sur elle. Comment va-t-elle conserver la beauté de son corps ? Comment garder les couleurs de ses joues ? la limpidité et l'expression franche de ses yeux ? Comment conserver cette démarche élastique ? cette fière prestance ? son délicat port de tête ? la souplesse de ses muscles ? Comment préserver sa chair des flétrissures, son esprit des souillures ? Enfin, dernier point, et non le moindre, comment conserver la robustesse de ses entrailles d'où, forte ou faible, doit sortir la prochaine génération de femmes et d'hommes ?

Que va faire cette jeune femme ? Comment va-t-elle s'y prendre ? Que va-t-il lui arriver ? Tel est le problème évoqué par la jeune femme qui a écrit *la Longue Journée*. Dépaysée et solitaire, avec seulement une petite somme d'argent pour écarter le dénuement complet, elle se trouve dans une maison meublée bon marché. De tous les côtés, des mains se tendent pour la voler. La logeuse porte un masque de bonté et de sollicitude maternelle, mais il dissimule « une femme d'affaires âpre, exigeante, pour qui un sou est un sou, un dollar un dollar ». On n'a rien sans payer, et on paie tout au maximum.

La jeune fille avait dix-huit ans, elle était pratiquement sans le sou. Il n'y avait rien d'abstrait dans son problème, rien de difficile à comprendre. Premièrement, elle devait travailler ou mourir de faim. Deuxièmement, elle devait trouver le genre de travail qui ne la laisserait pas mourir de faim, car, à New York, nombreux sont ceux qui travaillent, et qui meurent tout de même de faim.

Dans les temps très anciens, lorsque les hommes allaient nus, tuaient de leurs mains et buvaient le sang dans le crâne de leurs ennemis, on travaillait pour soi. Si un homme avait faim, il n'y avait rien entre lui et le travail. Il allait dans la forêt, tuait la bête qui lui fournirait sa viande, pêchait du poisson, cueillait des fruits sauvages, ou, à ses moments perdus, grattait la terre et y semait des graines. Mais les choses sont différentes dans le

202

monde moderne — cultivé, civilisé, et très complexe. Si complexe que quelque chose vient s'interposer entre le travail et l'individu désireux de travailler. Un individu veut travailler parce qu'il a faim. Mais le travail est fait par des machines, et les machines ne poussent pas sur les buissons. Les machines sont possédées par quelqu'un dont l'individu qui a faim doit obtenir l'autorisation avant de se mettre à travailler.

C'est ce que cette fille de dix-huit ans devait faire — travailler ou mourir de faim, et, pour travailler, obtenir l'autorisation du propriétaire d'une machine. Pour trouver ce propriétaire, elle lit les annonces des journaux quotidiens. Ces annonces étaient mensongères, mais elle ne le sut qu'après avoir parcouru bien des kilomètres épuisants, usé ses souliers et sa patience, et dépensé presque jusqu'à son dernier cent en timbres et en transports.

Elle dut alors changer de pension. Cinq dollars par semaine correspondait à une façon de vivre trop princière pour que sa bourse pût y faire face. Pour un dollar par semaine, elle loua une chambre dans un logement ouvrier avec par-dessus le marché quelques avantages au point de vue ménage et lumière. C'était un bouge infâme où vous n'auriez pas été, plus que moi, particulièrement heureux de voir habiter votre sœur. À travers le mince matelas, « elle sentait les traverses du lit comme autant de bandes douloureuses sur son corps fatigué ».

Sous sa fenêtre, des femmes s'injuriaient et se battaient tous ongles dehors, comme des bêtes de la jungle. Dans sa tête retentissait l'éternel refrain TRAVAILLE OU MEURS DE FAIM ! TRAVAILLE OU MEURS DE FAIM ! Et elle cherchait du travail, et à obtenir du propriétaire d'une machine la permission de travailler, réconfortée, en attendant, par sa logeuse qui lui racontait le terrible destin de la fille qui « avait mal tourné », pour quatre dollars par semaine.

Après tout, elle s'aperçut que trouver simplement du travail n'était pas difficile. Les difficultés commençaient quand il s'agissait de trouver un travail procurant un salaire lui permettant de vivre. Deux dollars et demi par semaine, c'était le salaire offert par les hommes disposés à la laisser travailler sur leurs machines. Quand elle avait payé un dollar pour sa chambre, cela lui laissait un dollar et demi pour acheter de la nourriture, payer ses transports, s'habiller, et se distraire.

Aussi essaya-t-elle de trouver une machine dont le propriétaire lui paierait un salaire peu élevé. Afin de faire durer plus longtemps ses derniers dollars, elle se mit à maltraiter son corps en le privant de nourriture.

« Pain, beurre, et café noir au petit déjeuner, pain et beurre au déjeuner, pain et beurre au dîner — tel était mon menu quotidien pendant les semaines qui suivirent, varié en deux occasions grâce à l'achat d'une demi-pinte de mélasse. »

Dormir dans un bouge, respirer l'atmosphère empoisonnée des quartiers de taudis, vivre d'un tel régime ne constitue pas exactement le mode de vie le plus propre à conserver une belle âme et un beau corps.

TRAVAILLE OU MEURS DE FAIM ! TRAVAILLE OU MEURS DE FAIM ! Sa situation devenait désespérée. Citons comme exemple des situations qu'elle aurait pu trouver : « vendeuse » au magasin Lindbloom — salaire de trois dollars cinquante par semaine — de 7 heures du matin à 9 heures du soir, le samedi jusqu'à minuit.

Finalement, elle fut contrainte de prendre ce qu'offrait une fabrique de boîtes en papier : trois dollars par semaine, pendant la période de mise au courant. Elle avait accepté de commencer le lendemain matin, mais elle regagna son bouge pour trouver à la place un tas de cendres entouré d'une foule de curieux. C'était le désastre. Tout ce qu'elle possédait au monde, c'était un dollar et demi, les vêtements qu'elle avait sur le dos et la promesse d'un travail à trois dollars par semaine. La nuit tombait. Ce soir-là, elle dormit dans un abri provisoire prévu pour ceux que l'incendie avait laissés sans domicile.

Le lendemain matin, elle se rendit à son travail. Et là commença la *Longue Journée*. Seuls ceux qui sont passés par là savent ce que signifie la longue journée — des heures sans fins, longues comme des siècles, d'un labeur interminable.

« Nous travaillions d'arrache-pied, et à mesure que les heures s'écoulaient péniblement je commençai à me sentir morte de fatigue. Le bruit assourdissant, le désordre, la chaleur terrifiante, l'odeur infecte de la colle, la souffrance des chevilles brisées et des ampoules sur les mains paraissaient presque intolérables. »

Enfin, midi sonna. La journée était à moitié terminée, et il y avait une demi-heure de pause pour le déjeuner.

L'auteur définit bien la psychologie des travailleuses parmi lesquelles elle se trouve. Les filles de la fabrique de boîtes étaient de grandes ferventes de lecture. Elles lisaient des classiques tels que *Tissé sur le métier du Destin, l'Amour de Bouton de Rose, Une couronne de honte*, et *Doris, ou la fierté de Pemberton Hills*, ou *Perdue dans les terribles abîmes du Destin*. Mais elles n'avaient jamais entendu parler de Charles Dickens, ni des *Voyages de Gulliver*, ni de *Little Women*. L'auteur leur fit un résumé de ce dernier ouvrage. Elles écoutèrent attentivement ; et quand elle eut terminé, l'une d'entre elles, Mrs Smith, dit :

« Eh bien ! il n'y a pas du tout d'histoire. »

Tandis qu'une autre, Phoebe, déclarait :

« Je parierais tout ce que vous voulez que la dame qui a écrit ça, sait tout sur les filles et les garçons. Ils ont l'air de vivre pour de bon. Mais je suppose que les gens de la campagne aiment ce genre d'histoires. Ils ne sont pas du tout habitués aux mêmes styles que nous autres, gens de la ville. »

Après s'être mises au courant en touchant trois dollars par semaine, les filles sont mises au travail aux pièces. Elles n'arrivent pas toujours à se faire beaucoup plus.

« Hier je ne me suis fait que soixante cents, dit Henriette, et j'ai travaillé comme une brute. »

Il se produit un accident — accident banal dans la vie de la fabrique.

« Une démouleuse est emportée, évanouie, avec deux doigts coupés. Un moment d'inattention. Bien que leur travail ne leur permette pas de s'arrêter un seul instant, ses compagnes expriment très haut leur sympathie pour ce malheur, qui n'est pas rare.

La petite Jennie, la camarade de chambre et de travail de la malheureuse accidentée, versait des pleurs amers en essuyant le sang sur le long couteau brillant et se préparait à prendre la place de sa supérieure plus âgée avec son salaire porté à cinq dollars cinquante par semaine. La petite ne se faisait que trois dollars vingt-cinq cents et ainsi, comme le faisait remarquer Henrietta "Il faut qu'un accident soit bien mauvais pour ne rien rapporter à personne". »

Ainsi se passe la première longue journée, et voici la seconde :

« La deuxième moitié de ce jour fastidieux avait commencé. Comme les ampoules de mes mains me faisaient souffrir ! Mes pieds gonflés et mes chevilles étaient traversés de douleurs lancinantes ! À présent, toutes les filles qui traversaient la salle boitaient… Toutes se courbaient sur leur ouvrage avec une énergie farouche qui, dans son intensité, les rendait presque folles.

« Aveuglée et abasourdie par la fatigue, je jetai un coup d'œil vers la pendule, en suivant les longues rangées de boîtes poussiéreuses. Il n'était que deux heures. Dans toute la vaste fabrique, tout effort, humain et mécanique, était poussé jusqu'à la limite du point de rupture. Combien de temps durerait ce supplice ? Combien de temps pourraient durer ce grondement, cette précipitation, cette douleur lancinante jusqu'à ce que quelque chose qui n'a pas de nom et qu'on ne connaît pas claque comme une corde à violon trop tendue et apporte le soulagement ?… La contremaîtresse en chef se précipitait dans les travées et nous incitait en beuglant à "nous dépêcher tant que nous pouvions", car les clients réclamaient leur marchandise.

« — Bon Dieu, est-ce qu'on ne se dépêche pas déjà ? s'écria avec colère Rosie Sweeny, une jolie fille à la table voisine. Dieu Tout-Puissant, comme je déteste Pâques et la Noël ! Oh ! mes jambes sont tout à fait brisées… » Sur quoi cette fille à bout de forces se lance dans une diatribe passionnée contre tout le monde, y compris la contremaîtresse, sans cesser un instant de travailler.

Il n'y a pas beaucoup de filles comme Rosie Sweeny dans la fabrique. C'est elle qui a les doigts les plus rapides, la langue la mieux pendue, le plus joli visage.

« — Cette Rosie Sweeny tournera mal, retenez bien ce que je vous dis, prophétise Annie Kinzer. »

Ce soir-là, l'auteur est rentrée avec Henrietta. Elles s'étaient imaginées qu'elles pourraient partager un logement de célibataire à un dollar cinquante par semaine. Mais ce soir-là, l'auteur fut surpris de voir combien Henrietta mangeait peu, et Henrietta fut surprise de voir que l'auteur mangeait beaucoup.

« — Peut-être qu'au bout d'un certain temps, tu mangeras moins, dit Henrietta, pleine d'espoir. Si je devais manger autant que toi, je risquerais de mourir de faim. .... Mais au bout d'un certain temps, on a pris l'habitude d'avoir faim depuis si longtemps, qu'on ne peut plus manger même si on a de quoi le faire. »

Mais l'auteur ne resta pas pour partager le logement de Henrietta. La même nuit, elle marcha dans l'horreur, et elle s'en fut par les rues après minuit pour frayer avec de vieilles sorcières sans logis et attendre le matin.

C'était le dimanche de Pâques. Elle était sans argent, et ce soir-là, elle dormit dans un poste de police. C'est pendant cette période qu'elle apprit ce qu'était pour elle la « quintessence de la pauvreté : l'impossibilité absolue d'être propre sur soi et d'être vêtue d'une façon décente ». Car, rappelez-vous, lecteur tendre et sensible, qu'il existe à New York des pâtés de maisons entiers, où vivent cinq cents bébés, sans parler des hommes et des femmes, et dans lesquels il n'y a pas une seule baignoire. Et rappelez-vous aussi que la saleté est une dégradation et un péché contre la chair.

L'auteur s'en va habiter une horreur baptisée le « Home des Travailleuses », où les lits sont loués dix cents la nuit. À six heures, tout le monde est viré et personne n'est autorisé à rentrer se coucher avant l'heure réglementaire, dix heures du soir. De plus, chaque matin, en quittant la maison, on s'assure en les fouillant, qu'elles n'ont rien volé.

Pour des raisons évidentes, l'auteur n'est pas retournée à la fabrique de boîtes. Elle trouve une place à trois dollars cinquante par semaine dans une fabrique de fleurs artificielles. Elle y travaille un mois, et là, la longue journée se poursuit le soir :

« Après la tombée de la nuit, le travail était plus dur, car la pièce devenait terriblement chaude à cause des becs de gaz et des réchauds sur lesquels les filles faisaient chauffer leurs outils. Les visages se tiraient, pâlissaient, les filles chantaient pour se maintenir éveillées. »

Voici la description d'une main d'ouvrière en fleurs artificielles, tordue, ayant perdu toute beauté et toute forme :

« Calleuse et durcie comme un morceau d'écaille, sillonnée d'innombrables rugosités, désespérément décolorée, avec un pouce et un index aplatis jusqu'à prendre la forme de minuscules spatules, sa main droite avait depuis longtemps perdu toute ressemblance avec l'autre. »

Mais les temps devenaient difficiles et les filles furent congédiées par une contremaîtresse en pleurs qui comprenait la tragédie que cela représentait. Le troisième emploi de l'auteur consistait à faire marcher une « Singer à moteur » dans une vaste salle qui était « un véritable enfer de bruit, un grand chaos béant au vacarme terrifiant. Les filles, assises en longues rangées, ne levaient pas les yeux... Toutes les paires d'yeux semblaient fascinées par cette bande flottante et sans fin de tissu blanc qui poursuivait sa course à travers une paire de mains pour alimenter les mâchoires insatiables de la machine à coudre électrique. Chaque visage, tendu et figé, traduisait un superbe effort de concentration de l'esprit et du corps, et de l'âme elle-même, littéralement, sur la pointe d'une aiguille. Chaque forme était ramassée sur elle-même dans son effort pour guider la couture au moyen de la pédale. Et empilées entre les rangées opposées de visages attentifs, il y avait des vagues et des vagues de mousseline blanche mousseuse et de dentelle — les parures terminées confectionnées par tant de douzaines à l'heure, pour tant de cents par jour — et confectionnées aussi dans ce bruit terrifiant, épuisant pour les nerfs. »

Mais il s'agissait de travail aux pièces, l'auteur fut congédiée, et elle serait morte de faim avant d'avoir réussi à apprendre le métier. Non, il fallait plus qu'un simple entraînement, à en croire Rachel, experte en la matière. Rachel travaillait avec la frénésie d'une bête sauvage luttant pour la vie, et, lorsque les machines s'arrêtaient, elle « surveillait la pendule avec impatience, et s'effondrait sur sa machine en prenant un air maussade », elle prétendait qu'il fallait être née pour cela si l'on voulait travailler en mousseline, et communiquait ce renseignement : « sa mère, avant sa naissance, avait travaillé sur la chemise pendant dix mois consécutifs ».

Alors l'auteur s'en fut travailler dans une blanchisserie à vapeur, à secouer le linge et les vêtements à mesure qu'ils sortaient de l'essoreuse. Son salaire était de trois dollars cinquante par semaine pendant la période de mise au courant, quatre dollars ensuite.

« — Jamais travaillé à ça avant ? demanda-t-elle à une autre fille qui attendait son travail, consistant à pousser un lourd chariot de linge mouillé.

La réponse fut un rire aigu, et la fille, relevant sa manche, exhiba un moignon de poignet.

— Ça arrive à chaque instant, quand on manœuvre la calandre et qu'on est fatiguée. C'est ce qui m'est arrivé. J'ai été ratiboisée, un samedi soir, et je n'ai rien pu voir. La première chose que j'ai sue… ouh !… et j'ai vu partir cette main tout droit dans le rouleau, coupée net. Et j'étais simplement fatiguée, c'était tout ! »

Et là aussi, dans la blanchisserie à vapeur, c'est la longue journée.

« — Vous ne tiendrez pas longtemps, croyez-moi ; vous autres, les jeunes, vous ne tenez jamais longtemps, lui dit la vieille Mrs Mooney. Si vous n'êtes pas forte comme un bœuf, ça vous prend dans le dos et, allez, à l'hosto ! Si vous n'êtes pas capable de suivre la cadence, et si vous vous croyez jolie, vous tournerez mal plutôt que de rester ici.

Ici, le contremaître conseille aux ouvrières de se tenir "détendue", en laissant tomber les épaules, pour obtenir un soulagement aux douleurs dont elles souffrent toutes. Ici, peinant à demi nues dans un enfer de chaleur et de vapeur, "non seulement elles souffraient du dos, des bras et des jambes, mais leurs pieds, à moitié cuits par le sol brûlant, n'étaient plus qu'une ampoule. Des lamentations fendaient l'air". »

Et la longue journée se traînait toujours. Vers 4 heures tout le monde avait sombré dans un silence apathique.

« — Nous sommes en retard de deux jours pour les draps d'hôpital, hurlait la contremaîtresse. Il faut que le salon de coiffure de l'hôtel S. sorte ce soir !

— Mère de Dieu ! gémit la vieille Mrs Mooney. Sûr, c'est du 9 heures ce soir.

— On ne va donc pas s'en aller à 6 heures ? demanda la fille borgne (qui avait commencé à travailler le jour même).

— Dieu me pardonne, non, ma chère, répondit Mrs Mooney. Tu ne sortiras jamais de cet atelier à 6 heures du soir, sauf si on t'emporte morte.

— Tous les soirs ?

— Bien sûr, tous les soirs sauf le samedi et alors, là, c'est entre minuit et une heure et demie. »

C'est à ce moment de l'après-midi que l'auteur est passée à ce stade, familier à tous ceux qui ont travaillé comme des bêtes : l'état de transe dû au surmenage. Ce soir-là, elle revint à elle alors qu'elle marchait sur le trottoir.

« Je me suis rendu compte que je venais de sortir d'un état second — causé par la souffrance physique — un état providentiel d'apathie subconsciente dans lequel mon âme aussi bien que mon corps avaient cherché un refuge quand la torture était devenue intolérable. »

Et tout cela pour trois dollars cinquante par semaine, quatre dollars quand elle serait devenue une ouvrière exercée !

Elle quitte la blanchisserie, brusquement, dans la tragédie — la tragédie d'une jolie femme travaillant pour trois dollars cinquante par semaine et entourée de loups humains. Dans ce cas particulier, le loup était le propriétaire de la blanchisserie. Il posa les yeux sur elle et lui donna un avancement rapide. Alors, le contremaître, qui était un brave homme, lui glissa un mot dans la main. Les deux premières phrases et le post-scriptum en disent assez sur l'histoire :

« Vous feriez mieux de quitter cette place. Elle n'est pas faite pour une fille qui veut rester sérieuse. P.-S. — S'il vous plaît, ne montrez pas ce mot, sinon je perds ma place. »

Et ici prend fin *la Longue Journée*. C'est le tableau de conditions de vie dont les Américains n'ont pas lieu de se montrer très fiers. C'est un compte rendu à faire lire aux dix mille millionnaires qui vivent à New York. C'est un compte rendu à faire lire à tous les patriotes américains qui chantent « Mon Pays, c'est toi, douce terre de Liberté », et qui pensent que les États-Unis ne peuvent s'améliorer. Et c'est un compte rendu à lire par quiconque n'est pas un poltron et ne craint pas de regarder la vérité en face.

Et après avoir lu ce livre, réfléchissons à ceci : aujourd'hui, on utilise aux États-Unis trente millions de chevaux-vapeur. Les ingénieurs calculent qu'un cheval-vapeur équivaut au travail de huit hommes. Soit une énergie huit fois supérieure à celle dont disposait le sauvage nu. Qui osera dire que les travailleuses de New York, par dizaines de mille, sont huit fois plus à l'aise et heureuses que le sauvage nu ? Et qui osera dire qu'elles sont au moins aussi à l'aise que le sauvage nu ?

XV

LA JUNGLE,
d'UPTON SINCLAIR

Paru en janvier 1907 sous le titre The Jungle *dans* Wilshire's
Magazine. *Upton Sinclair (1878-1968) militant socialiste,
est l'auteur de quarante-cinq romans, quatorze pièces de
théâtre, cinquante volumes d'essais, souvenirs et divers ;
sans compter d'innombrables articles et discours en faveur
du socialisme. Fondateur, en 1905, de la Société Socialiste
Interuniversités (Intercollegiate Socialist Society) dont il
confia la présidence à Jack London. Son œuvre maîtresse,
la Jungle (1906) l'a rendu mondialement célèbre. Voir nos
préfaces et documents inclus dans ce roman, collection
10/18, n°s 954 et 955.*

> *D'abord, cette Terre, une scène si assombrie de malheur
> Que vous risquez d'être malade devant ces tableaux
> successifs
> Et pourtant, soyez patient. Notre Pièce montrera peut-être
> Dans quelque cinquième acte ce que signifie ce Drame
> Sauvage.*

Lorsque John Burns, le grand leader du parti travailliste
anglais, membre actuel du Cabinet, visita Chicago, un reporter
lui demanda son opinion sur cette ville. « Chicago », répondit-il,

« c'est une édition de poche de l'enfer ». Quelque temps après, il fut approché par un autre reporter qui désirait savoir si son opinion sur Chicago avait déjà changé. « Oui, en effet », s'empressa-t-il de répondre. « Mon opinion actuelle, c'est que l'enfer est une édition de poche de Chicago. »

Upton Sinclair était peut-être du même avis quand il choisit Chicago pour théâtre de son roman sur l'industrie, *la Jungle*. En tout cas, il prit la plus grande cité industrielle du pays, la plus avancée du point de vue industriel, le plus parfait spécimen de civilisation de la jungle qu'il pût trouver. On ne peut mettre en question la pertinence de son choix, car Chicago est certainement l'industrialisme incarné, le foyer des conflits entre le capital et le travail, une ville de batailles de rues et de sang, avec une organisation de capitalistes conscients de leur classe, et une organisation de travailleurs conscients de leur classe, où les maîtres d'école sont constitués en syndicats et affiliés en compagnie des maçons et des briqueteurs à la Fédération Américaine du Travail, où les employés de bureau eux-mêmes font pleuvoir les meubles de leurs bureaux par les fenêtres des gratte-ciel, sur la tête des policiers qui essaient, au cours d'une grève du bœuf, de livrer de la viande en contrebande, et où les ambulances emportent en nombre sensiblement égaux policiers et grévistes.

Tel est donc le décor du roman d'Upton Sinclair, Chicago, *la Jungle* industrielle de la civilisation du XXᵉ siècle. Mieux vaut dès maintenant, devancer les légions qui vont se dresser pour dire que ce livre n'est pas véridique. Le premier, Upton Sinclair dit lui-même : « Ce livre est un livre vrai, en substance et dans le détail, c'est une peinture exacte et fidèle de la vie dont il traite. »

En dépit de l'évidence intrinsèque de la vérité, il y aura cependant beaucoup de gens pour qualifier *la Jungle* de tissu de mensonges, et tout d'abord, il faut s'y attendre, les journaux de Chicago. Ils sont rapides à réagir quand on dit la vérité toute nue sur leur ville bien-aimée. Il n'y a pas plus de trois mois, un orateur de réunion publique[1], à New York, donnant des exemples de salaires extrêmement bas dans les ateliers de Chicago où les ouvriers sont exploités, parlait de femmes recevant quatre-vingt-dix cents par semaine. Les journaux de Chicago ne tardèrent pas à le traiter de menteur — tous sauf l'un d'entre eux ; il s'était vraiment renseigné, et avait découvert non seulement qu'il y avait beaucoup d'ouvrières ne recevant pas plus de quatre-vingt-dix cents par semaine, mais il en avait trouvé certaines dont le salaire était encore plus bas, cinquante cents par semaine.

Quand les éditeurs de *The Jungle* à New York lurent le livre pour la première fois, ils l'envoyèrent au rédacteur en chef de l'un des plus grands journaux de Chicago et ce monsieur affirma par écrit, qu'Upton Sinclair « était le plus fieffé menteur de tous les États-Unis ». Alors les éditeurs mirent Upton Sinclair en cause. Il cita ses sources. Les éditeurs restaient sceptiques — préoccupés sans aucun doute par des visions de procès se dénouant par la faillite. Ils voulurent s'en assurer. Ils envoyèrent un avocat à Chicago pour enquêter. Et, au bout d'une semaine environ le rapport de l'avocat arriva pour établir que Sinclair avait passé sous silence ce qu'il y avait de pire.

Alors, le livre parut, et le voici. C'est l'histoire de la destruction d'un homme, de pauvres rouages brisés dans le labeur impitoyable de la machine industrielle. C'est essentiellement un livre d'aujourd'hui. Il est vivant et chaud, brutal à force d'être vivant. Il est écrit avec de la sueur et du sang, des gémissements et des larmes. Il décrit, non pas l'homme tel qu'il devrait être mais l'homme tel qu'il est obligé d'être, dans notre monde, au XXᵉ siècle. Il dépeint notre pays non pas tel qu'il devrait être, ni ce que notre pays paraît être pour ceux qui vivent dans un confort ouaté loin du ghetto des travailleurs, mais il dépeint notre pays tel qu'il est en réalité, la patrie de l'oppression et de l'injustice, un cauchemar de misère, un enfer de souffrances, une jungle dans laquelle les bêtes sauvages dévorent et sont dévorées.

1. Il s'agit de Jack London lui-même.

Comme héros, Upton Sinclair n'a pas choisi un Américain de naissance qui à travers les brouillards des beaux discours pour commémoration du Quatre Juillet et campagnes électorales, voit clairement d'une certaine façon les faits monstrueux qui caractérisent la vie du travailleur américain. Upton Sinclair n'a pas commis cette erreur. Il a choisi un étranger, un Lithuanien, fuyant l'oppression et l'injustice de l'Europe, rêvant de liberté, d'égalité de droits avec tous les hommes dans la recherche du bonheur.

Ce Lithuanien est un certain Jurgis, un jeune géant, haut et large, débordant de vigueur, passionnément épris de travail, d'ambition, un travailleur choisi entre mille qui peut soutenir un rythme de travail à briser le cœur et le caractère des hommes travaillant à ses côtés et qui doivent conserver cette cadence même s'ils sont débiles par rapport à lui.

Bref, Jurgis était « cette sorte d'hommes sur lesquels les patrons aiment mettre la main, et les patrons s'adressent des reproches quand ils n'ont pu le faire. Jurgis était indomptable. À cause de ses muscles puissants et de sa superbe santé. Peu importait la dernière infortune qui tombait sur lui, il carrait les épaules en disant : "Pas d'importance, je travaillerai plus dur !" Il ne pensait pas un instant à l'époque où ses muscles ne seraient plus aussi forts, sa santé aussi resplendissante, quand il ne serait plus capable de travailler encore plus dur. »

Il était à Chicago depuis deux jours. Il était dans la foule qui se pressait devant les grilles des conserveries. « Toute la journée, ces grilles étaient assiégées par des hommes affamés et sans le sou ; ils venaient littéralement, par milliers, chaque matin, se battaient entre eux pour avoir une chance de gagner leur vie. La bise glacée, le froid leur importaient peu, ils étaient toujours à pied d'œuvre deux heures avant le lever du soleil, une heure avant le commencement du travail. Quelquefois leur visage se gelait, quelquefois c'étaient leurs pieds et leurs mains — mais ils venaient toujours, car ils n'avaient pas d'autre endroit où aller. »

Mais Jurgis ne resta dans cette foule que pendant une demi-heure. Ses épaules énormes, sa jeunesse, sa santé, sa force sans souillure le firent remarquer dans la foule comme une vierge au milieu de sorcières. Car il était vierge en ce qui concernait le travail, son corps magnifique n'avait pas encore été entamé par le labeur. Il fut rapidement choisi par un patron et envoyé au travail. Jurgis était un travailleur comme on en trouve un sur mille. Il y avait dans cette foule des hommes qui étaient venus tous les jours pendant un mois. Ils représentaient les neuf cent quatre-vingt-dix-neuf autres.

Jurgis était prospère. Il gagnait dix-sept cents et demi de l'heure et il lui arriva précisément de travailler un grand nombre d'heures. La chose qu'il fit ensuite ne nécessitait aucune incitation de la part du président Roosevelt. Ayant dans le sang la joie de la jeunesse, la corne d'abondance de la prospérité répandant son contenu sur lui, il se maria. « Ce fut l'heure d'extase suprême dans la vie de l'une des plus nobles créatures de Dieu, la fête nuptiale et la transfiguration par la joie de la petite Ona Lukezaite. »

Jurgis travaillait à l'abattoir, il pataugeait dans le sang chaud qui se répandait sur le sol, il expédiait dans une trappe avec un balai de cantonnier les entrailles fumantes dès qu'elles étaient extraites des carcasses. Mais cela lui était égal. Il était terriblement heureux. Il entreprit d'acheter une maison — à crédit.

Pourquoi payer un loyer quand on peut acheter une maison pour moins d'argent ? Telle était la question posée dans l'annonce publicitaire. « Et pourquoi, en effet ? » C'était là ce que Jurgis se demandait. Ils étaient très nombreux dans les deux familles réunies de Jurgis et d'Ona. Ils étudièrent soigneusement et longuement la proposition de vente de la maison, ils versèrent toutes les économies faites dans leur vieux pays (trois cents dollars) et acceptèrent de payer douze dollars par mois jusqu'au solde d'un montant total de douze cents dollars. Alors, la maison leur appartiendrait. Jusqu'à ce moment-là, aux termes du contrat qu'on leur avait imposé, ils seraient locataires. Le non-paiement d'une échéance leur faisait perdre tout ce qu'ils avaient déjà versé. Et finalement, ils perdirent les trois cents dollars, les loyers et l'intérêt qu'ils avaient payé, parce que la maison avait été construite non pour servir de domicile mais comme une spéculation sur le malheur, et elle avait été revendue un grand nombre de fois à des gens aussi simples qu'eux.

Entre-temps, Jurgis avait travaillé et s'était instruit. Il commençait à voir des choses et à comprendre. Il voyait comment les ouvriers placés à certains postes réglaient le rythme des autres et pour ces postes-là on choisissait des hommes à qui on payait des salaires élevés et dont on changeait souvent. Cela s'appelait « activer l'équipe » et si un homme, quel qu'il fût, ne pouvait conserver la cadence, il y en avait à la porte des centaines suppliant qu'on les laisse essayer.

Il vit que les patrons volaient les hommes, comme ceux-ci se volaient entre eux, tandis que les contremaîtres volaient les patrons. Il y avait Durham, appartenant à un homme qui essayait de gagner tout l'argent qu'il pouvait sans se soucier des moyens employés ; et, au-dessous de lui, rangés suivant les rangs et les grades comme une armée, il y avait les directeurs, les contremaîtres et les chefs d'équipe ; chaque homme faisait marcher celui qui était placé immédiatement au-dessous de lui, pour essayer de tirer de lui le plus de travail possible. Tous les hommes du même rang étaient en rivalité ; les comptes étaient tenus séparément pour chaque ouvrier, chacun vivait dans la terreur de perdre sa place si un autre avait un meilleur rendement que lui. On n'y mettait aucune forme de loyauté ni de décence, il n'y avait pas de place pour ces considérations, en aucun cas un homme n'aurait compté quand un dollar était en jeu. L'homme qui faisait des rapports et espionnait ses camarades franchirait des échelons ; l'homme qui ne s'occupait que de ses propres affaires et faisait son travail — eh bien, on « activerait sa cadence jusqu'à le vider complètement et ensuite on le jetterait au ruisseau ».

Et pourquoi les patrons se seraient-ils occupés des hommes ? Il y en avait toujours davantage. « Un jour, Durham fit passer une annonce pour recruter deux hommes chargés de couper la glace ;

toute la journée les sans-logis et les affamés de la ville vinrent des quatre coins de ses deux cent mille carrés, en pataugeant dans la neige. Ce soir-là, huit cents d'entre eux s'entassèrent dans la gare du district du parc à bestiaux — ils emplissaient les pièces, dormaient sur les genoux les uns des autres, comme dans un toboggan, s'entassaient les uns sur les autres dans les corridors, jusqu'au moment où la police ferma les portes et en laissa quelques-uns à se geler au-dehors. Le lendemain, avant le lever du jour, ils étaient trois mille chez Durham, et l'on était obligé d'envoyer des réserves de police pour calmer l'émeute. Alors les patrons de Durham en choisirent vingt parmi les plus forts et les envoyèrent au travail. »

Et le spectre de l'accident commença à se dresser devant les yeux de Jurgis. C'était sa terreur continuelle. Terrible comme la mort, cela pouvait se produire à tout instant. En trois ans, l'un de ses amis, Mikolas, un désosseur de bœufs, était resté couché chez lui à deux reprises avec un empoisonnement du sang, une fois pendant trois mois, une autre fois sept mois.

Jurgis voyait aussi comment « l'accélération de la cadence » augmentait les risques d'accident. « Pendant l'hiver, sur le parquet d'abattage, on était exposé à être couvert de sang qui se caillait et devenait solide. Les hommes s'enveloppaient les pieds de journaux et de vieux sacs qui s'imprégnaient de sang et durcissaient. Tous ceux qui utilisaient un couteau ne pouvaient porter de gants ; si bien que leurs bras devenaient blancs de givre, que leurs mains s'engourdissaient et il y avait des accidents. » De temps en temps, quand les patrons ne regardaient pas, les hommes, simplement pour se réchauffer, plongeaient leurs pieds et leurs chevilles dans les carcasses fumantes des bœufs fraîchement tués.

Une autre chose que vit Jurgis et qu'il apprit par ce qu'on lui racontait, c'était le défilé des nationalités. À une certaine époque « les travailleurs étaient allemands. Ensuite, quand arriva une main-d'œuvre moins chère, ces Allemands s'en allèrent. Les suivants étaient des Irlandais. Ensuite les Bohémiens, puis les Polonais. Les gens arrivaient par hordes ; et le vieux Durham les avait pressurés de plus en plus, en augmentant leur cadence et les avait complètement épuisés. Les Polonais avaient été évincés par les Lithuaniens, et à présent les Lithuaniens laissaient la place aux Slovaques. Maintenant, qui était plus pauvre et plus malheureux que les Slovaques, impossible de le dire ; mais les fabricants de conserves le trouveraient, ne vous inquiétez pas. Il était facile de les attirer, car les salaires étaient réellement beaucoup plus élevés, mais les malheureux s'apercevaient trop tard que tout le reste était aussi d'un prix plus élevé. »

Il restait alors à Jurgis à apprendre le mensonge, ou les innombrables mensonges de la société. La nourriture était falsifiée, le lait des enfants frelaté, même l'insecticide que Jurgis payait vingt-cinq cents était truqué et ne faisait aucun mal aux insectes. Sous sa maison, il y avait une fosse d'aisance qui n'avait pas été vidée depuis quinze ans. « Jurgis allait et venait, l'esprit envahi par les soupçons ; il comprenait qu'il était entouré de puissances hostiles qui cherchaient à lui prendre son argent. Les boutiquiers placardaient sur leurs vitrines toutes sortes de mensonges pour l'allécher, les palissades mêmes de sa rue, les lampadaires et les poteaux télégraphiques étaient couverts d'affiches mensongères. La grande société qui l'employait lui mentait, et mentait au pays tout entier — du haut en bas, tout n'était qu'un gigantesque mensonge. »

Le travail devenait rare, Jurgis ne travaillait plus qu'à temps réduit ; il apprit ce que signifiait réellement cette mirifique paie de dix-sept cents et demi l'heure. Il y avait des journées où il ne travaillait pas plus de deux heures, d'autres où il ne travaillait pas du tout. Mais il s'arrangeait pour arriver à une moyenne de six heures par jour, ce qui lui assurait des semaines de six dollars.

Survint alors cette obsession qui hante le monde du travail, l'accident. Ce n'était qu'une blessure à la cheville. Il continua à travailler jusqu'au moment où il se trouva mal. Après cela il passa trois semaines au lit, retourna travailler trop tôt et se recoucha pour deux mois. Pendant ce temps-là, tous les membres des deux familles avaient dû se mettre à travailler. Les enfants vendaient des journaux dans les rues. Ona cousait des jambons dans des sacs toute la journée, et sa cousine, Marija, peignait des boîtes. Et le petit Stanislovas travaillait sur une merveilleuse machine qui faisait tout le travail presque à elle seule. Tout ce qu'il avait à faire consistait à poser une boîte de saindoux vide toutes les fois que le bras de la machine se tendait vers lui.

« Et c'est ainsi que furent décidées la place que le petit Stanislovas occuperait dans l'univers, sa destinée jusqu'à la fin de ses jours. Heure après heure, jour après jour, année après année, il était écrit qu'il se tiendrait debout sur une certaine portion de plancher d'un pied carré depuis sept heures du matin jusqu'à midi, puis de midi et demi jusqu'à cinq heures et demie, sans jamais faire un autre mouvement ni avoir une autre pensée, que de placer des boîtes de saindoux. » Et pour cela, il recevait quelque chose comme trois dollars par semaine, qui représentaient sa part personnelle des gains totaux des un million sept cent cinquante mille enfants ouvriers des États-Unis. Et son salaire payait un peu plus que les intérêts sur la maison.

Et Jurgis restait couché sur le dos, impuissant, mourant de faim, afin qu'on puisse faire face aux paiements de la maison, intérêts compris. Pour cette raison, lorsqu'il fut de nouveau sur pied, il avait cessé d'être le bel homme qu'on remarque dans la foule. Il était maigre et hagard, il paraissait misérable. Il avait perdu sa place ; il se mêlait à la foule attendant à la grille, matin après matin, en s'efforçant d'être dans les premiers et de paraître ardent au travail.

« Ce qu'il y avait de particulièrement amer dans tout cela, c'était que Jurgis en voyait clairement la signification. Au début, il était frais et vigoureux, et il avait eu du travail le premier jour ; mais maintenant, il était un article abîmé, d'occasion, pour ainsi dire, et on ne voulait pas de lui. On avait tiré le meilleur de lui — on l'avait épuisé, avec cette accélération des cadences et ce manque de soins, et maintenant on le mettait au rebut. »

La situation était devenue désespérée. Plusieurs membres de la famille perdirent leur place et Jurgis, en dernier recours, descendit dans l'enfer des usines d'engrais et se mit au travail. Vint alors un autre accident, d'une nature différente. Ona, sa femme, fut indignement — trop indignement pour qu'on le précise ici — traitée par son chef d'équipe, Jurgis frappa ce dernier, et fut mis en prison. Ona et lui perdirent leur place.

Dans le monde des travailleurs, un désastre n'arrive jamais seul. La perte de la maison suivit la perte de leurs places. Du fait que Jurgis avait frappé son chef, il fut mis sur la liste noire de toutes les usines de conserves et ne put même pas retrouver sa place dans l'usine d'engrais. La famille fut dispersée, ses membres suivirent chacun le chemin menant à l'enfer des vivants. Les plus favorisés par la chance moururent, comme le père de Jurgis, atteint d'un empoisonnement du sang après avoir travaillé dans les produits chimiques, et le jeune fils de Jurgis, Antanas, noyé dans la rue. (Et à ce sujet je tiens à dire que c'est un fait exact. J'ai parlé personnellement à un homme de Chicago, qui travaillait pour des œuvres de charité et qui avait enterré l'enfant noyé dans les rues de la Cité des Conserves.)

Et Jurgis, subissant le bannissement représenté par l'inscription sur la liste noire, se faisait ces réflexions : « Il n'y a pas de justice, on n'a aucun droit, nulle part — il y a seulement la force, la tyrannie, la volonté et la puissance, impitoyable et sans limite. On l'avait foulé aux pieds, vidé jusqu'à la moelle des os, on avait tué son vieux père, brisé et détruit sa femme, écrasé et dompté sa famille tout entière. Et à présent ils en avaient fini avec lui. Ils n'avaient plus rien à faire de lui. »

« Alors on le regarda avec pitié — pauvre diable, il était sur la liste noire. Il avait autant de chances de trouver du travail dans la Cité de la Conserve que d'être choisi comme maire de Chicago. Son nom figurait sur une liste secrète dans tous les bureaux, petits ou grands, de la place. On connaissait son nom à Saint-Louis et New York, à Omaha et Boston, à Kansas City et St. Joseph. Il avait été condamné, la sentence avait été exécutée sans procès ni appel ; il ne pourrait plus jamais travailler pour les fabricants de conserves. »

Et *la Jungle* ne se termine pas là. Jurgis vit assez pour aller jusqu'au fond de la pourriture et de la corruption de la machine industrielle et politique ; et tout ce qu'il voit et apprend, le livre le dit.

C'est un livre qui mérite vraiment d'être lu, un livre qui peut rester comme un morceau d'histoire, au même titre que *la Case de l'Oncle Tom*. Dans cet ordre d'idées, il y a de grandes chances pour qu'il se révèle comme *la Case de l'Oncle Tom* de l'esclavage du salariat. Il est dédié non pas à un Huntington ou un Carnegie mais aux Travailleurs d'Amérique. Il a un accent de vérité et de la puissance, il est soutenu aux États-Unis par plus de quatre cent mille hommes et femmes qui font tous leurs efforts pour lui donner une diffusion plus grande que n'en a jamais connu aucun livre depuis cinquante ans. Non seulement il peut accéder à une « grande vente », mais il a toutes les chances de devenir l'ouvrage « le plus vendu ». Et cependant, c'est ce qu'il y a d'étrange dans la vie moderne, *la Jungle* peut être lue à des centaines de milliers, des millions, d'exemplaires sans être pour cela rangée par les magazines au rang des « best sellers ». La raison en est qu'il va être lu par la classe ouvrière, et dans la classe ouvrière, il a déjà été lu à des centaines de milliers d'exemplaires. Chers patrons, auriez-vous l'intelligence de lire pour une fois la littérature que lit toute votre classe ouvrière ?

XVI

LETTRE À UN POÈTE EN PRISON

Le destinataire de ces lignes, Henry W. Noyes, était alors détenu au pénitencier de San Quentin. Il a été transféré plus tard dans un hôpital psychiatrique. Aucune de ses œuvres n'a paru en librairie.

Je ne sais guère comment vous répondre. Je suis partagé entre le sentiment et mon appréciation de ce qui est beau et vrai d'une part, et ma connaissance pratique des affaires d'édition d'autre part.

Personne ne gagne d'argent avec la poésie aux États-Unis. Je suis en mesure de déclarer nettement et formellement qu'aujourd'hui il n'y a dans tous les États-Unis personne qui écrive de la poésie sérieuse et en couvre les dépenses de publication. Un ou deux hommes, tel Wallace Irwin, écrivent pour les magazines des vers humoristiques et des poésies burlesques et en retirent de quoi vivre, et vivre bien. Mais c'est tout.

Je dois ici faire entrer en ligne de compte mon jugement basé sur la pratique et l'expérience, et vous dire que vous n'avez pas une chance sur un million de gagner deux sous avec votre collection de poésie. J'ai un ami[1] que je considère comme le plus

---

1. George Sterling (1869-1926). Voir à son sujet notre préface au tome II de *la Vallée de la lune* (10/18, n° 865) et, dans la 3e partie du présent ouvrage, les commentaires de l'auteur sur le *Premier Poète*.

grand poète vivant des États-Unis. Il a publié trois volumes de grande poésie. Ils ne lui ont jamais rapporté un cent. Le poète moyen d'aujourd'hui qui sort un livre de vers, assume les frais de publication et ne récupère jamais sa mise de fond. C'est une constatation générale que je fais là, et elle est exacte.

Et à présent, une mise en garde. Quoi que vous puissiez faire de vos vers, ne les laissez jamais publier par un éditeur qui vous oblige à faire l'avance des frais de publication.

J'ai été en prison quelquefois et j'ai l'impression d'être en mesure d'apprécier à sa juste valeur le bon travail que représentent ces poèmes. Cependant moi, qui les apprécie, j'ai passé quelques années à écrire pour le public et à découvrir que ledit public appréciait ou comprenait extrêmement peu la vie que j'ai décrite comme je la connaissais. J'ai sans cesse ouvert des aperçus sur la vraie vie et découvert que cela était totalement compris de travers par mes lecteurs et j'ai été contraint d'y renoncer.

Et, de nouveau, je ne sais que vous dire. Connaissant votre situation, j'ai le désir de faire tout ce qui est en mon pouvoir pour vous secourir. Je ne vois pas comment. Mais cependant considérez-moi, s'il vous plaît, comme restant à votre entier service pour tout ce que vous suggéreriez quant au sort à réserver à ces poèmes.

S'il vous plaît, je vous prie, ne considérez pas ces lignes comme une lettre distante. C'est seulement la lettre pratique et positive de quelqu'un qui possède l'expérience. Il serait inutile de vous flatter. La valeur intrinsèque de vos poèmes n'entre pas en ligne de compte. Même s'ils valaient ceux de Shelley, la situation actuelle de l'édition aux États-Unis n'en serait pas modifiée. L'ami poète dont je parlais n'arrive pas à vendre ses grands poèmes aux magazines. Les magazines ne veulent même pas en prendre connaissance, ils préfèrent publier à la place une quantité de bêtises éphémères. Il y a des années, agacé par ce que je considérais comme la paresse de mon ami, je m'en suis mêlé et j'ai essayé de placer quelques-uns de ses poèmes. J'ai complètement échoué. Je n'ai rien vendu. Et, pardonnez-moi, sa poésie était bien meilleure que la vôtre. Vous voyez donc quelle est la situation[2].

2. Lettre (Glen Ellen, 19 novembre 1910) à Henry W. Noyes.

XVII

FAGOTS DE CÈDRE,
d'IVAN SWIFT

*Texte diffusé en 1910 sous forme de circulaire, par le libraire
Sheehan and Co, qui distribuait cette plaquette de poèmes
en Californie.* Fagots of Cedar, out of the North and blown
by the Winds (Chicago, 1907) *fut imprimé à tirage limité par
Ivan Swift (1873-1945) lui-même. Il a également publié une
revue mensuelle* Green Bench (*huit n^os en 1929 et 1930*) *et
deux autres recueils* : Nine Lives in Letters (1930), A Knight
and a Day (1931).

Je viens de jeter un coup d'œil sur ce livre et je me réjouis
de le lire une deuxième fois. Il m'est familier de la première
à la dernière ligne, je l'ai lu avec ravissement. C'est un livre
frais, pénétrant et vigoureux. C'est aussi une œuvre poétique,
on y trouve l'odeur, les échos de la nature sauvage et des grands
espaces. C'est charmant, bien portant et pur comme la rosée de
la montagne. C'est plein de soleil, de gelée et de vent.

XVIII

LE DOLLAR CHAUFFÉ À BLANC, d'HERMAN DANIEL UMBSTAETTER

Paru comme Introduction *au livre d'Umbstaetter* (*1851-?*), The Red Hot Dollars and Other Stories from The Black Cat (*Boston, L.C. Page and Co*, (*1911*), *ce volume recueille douze nouvelles bizarres parues dans la revue de l'insolite* The Black Cat, *dont Umbstaetter était le rédacteur en chef.*

C'est vraiment un plaisir d'écrire une introduction au recueil de contes de M.H.D. Umbstaetter. Ce sont des histoires du *Black Cat* : une appellation qui signifie beaucoup[1]. Le champ d'action du *Black Cat* est unique en son genre, et une nouvelle du *Black Cat* est une histoire qui ne ressemble à aucune autre. M. Umbstaetter n'a peut-être pas créé un tel type d'histoire, il l'a rendu possible et a rendu possible plus d'une vocation d'écrivain. En tout cas, il a rendu la mienne possible. Il a sauvé ma vie littéraire à moins qu'il ne m'ait sauvé la vie purement et simplement. Et je crois bien qu'il s'est rendu également coupable de ce second crime.

Pendant des mois, sans avoir la moindre parcelle d'expérience j'ai tenté d'écrire quelque chose de vendable. Tout ce que je

---

1. Publié à Boston, *The Black Cat* empruntait son titre à la nouvelle d'Edgar Poe : *le Chat noir*. Ce patronage indiquait la tonalité de la revue : étrange, insolite, horreur, fantastique.

possédais avait été mis en gage et je ne mangeais pas à ma faim. J'étais malade, mentalement et physiquement, par sous-alimentation. J'avais lu dans un journal du dimanche que le tarif minimum payé par les magazines était de dix dollars pour mille mots. Pendant des mois passés à prospecter le marché des magazines, je n'avais jamais reçu d'autre réponse que le retour pur et simple de mes manuscrits. Mais je croyais pourtant implicitement à ce que j'avais lu dans ce journal du dimanche.

Donc, j'étais au bout du rouleau, je mourais de faim, je me trouvais prêt à retourner au pelletage du charbon ou à prendre la route menant au suicide. Comme j'étais à bout de forces mentales et physiques, j'avais toutes les chances d'opter pour la deuxième solution. Et voilà qu'un matin, j'ai reçu une enveloppe de petit format et peu épaisse[2] envoyée par un magazine. Il s'agissait d'un magazine[3] de réputation nationale, fondé par Bret Harte, qui se vendait vingt-cinq cents. Il était en possession d'une de mes histoires de quatre mille mots, *À l'homme sur la piste*[4]. J'étais modeste. En déchirant l'enveloppe à son extrémité, je m'attendais à y trouver un chèque de quarante dollars tout au plus. Au lieu de cela, on me faisait savoir avec froideur (la lettre émanant, je suppose, de l'Assistant chargé des Ciseaux) que mon histoire était « utilisable » et qu'après publication, on me verserait la somme de cinq dollars.

La fin était en vue. Le journal du dimanche avait menti. J'étais fini — fini comme seul pouvait l'être un homme très jeune, très malade, et très affamé. Je fis des projets — j'étais trop misérable pour projeter autre chose que de ne plus jamais écrire. Et voilà que, le même jour, dans l'après-midi, le courrier m'apporte

2. L'auteur était habitué à recevoir des enveloppes grand format et épaisses, car elles contenaient ses manuscrits rejetés.

3. *The Overland Monthly*, de San Francisco, qui allait publier en 1899 la plupart des nouvelles recueillies ensuite dans *le Fils du loup*.

4. *To the Man On Trail*. Parue en janvier 1898 dans *The Overland Monthly* (avant d'être recueillie dans *le Fils du loup*), c'est le premier texte de l'auteur accepté par un magazine « professionnel ».

encore une enveloppe de petit format et peu épaisse, venant de M. Umbstaetter du *Black Cat*. Il me disait que l'histoire[5] de quatre mille mots soumise par moi était d'une longueur excessive par rapport au sujet, mais que, si je permettais d'en couper la moitié, il m'enverrait aussitôt un chèque de quarante dollars.

Si je permettais ! C'était l'équivalent de vingt dollars les mille mots, soit le double du tarif minimum. Si je permettais ! Je répondis à M. Umbstaetter que je l'autorisais à couper la moitié de l'histoire à condition de m'envoyer l'argent immédiatement. Il le fit, par retour du courrier. Et voilà exactement comment et pourquoi je suis resté dans la carrière littéraire. Littérairement, et littéralement, j'ai été sauvé par la nouvelle du *Black Cat*.

Pour plus d'un écrivain de réputation nationale, le *Black Cat* a été un point de départ. Le mérite merveilleux, inimaginable de M. Umbstaetter, a toujours été de juger une histoire d'après ses mérites et de *la payer selon ses mérites*. De plus, et seul peut l'apprécier un auteur affamé, il payait immédiatement dès l'acceptation du texte.

Quant aux histoires contenues dans ce volume, laissons-les parler d'elles-mêmes. Ce sont d'authentiques histoires *Black Cat*. Personnellement, je me soucie beaucoup plus des hommes que des meilleures histoires qui aient jamais vu le jour. Par conséquent, cette introduction a été consacrée à M. Umbstaetter, l'Homme.

> Glen Ellen, Californie,
> 25 mars 1911.

---

5. *A Thousand Deaths*, parue en mai 1899 dans *The Black Cat*. En français : *Mille fois mort*, recueillie dans *le Dieu tombé du ciel*, collection 10/18, n° 957. London publie également dans *The Black Cat* en décembre 1900 : *Semper Idem* ; en français *l'Homme sans nom*, recueilli dans *les Condamnés à vivre*, collection 10/18, n° 890.

XIX

BRAVO POUR LE JOURNAL DU TRIMARD !

*Lettre (Glen Ellen, 16 mai 1911) au « camarade J.H. Seymour ».
Socialiste, poète et vagabond, celui-ci venait de créer à
Saint-Louis du Missouri un journal à usage des vagabonds
et marginaux. Par lettre du 7 avril, il avait sollicité la
collaboration de l'ancien clochard, auteur des* Vagabonds
du Rail *(1907) et du* Peuple de l'abîme *(1903). Seymour
lui disait dans sa lettre : « Je sens que votre catégorie est
exactement celle dont on a besoin à Saint-Louis, ce cancer
social infesté par les prêtres. »*

Je réponds à votre lettre du 2 avril 1911 qui m'est parvenue
juste au moment où je rentrais chez moi. Bravo pour le journal
du trimard ! J'aurais été content si quelque chose de ce genre
avait existé quand je roulais ma bosse sur les routes. Mais votre
demande d'y contribuer par un article est très embarrassante. Vous
pouvez imaginer que je suis obligé de décliner pareille proposition
tous les jours de l'année. Je ne peux vraiment pas y arriver. Mais
vous avez mon autorisation pleine et entière d'explorer tous mes
livres et mes brochures et d'en faire des extraits. Ils porteraient
mon nom et cela vous permettrait de me faire figurer, si vous le
désirez, dans la liste de vos collaborateurs.

C'est très excitant que vous soyez tombé par hasard sur ce
Sailor Jack écrit sur le toit d'un vieux wagon de marchandises.

Je crains qu'aucun wagon dans lequel j'ai pu monter il y a dix-sept ans, ait erré autant que je l'ai fait moi-même depuis. Je me demande si j'ai écrit ce *Sailor Jack*.

Avec vous pour la Révolution.

XX

UN CLASSIQUE DE LA MER

Paru sous le titre A Classic of the Sea, *dans* The Independent, *le 14 décembre 1911. Compte rendu d'une réédition de* Two Years Behind the Mast (Deux ans sur le gaillard d'avant), *roman paru en 1840 et dû à l'auteur d'ouvrages sur la mer : Richard Henry Dana (1815-1882).*

Dans l'espace d'un siècle, il arrive généralement qu'un livre au moins soit écrit, qui vaut non seulement pour son époque, mais constitue en outre un document pour les temps à venir. Tel est l'ouvrage de Richard Henry Dana. Alors que les romans d'aventures de mer dus à l'imagination de Marryat et de Fenimore Cooper, qui ont eu tant de succès autrefois et ont fait les délices de plusieurs générations, commencent à tomber dans l'oubli, *Deux ans devant le mât* est un livre qui restera.

Si paradoxal que cela puisse paraître, cet ouvrage est devenu un « classique » de la mer, non pas tant par ce que l'auteur pouvait présenter d'exceptionnel, mais tout au contraire parce que cet auteur était justement un homme normal, ordinaire, d'esprit clair, à la tête solide, calme, pondéré, et bien préparé par une éducation appropriée pour entreprendre un tel travail.

Il avait un esprit porté à noter d'une manière exacte ce qu'il voyait, à fixer sous leur vrai jour les différents aspects de la vie quotidienne. Il n'avait rien de particulièrement brillant ni d'imaginatif. Ce n'était pas un génie. Son cœur ne conduisit jamais son cerveau. Il ne se laissait pas dominer par les sentiments, ni tourmenter par son imagination. S'il en eût été autrement, il eût pu se rendre coupable d'exagérations magnifiques ou de fabuleuses visions analogues à celles dont Melville nous a donné l'exemple dans *Typee* et *Moby Dick*.

Grâce à son sang-froid, Dana évita d'être attaché par les quatre membres et fouetté, comme cela arriva à deux de ses compagnons. Sa réserve, sa froideur l'empêchèrent de se lier définitivement à la mer, et ne lui permirent pas de voir plus qu'un endroit poétique, et plus qu'un endroit romantique sur toute la côte de l'ancienne Californie. Cependant, ces défauts apparents furent sa force. Ils l'aidèrent à décrire de façon parfaite et définitive le tableau de la vie du marin à son époque.

Ce livre a été écrit vers le milieu du siècle dernier, et depuis, les changements survenus dans les moyens et les méthodes du commerce maritime ont été tels que les conditions de vie du marin rapportées par Dana ont complètement disparu. Finis les rapides « clippers », les capitaines implacables et féroces, les équipages de « durs-à-cuire », difficiles à mener mais efficients. Il n'y a plus aujourd'hui que de lourds cargos rampants, des vagabonds de la mer, sales et mal entretenus, de grands paquebots dévorant les flots et d'affreux voiliers à l'aspect sordide. Les seuls « records » battus actuellement par les bateaux à voiles sont ceux de la lenteur. Ces bateaux ne sont plus maintenant construits pour la vitesse, ni manœuvrés par une poignée de marins éprouvés, ni commandés par des capitaines audacieux et des officiers entraîneurs d'hommes.

La vitesse est abandonnée aux grands paquebots qui transportent la soie, le thé, les épices. Les cours maritimes, les Chambres de Commerce, les assureurs font grise mine aux capitaines résolus et trop hardis. Finis les jours sans contrainte, les jours des coups risqués du temps où non seulement les propriétaires mais aussi les capitaines faisaient des fortunes sur la réussite de courses rapides et de chanceuses aventures.

Plus d'aventures désormais. Les risques des trajets rapides ne sont plus admis. Les taux des frets sont calculés à un centime près. Les capitaines ne spéculent plus et ne négocient plus au nom de leurs armateurs. Ceux-ci dirigent tout. À coups de câblogrammes, ils fouillent les ports des sept mers, en quête de cargaisons, et leurs agents traitent eux-mêmes toutes les affaires.

Il a été établi que seuls des équipages restreints montés sur de gros navires peuvent rapporter un intérêt convenable pour le capital engagé. Par suite, corollaire inévitable, la vitesse et l'audace sont tombées en discrédit. Il est hors de discussion aujourd'hui que les matelots de la marine à voiles, en tant que classe de marins, ont déplorablement déchu. Il n'y a plus d'hommes vendant leur ferme pour aller parcourir les mers.

Mais Dana parle de ces beaux jours qui offraient aux audacieux l'occasion de faire fortune sur mer au prix d'aventures et de navigations dures et périlleuses, pleinement acceptées.

Pour le plus grand bien de son ouvrage, c'est une heureuse chance que Dana se soit embarqué sur le *Pilgrim* qui était un bateau moyen, monté par un équipage et des officiers moyens, et où régnait une discipline moyenne. Même le travail fastidieux et monotone qui suivit l'arrivée sur la côte de Californie fut d'ordre moyen.

Le *Pilgrim* n'était à aucun point de vue un bateau-enfer. Son capitaine, sans être particulièrement tendre, représentait la moyenne des gens de sa corporation, ni brillant ni médiocre dans son métier, ni cruel ni sentimental envers ses hommes.

Alors que, d'autre part, il n'y avait pour ainsi dire pas de journée de repos, ni aucune friandise ajoutée de temps à autre au triste menu du poste d'équipage, ni grog ni café chaud quand on doublait le quart, d'autre part les hommes n'étaient pas constamment blessés par le jeu continuel des coups de poings et des cabillots. Une fois, une seule fois, des hommes furent fouettés et mis aux fers, ce qui constitue une bonne moyenne pour l'année 1834 ; à cette époque, la peine du fouet à bord des navires marchands touchait déjà à son déclin.

La différence entre le genre de vie d'un marin d'alors et celui d'un marin d'aujourd'hui ne peut mieux être exprimée que par cette description que donne Dana de l'habillement du matelot de son époque :

« Le pantalon serré autour des hanches et tombant long et large sur les pieds, une ample chemise en tissu quadrillé, un chapeau verni noir, à fond bas et plat, qui se portait en arrière, orné d'une demi-brasse de ruban noir dont les extrémités pendaient en avant de l'œil gauche, et une cravate spéciale faite d'un foulard de soie noire. »

Encore que Dana ait fait voile de Boston il y a seulement trois quarts de siècle, bien des choses, aujourd'hui surannées, étaient alors en pleine vogue. Par exemple le mot *larboard* (bâbord) était encore en usage. On disait : la bordée de *larboard*. Le navire marchait à *larboard* amures. Ce n'est que tout récemment, sans doute pour éviter la confusion avec *Starboard* (tribord), que lui fut substitué le mot *port* pour désigner le côté bâbord. Imaginez un peu ce cri : « En haut les *larboardais !* » lancé dans un poste d'équipage d'un navire d'aujourd'hui. C'était pourtant l'appel employé sur le *Pilgrim* pour inviter Dana et sa bordée à monter prendre le quart sur le pont.

Le chronomètre, la moins imparfaite des machines à mesurer le temps que l'homme ait inventée, rend possible la plus sûre et la plus simple méthode pour calculer la longitude. Le *Pilgrim* naviguait à une époque où cet instrument commençait à peine à entrer en usage. On comptait si peu sur lui que le *Pilgrim* n'en possédait qu'un, et cet unique chronomètre, s'étant détraqué dès le début, ne fut plus utilisé pour le reste de la campagne.

Un navigateur moderne serait effrayé si on lui demandait de partir pour une navigation de deux ans, de Boston en Californie par le cap Horn, et de revenir par le même chemin, sans chronomètre[1].

À cette époque, cela allait de soi. C'était le temps où la navigation à l'estime était une chose sur laquelle on pouvait

1. Et sans télégraphie sans fil, bien entendu. (Note de l'auteur.)

compter, où le fait de courir le long d'une latitude constituait le moyen habituel pour atteindre un point donné, et où les observations de la lune étaient fâcheusement nécessaires. On peut affirmer que de nos jours, bien peu d'officiers de la marine marchande ont pris une observation lunaire, et qu'un grand nombre d'entre eux en seraient même totalement incapables.

« *22 septembre*. — Appelés sur le pont à sept heures du matin, nous trouvâmes la bordée de quart dans les hauts, lançant de l'eau sur les voiles[2]. Regardant vers l'arrière nous aperçûmes un petit brick à coque noire, taillé en clipper[3], qui fonçait directement sur nous. Nous nous mîmes à l'œuvre aussitôt, et établîmes toute la toile que le bateau pouvait porter, utilisant même des avirons en guise de vergues pour installer des bonnettes supplémentaires. Et l'on continua de modifier les voiles à seaux d'eau que l'on hissait le long du grand mât… Le bateau qui nous poursuivait était armé. Il regorgeait d'hommes et ne déployait aucune couleur. »

Ces lignes ne semblent-elles pas extraites d'un roman d'aventures plutôt que du journal de bord le plus sobre, le plus véridique, et le plus simple qui ait jamais été écrit ? Et pourtant c'est bien une chasse par un pirate que le brick *Pilgrim* eut à subir le 22 septembre 1834, c'est-à-dire à peine deux générations avant nous.

Dana était le type de l'homme résolu, sans exagération ni turbulence, sans détours ni faiblesse de caractère. Il fut capable, sans être brillant. Ses capacités correspondaient à la moyenne de ceux qui l'entouraient. Il fut bon avocat. Il fut bon élève au collège. Il fut bon marin. Il manifesta de la fierté, dans la mesure où cette fierté ne dépasse pas celle que doit posséder un simple matelot à douze dollars par mois, pour le travail bien fait, l'habileté manœuvrière de son capitaine, la propreté et la bonne tenue de son navire.

---

2. Pour qu'elles se tendent davantage et aient un meilleur rendement. (Note de l'auteur.)

3. C'est-à-dire construit pour la vitesse. (N.d.T.)

Il n'est pas un marin qui ne sente se précipiter les battements de son cœur en lisant le passage où Dana raconte comment pour la première fois il « amena » une vergue de cacatois. Une ou deux fois seulement il l'avait vu faire. Il pria un ancien de lui servir d'instructeur. Puis, au premier mouillage, à Monterey, étant en assez bons termes avec le second officier, il fit demander à celui-ci la faveur d'être envoyé dans les hauts la première fois que les vergues de cacatois devraient être amenées.

« Par bonheur, écrit Dana, je parvins à accomplir l'ouvrage sans que l'officier eût à faire une remarque. Et lorsque j'entendis : "C'est bien", au moment où la vergue arrivait sur le pont, j'éprouvai une satisfaction aussi vive qu'à Cambridge[4] lorsque je voyais la note "bien", sur un devoir de latin. »

« ... La première fois que j'eus à placer une patte d'empointure au vent[5], je ne me sentis pas peu fier lorsque assis à califourchon à l'extrémité de la vergue, je fixai mon empointure, et m'écriai : "Bordez sous le vent !". »

Il n'avait qu'un an de navigation lorsqu'il entreprit cette tâche qui ne convient qu'à un marin accompli. Il sut l'exécuter et en éprouva de l'orgueil. C'est également avec orgueil qu'il descendit une falaise de plus de cent mètres sur une paire de drisses de bonnettes de perroquet liées ensemble, pour aller chercher cinq ou six peaux de bœufs tombées sur la grève et valant quelques dollars. Et cela pour s'entendre dire par ses compagnons : « Comment peut-on être assez fou pour risquer sa vie au sauvetage d'une demi-douzaine de peaux ! »

En résumé, ce fut ce sentiment d'orgueil, ainsi que l'accomplissement consciencieux de son travail, qui permit à Dana de transcrire fidèlement, non seulement les moindres détails de la vie dans un poste d'équipage et l'embarquement de peaux

4. Il s'agit de l'Université de Cambridge, dans le Massachusetts.
5. Les pattes d'empointure sont des anneaux formés par la ralingue aux coins supérieurs d'une voile carrée, et par lesquels la voile est fixée aux extrémités de la vergue. (N.d.T.)

sur la côte de Californie, mais aussi la psychologie simple et nue, la mentalité de ces matelots qui charriaient des peaux de bœufs, savaient tenir un gouvernail, serrer une voile, passaient au coaltar le gréement dormant, briquaient le pont, se couchaient éreintés, grognaient après la nourriture, critiquaient les qualités manœuvrières de leurs officiers, et estimaient la durée de leur exil d'après la capacité de la cale.

Glen Ellen, Californie.
13 août 1911.

XXI

PLAISIR À LA POÉSIE
de MAX EASTMAN

Fondateur et rédacteur en chef (1911-1923) du mensuel socia-
liste The Masses, *Max Eastman (1883-1969) a écrit ou*
annoté de nombreux ouvrages sur le socialisme et les
problèmes sociaux. Il est l'auteur d'une biographie de
Trotsky (1925), d'une brochure féministe (Is Woman Suf-
frage Important ? 1911) *et de trois recueils de poèmes* :
Child of the Amazons (*1913*). Colors of Life (*1918*), Poems
of Five Decades (1954). *Son ouvrage* The Enjoyment
of Poetry (*Scribner's, 1913*) *a connu quinze rééditions*
jusqu'en 1951.

Juste quelques lignes pour apprécier votre *Plaisir à la poésie*.
C'est une présentation merveilleuse du cas du poète, et ceci tout
particulièrement parce qu'il y a, dans le livre, autant de bon sens
que de délicatesse et de finesse. On n'y trouve pas un non-sens,
pas une de ces absurdes notions relatives à la poésie, appliquées
par la plupart des gens qui en ont fait la critique — notamment
M. Hudson Maxim. En outre, vous êtes tout à fait sensible à
l'atmosphère poétique et montrez un goût infaillible dans vos
convictions et vos choix (pour moi, choix et convictions sont
une seule et même chose).

Il me semble que vous atteignez votre apogée dans les pages 116, 117 et 118. Il serait difficile de trouver ailleurs dans la littérature une pénétration plus subtile d'un sujet qui échappe aux termes et dissections ordinaires.

De nouveau, merci pour cet apport splendide[1].

1. Lettre (Glen Ellen, 31 mai 1913) à Max Eastman.

XXII

CELLE QUI N'A JAMAIS REÇU DE BAISER
de MARGARET SMITH COBB

Lettre (Glen Ellen, 12 septembre 1913) à Frank Tooker, de la rédaction du magazine The Century. *Institutrice californienne, Marguerite S. Cobb n'a publié en librairie qu'un seul volume* : Blaxine, Halfbreed Girl (1910). *Mais ses poèmes, régionalistes, ont largement paru dans la presse locale ; dans* la Vallée de la lune, *London en a cité de nombreux extraits.*

En réponse à votre lettre du 6 septembre 1913, veuillez trouver ci-inclus le manuscrit de *Unkissed* par Margaret Smith Cobb.

Margaret Smith Cobb est actuellement absente de chez elle, elle se trouve quelque part dans les bois, derrière les montagnes, et cela prendrait beaucoup de temps pour lui faire parvenir une lettre et obtenir une réponse. Pour n'importe quoi, c'est à vous et à moi de prendre une décision. Je vais vous dire mon point de vue tout en vous laissant libre de la décision finale.

À moins de me tromper gravement, je suis fermement convaincu que « O » est l'invocation qui convient pour commencer le premier vers, et que « oh » n'est pas celle qu'il faut. Vous ne diriez pas « *Oh* Dieu, De Qui viennent toutes les bénédictions »... n'est-ce pas ? Ce poème débute par une invocation similaire et, comme je vous le dis, devrait commencer par « O ».

241

Dans le premier vers de la troisième strophe, Springs est utilisé au pluriel parce qu'il caractérise une unité de mesure du temps. Toutefois, dans le dernier vers de cette troisième strophe, Spring est utilisé dans un sens général et doit être mis au singulier. Si vous mettez Springs dans le dernier vers de la troisième strophe, je croirai toujours que vous avez commis l'erreur de votre vie.

Le changement que vous avez apporté au second vers de la quatrième strophe : « une flamme fantôme » est tout à fait splendide. Je m'y associe de tout cœur.

Et maintenant, à la fin de la dernière strophe, qui est le point important en litige : je ne mettrais pas de virgule après « ses yeux » à la fin du troisième vers de la dernière strophe. Pour moi, cela se présente ainsi :

> *... ses yeux*
> *Rencontraient les mains fines et le sein se soulevait... »*

Dans cet emploi de « rencontraient », je vois seulement de la poésie élevée, et je n'aperçois aucune obscurité. Reportez-vous, voulez-vous, aux « mains fines » et au « sein caché » dans la troisième strophe, et voyez comment les « mains fines » et le « sein caché » s'associent maintenant aux yeux. À vous de décider, quoi que vous fassiez, ce sera bien. Cependant, réfléchissez bien à la dernière strophe.

XXIII

JOSEPH CONRAD

L'influence de Joseph Conrad (1857-1924) sur l'auteur est perceptible surtout dans les œuvres consacrées aux mers du Sud, après la croisière du Snark *(avril 1907-mai 1909).*

Je considérais Joseph Conrad comme un maître avant même que j'aie commencé à écrire. À mesure que les années passaient j'ai continué à le considérer comme un maître. Il est unique. Il n'y en a pas d'autres comme lui. Il ne fondera jamais une école. Personne n'aura jamais l'audace de chercher à l'imiter[1].

Cette appréciation fut confirmée par l'auteur lui-même, dans une lettre à Joseph Conrad, sous le coup de la lecture de son roman Une victoire *(Victory, 1915).*

Les oiseaux des îles font se lever l'aube chaude autour de moi. La vague résonne dans mes oreilles quand elle tombe sur le sable blanc de la plage, ici, à Waïkiki, où l'herbe verte qui pousse

1. Lettre (Glen Ellen, 23 mars 1914) à un destinataire non identifié. Reproduite par Frank Harris dans son article *A Curious Eulogy*, paru dans *Pearson's Magazine*, mars 1921, p. 338.

sous les cocotiers continue jusqu'au ras de l'écume. Cette nuit a été vôtre — et mienne.

J'avais juste commencé à écrire quand j'ai lu votre premier livre[2]. Je l'avais follement aimé et j'ai communiqué mon enthousiasme à mes amis pendant toutes ces années. Je ne vous avais jamais écrit. Je n'avais jamais rêvé de vous écrire. Mais *Victoire* m'avait transporté et je vous envoie le double d'une lettre écrite à un ami au terme de cette nuit sans sommeil.

Peut-être apprécierez-vous la valeur de cette nuit perdue pour le sommeil, sachant qu'elle a été précédée par une traversée de soixante miles à bord d'un sampan japonais, depuis la léproserie de Molokai (où Mrs. London et moi étions allés revoir de vieux amis) jusqu'à Honolulu.

Que cela retombe sur votre tête !

Aloha (ce qui est un doux mot de salut, le salut hawaïen, disant « que mon amitié soit avec vous[3] »).

À cette lettre, l'auteur joignait copie de celle qu'il avait adressée la veille à son ami Cloudesley Johns.

Avant tout et quelles que soient vos occupations, lisez *Une victoire*. Lisez ce livre, dussiez-vous mettre votre montre au clou pour l'acheter. Joseph Conrad s'est surpassé ; sans doute en avait-il fait le pari avec lui-même ; c'est donc une victoire effective, car il a été plus loin que R.L. Stevenson dans son *Creux de la vague*.

Du limon de la vie, il a tiré une figure de femme et il l'a esquissée avec un si bel art qu'il en a fait une remarquable création. Il a peint l'amour avec toutes ses illusions, lui, ce Conrad, si dépourvu d'illusions !

Lena est un personnage éthéré, elle est femme, tandis que les héros, M. Jones, Ricardo, Pedro, Heyst, Shombert, Morrison ;

2. La folie Almayer (Almayer's Folly, 1895).
3. Lettre (Honolulu, 4 juin 1915) à Joseph Conrad.

Davidson, Wang et son épouse indigène Alfuro existent réellement. Je les connais tous pour avoir rencontré leurs pareils au cours de mes voyages. Il n'y a rien dans cette œuvre qui ne soit d'une stupéfiante vérité. C'est un livre splendide, unique, dont l'enchaînement est merveilleux. Même le terrible amour de Ricardo est exact. Bref, je suis heureux d'être vivant rien que pour la joie procurée par cette lecture[4].

4. Lettre (Honolulu, 3 juin 1915) à Cloudesley Johns.

XXIV

VANDOVER ET LA BRUTE
de FRANK NORRIS

Télégramme (*Glen Ellen 15 avril 1914*) *à Charles G. Norris. Jack London donne ici, en quelque sorte, un certificat d'authenticité au roman posthume de Frank Norris* (*1870-1902*) : Vandover and the Brute (*Doubleday and Page, 1914*). *Voir plus haut son compte rendu de* la Pieuvre, *du même auteur.*

Vandover et la Brute, c'est Frank Norris de A à Z.

Il contient toutes les riches promesses qu'il a si magnifiquement réalisées. *Vandover et la Brute* était en avance de vingt ans sur son époque et aujourd'hui il est en pleine actualité. Tous les fervents de Frank Norris l'accueilleront avec la plus profonde satisfaction.

XXV

L'ENFANT DU SAMEDI
de KATHLEEN NORRIS

Lettre (Glen Ellen, 10 septembre 1914) à K. Norris. Écrivain prolifique, Kathleen Thompson Norris (1880-1966) publia Saturday's Child *en 1914 chez Macmillan, à New York. Beaucoup de ses nouvelles ont paru dans les magazines :* Atlantic Monthly, Saturday Evening Post, *etc. À l'âge de soixante-dix-sept ans, elle a publié un roman fantastique :* Through a Glass Darkly (*1957*).

Juste un petit mot de remerciements pour le plaisir que m'a donné votre *Enfant du Samedi*. Tous vos personnages sont devenus mes amis ; et je tiens à vous dire que si je n'étais pas marié, et si votre Suzanne Brown n'avait pas pris en main votre Billie Oliver, je vous aurais sûrement écrit pour vous demander l'adresse de Suzanne.

L'Enfant du samedi me donne le mal du pays. La Californie est ma patrie. Mon Dieu, je suis né là-bas, et tous les délices de *l'Enfant du samedi*, sa profonde authenticité me donnent vraiment le mal du pays, de la Californie que j'ai connue avant le tremblement de terre.

Vous devez être une femme très heureuse pour pouvoir écrire un livre tellement, tellement serein. Mes félicitations pour avoir exécuté ce splendide morceau.

XXVI

LETTRE À UN JEUNE ÉCRIVAIN

*Lettre (Oakland, 16 octobre 1914) à Max E. Feckler. Son œuvre
ne figure au catalogue d'aucune des grandes bibliothèques
des États-Unis. Il a renoncé à écrire ou ne s'est exprimé
que dans la presse.*

En ma qualité de psychologue et d'homme qui a mangé de
la vache enragée, j'ai apprécié votre histoire à cause de votre
psychologie et du point de vue que vous avez adopté. Mais, à
franchement parler, ce n'est pas pour son charme ou sa valeur
littéraires. Le fait d'avoir à dire quelque chose de nature à intéresser
les autres ne vous dispense pas de faire l'effort de l'exprimer par
les meilleurs moyens et dans la forme la plus agréable possible.
Or, vous avez entièrement négligé les moyens et la forme.

Que peut-on attendre d'un garçon de vingt ans, sans expérience,
quant à la connaissance des moyens et de la forme ? En mettant les
choses au mieux, mon garçon, il vous faudrait cinq ans pour faire
l'apprentissage du métier de forgeron et en devenir un expérimenté.
Pouvez-vous affirmer que vous avez passé, non pas cinq années
mais au moins cinq mois de labeur irréprochable et sans répit
pour acquérir les méthodes d'un écrivain professionnel apte à
vendre sa production aux magazines en échange de rétributions
substantielles ? Vous ne pouvez naturellement le soutenir, ne
l'ayant pas fait. Et cependant, vous devriez être capable de saisir

cette situation et vous dire que si les écrivains à succès gagnent de telles fortunes, c'est que, parmi les gens désirant écrire, seul un petit nombre parviennent au succès. S'il faut cinq années de travail pour devenir un bon forgeron, combien d'années de travail à raison de dix-neuf heures par jour — une année comptant alors pour cinq — combien d'années consacrées à étudier les moyens et la forme, l'art et le tour de main, faut-il, selon vous, à un homme né avec du talent et ayant quelque chose à dire, pour se faire dans le monde des lettres une place rapportant mille dollars par semaine ?

Je pense que vous comprenez où j'essaie d'en venir. Si un garçon s'applique à devenir une étoile à mille dollars par semaine, il devra proportionnellement travailler plus dur que s'il se contente d'être un petit ver luisant à vingt dollars par semaine. S'il y a dans le monde plus de forgerons prospères que d'écrivains à succès, c'est parce qu'il est beaucoup plus facile et moins laborieux de devenir un forgeron prospère qu'un écrivain à succès.

Il est absolument impossible qu'à l'âge de vingt ans vous ayez écrit l'œuvre propre à mériter un succès d'écrivain. Vous n'avez pas encore commencé votre apprentissage. La preuve, c'est que vous avez eu l'audace d'écrire ce manuscrit : *Journal de quelqu'un qui doit mourir*. Si vous aviez porté la moindre attention au contenu des magazines, vous auriez compris que votre nouvelle n'appartenait pas au genre de littérature que publient lesdits magazines. Si vous vous proposez d'écrire pour avoir du succès et gagner de l'argent, vous devez mettre sur le marché des productions commerciales. Votre nouvelle n'est pas commerciale et si vous aviez passé six soirées dans une bibliothèque pour lire toutes les nouvelles publiées par les magazines courants, vous auriez su d'avance que votre nouvelle n'était pas commerciale.

Mon cher garçon, je vous parle carrément. Rappelez-vous une chose très importante : l'ennui que vous éprouvez à vingt ans n'est que l'ennui de la vingtième année. Avant de mourir, vous éprouverez encore bien d'autres ennuis compliqués. Moi qui vous parle, j'ai surmonté l'ennui à seize ans aussi bien que l'ennui à vingt ans ; et la lassitude, le désenchantement et la tristesse totale de l'ennui de la vingt-cinquième et de la trentième années. Et cependant je vis, j'engraisse, je suis très heureux, je ris pendant une grande partie des heures où je ne dors pas. Voyez-vous, la maladie a évolué tellement plus loin chez moi que chez vous que comme un rescapé couvert des cicatrices de la maladie, je considère vos symptômes comme les symptômes préliminaires de l'adolescence. Laissez-moi encore vous dire que je les connais, que je les ai éprouvés, comme j'en ai éprouvé ensuite de la même nature et beaucoup plus graves ; il y en a autant qui vous attendent. Entre-temps, si vous voulez réussir dans une carrière bien payée, préparez-vous à accomplir le travail nécessaire.

Il n'existe qu'une seule façon de débuter, c'est de commencer un dur travail, avec patience, prêt à toutes les déceptions éprouvées par Martin Eden avant qu'il ne réussisse — qui furent les miennes avant que je ne réussisse — parce que je me suis contenté d'attribuer à mon personnage de fiction, Martin Eden, mes propres expériences dans la carrière des lettres.

Si vous passez ici en Californie à un moment quelconque, je serais heureux que vous veniez me rendre visite au ranch. J'en arriverai à la réalité des faits et vous ferai comprendre certaines choses de la vie qui ont peut-être échappé jusqu'à présent à votre expérience.

XXVII

CONSEILS À UNE CONSŒUR

Lettre (Glen Ellen, 5 février 1915) à Ethel Jennings. Le 12 janvier,
elle avait soumis un manuscrit à l'auteur en sollicitant ses
critiques. Son œuvre ne figure au catalogue d'aucune des
grandes bibliothèques des États-Unis. Mais il est possible
qu'elle ait été publiée seulement dans les magazines.

... Juste quelques mots à propos de votre histoire. Un lecteur
ne sachant rien de vous, et qui lit votre histoire dans un livre
ou dans un magazine, doit se demander longtemps, après avoir
commencé, dans quelle partie du monde elle se situe. Vous auriez
dû entrer dans le sujet d'une manière artistique et dès le départ,
localiser l'histoire grâce à une partie du récit.

Votre histoire, en réalité, n'est pas située. Elle ne se passe dans
aucun endroit différent de n'importe quel autre lieu à la surface
de la terre. C'est la première faute que vous ayez commise.

Laissez-moi vous signaler une autre faute que je constate
d'après votre lettre : vous avez écrit votre histoire d'une seule
traite. Ne faites jamais cela. L'enfer est chauffé par des manuscrits
non publiés qui ont été écrits d'une seule traite.

Précisez le lieu. Entrez dans votre couleur locale. Décrivez vos
personnages. Rendez-les réels pour vos lecteurs. Sortez de vous-
même, entrez dans l'esprit de vos lecteurs et sachez quelle impression
leur procureront les mots que vous avez écrits. Souvenez-vous en

toujours, vous n'écrivez pas pour vous, mais pour vos lecteurs. Dans cet ordre d'idées, permettez-moi de vous recommander la *Philosophie du style*. Vous devriez trouver cet essai parmi les œuvres complètes de Herbert Spencer, dans n'importe quelle bibliothèque publique.

À la page 3 de votre manuscrit, vous vous arrêtez pour dire au lecteur à quel point c'est terrible pour une femme de vivre avec un homme en dehors des liens du mariage. Je suis tout à fait disposé à vous l'accorder, mais comme artiste je suis obligé de vous dire, pour l'amour du ciel, n'interrompez pas votre récit pour expliquer au lecteur combien c'est terrible. Laissez le lecteur en prendre conscience par lui-même d'après votre récit, et poursuivez.

Je ne continuerai pas plus loin à discuter de votre manuscrit sauf pour vous dire qu'aucun magazine, aucun journal des États-Unis n'accepterait votre histoire dans son état actuel.

J'ai pris depuis longtemps l'habitude de faire taper mes poèmes en deux exemplaires pour pouvoir en envoyer un à mes amis. Je vous envoie quelques exemplaires de ceux-ci, que j'ai actuellement sous la main. Cela dans le but que vous les étudiiez soigneusement et que vous essayiez de reconnaître la beauté de l'expression, la façon nouvelle et vigoureuse d'exprimer des choses anciennes et éternelles qui semblent toujours nouvelles à des yeux neufs et disposés à transmettre aux nouvelles générations ce qu'ils voient.

J'y joins aussi une lettre à un jeune écrivain[1] que j'ai été contraint d'écrire l'autre jour. Sa situation est en quelque sorte différente de la vôtre et cependant la même vérité et les mêmes conditions fondamentales sont à la base de sa situation et de la vôtre. En même temps, permettez-moi de vous suggérer d'étudier toujours les marchandises qui sont achetées par les magazines. Ces marchandises que publient les magazines sont commercialisables. Si vous voulez en vendre, vous devez écrire des marchandises commercialisables. Au cas où vous vous trouveriez dans cette partie de la Californie, venez nous voir Mrs. London et moi, au ranch, et je pourrai en dix minutes vous en dire plus long que si je vous écrivais pendant dix ans.

1. Lettre à Max Feckler. Voir *supra*, XXVI.

XXVIII

CARACTÈRES GÉNÉRAUX
DES HOMMES SUPÉRIEURS
d'OSIAS L. SCHWARZ

Préface (datée Glen Ellen, 19 août 1915) à General Types of Superior Men *(Boston, R.G. Badger, 1916). Osias L. Schwarz (1876-?) a publié ultérieurement deux autres ouvrages :* Unconventional Ethics *(1936),* Average Men Against Superior Man *(1947). Peut-être s'agit-il des deux ouvrages auxquels London fait allusion.*

Voici une de ces œuvres immortelles, marquant une époque comme il n'en paraît qu'à de très longs intervalles, laissant une impression indélébile, constructive sur les esprits du monde entier, et plantant une borne comme on en plante une par siècle sur la route ardue et pénible du développement intellectuel mondial. Il en est ainsi parce qu'une telle œuvre jaillit des profondeurs insondables d'une âme prophétique mue par une quête insatiable de la vérité autant que par l'amour le plus pur pour toute la famille des hommes.

L'œuvre en question nous donne largement plus que n'en promet le titre. La psychologie des types nombreux et variés d'hommes supérieurs n'est, pour M. Schwarz, que le noyau du sujet à partir duquel il s'aventure dans toutes les régions du savoir humain dans le but d'édifier sa philosophie originale de la vie humaine. Sa philosophie, telle qu'elle s'incarne dans cette œuvre et dans deux œuvres encore inédites sur des questions morales, n'a rien de la théorie nébuleuse, sans vie, grandiloquente mais dépourvue de signification de nos universités ; c'est le raisonnement d'un penseur intensément original — de quelqu'un qui traite du réalisme de la vie et n'a pas peur d'aborder la féroce lutte des classes qui lui paraît menacer d'étrangler le progrès humain — et de quelqu'un qui emploie un langage simple, facile à comprendre parce qu'il a vraiment à dire quelque chose d'intelligible et de tout à fait nouveau sous le soleil.

L'un des plus grands mérites de M. Schwartz, est d'émettre une vigoureuse protestation contre la tendance de notre civilisation capitaliste vers une spécialisation à outrance, laquelle traduit une indifférence égoïste pour les buts lointains, la plénitude du bonheur et l'intégrité de la vie. Son œuvre est vraiment une résurrection de la lutte de Socrate contre les fausses valeurs et les sophismes qui s'appliquent sans cesse au détrônement de la morale et à l'adoration de Mammon.

Ce que Sigmund Freud essaie d'accomplir avec sa psychanalyse dans le domaine de la pathologie mentale, M. Schwarz (lui-même disciple de Max Nordau mais moins fidèle et précis qu'il ne s'efforce de s'en persuader lui-même) essaie de le réaliser sur le terrain de la pathologie sociale : en insufflant dans les différents secteurs de l'activité humaine l'air vivifiant de la sincérité, de l'auto-examen, de la pensée directe, et du langage simple. Ce qu'un grand nombre de nos écrivains radicaux se sont efforcés d'accomplir indirectement, implicitement, d'une manière concrète dans des romans de critique sociale, M. Schwarz l'entreprend hardiment, directement, explicitement, non seulement dans cette œuvre-ci, mais dans les deux ouvrages sur la morale ci-dessus mentionnés qui, espérons-le, verront bientôt le jour.

XXIX

L'HOMME NOMMÉ JÉSUS
de MARY AUSTIN

Lettre (Glen Ellen, 5 novembre 1915), à Mary Hunter Austin (1868-
1934) en réponse à la sienne, du 26 octobre. L'auteur l'avait
connue lors de ses séjours à Carmel ; avant de rejoindre, dès
1906, cette communauté d'écrivains et d'artistes, elle s'était
déjà rendue célèbre avec son roman The Land of Little Rain
(1903). Parmi ses œuvres : plusieurs pièces de théâtre dont
une représentée au « Théâtre de la Forêt » de Carmel (The
Fire, *1913*) ; *une autobiographie dans laquelle elle évoque*
London : Earth Horizon (*1932*) ; *un essai sur l'élevage des*
moutons ; d'autres essais sur l'amour et le mariage ou sur
la peinture italienne ; et une trentaine de romans. Celui
inspiré par le Christ, dont il est question ici, est The Man
Jesus, *Harper, 1915. Elle avait déjà évoqué Jésus en 1913*
dans The Green Bough.

J'ai lu et savouré jusqu'à la moindre parcelle votre *Jésus-Christ* paru en feuilleton dans la *North American Review*. Ça ne passera pas ? Et alors ?

J'ai à maintes reprises écrit des livres qui ne réussissaient pas à passer. Il y a de longues années, au tout début de ma carrière d'écrivain, j'ai attaqué Nietzsche et son idée du surhomme. C'était dans *le Loup des mers*. Des quantités de gens ont lu *le*

255

Loup des mers, personne ne s'est aperçu que c'était une attaque de la philosophie du surhomme. Plus tard, sans parler de mes efforts moins prolongés, j'ai écrit un autre roman qui constituait une attaque de l'idée du surhomme, je veux parler de mon *Martin Eden*. Personne ne s'en est aperçu. Une autre fois, j'ai écrit une attaque contre les idées avancées par Rudyard Kipling, que j'ai intitulée *la Force des forts*. Personne ne s'est le moins du monde aperçu de la finalité de mon histoire.

Je vous raconte tout ce qui précède dans le seul but de montrer que ce monde est peuplé de gens à la tête vraiment très dure, et aussi que je ne me casse jamais la mienne quand mes livres ratent leur but.

Et ce que je veux souligner devant vous est ceci : pourquoi se faire du mauvais sang ? Laissez le meilleur effort de votre cœur et de votre tête manquer son objectif. Le meilleur effort de mon cœur et de ma tête a manqué son objectif comme le vôtre, comme il a manqué son effet sur pratiquement tous les gens qui lisent et je ne m'en préoccupe pas. Je vais de l'avant, me contentant d'être admiré pour ma brutalité vigoureuse et pour nombre d'autres jolies petites choses qui ne font pas vraiment partie de mon œuvre.

Ciel, avez-*vous* lu *mon* histoire du « Christ »[1] ? Je doute qu'on ait lu cette interprétation du « Christ », bien qu'elle ait été publiée en volume des deux côtés de l'Atlantique. Ce livre a été apprécié pour sa vigueur et personne n'a fait mention le moins du monde de la façon dont j'ai traité la situation du Christ à Jérusalem.

Je vous dis cela, non pas pour gémir, ce n'est pas mon genre ; mais pour vous montrer que vous n'êtes pas la seule à avoir raté

---

1. Dès 1899, la correspondance de l'auteur avec Cloudesley Johns évoque un roman sur le Christ qu'il ne finira jamais. En 1915, il en incorporera la substance dans le chapitre XVII du *Vagabond des étoiles* (*The Star Rover*). Collection 10/18, n°s 1019 et 1020.

votre coup. Estimez-vous heureuse d'être qualifiée « la plus grande styliste américaine ».

Ceux qui occupent une situation à part doivent rester à part. Autant qu'il m'en souvienne, les prophètes et les voyants de tous les temps ont été tenus à l'écart, sauf dans les occasions où ils ont été lapidés ou brûlés sur le bûcher. Le monde est composé en majorité d'idiots et presque exclusivement de nigauds, et vous n'avez pas à vous plaindre si ce monde vous appelle la « grande styliste » même s'il ne sait pas reconnaître que votre style est simplement le cœur et l'âme mêmes de votre cerveau. Le monde s'imagine que le style n'a rien à voir avec le cœur et le cerveau. Nous ne pourrons, ni vous ni moi, le détromper.

Je ne vois rien à ajouter, sauf ceci : vous seriez ici avec moi pendant une demi-heure, je pourrais préciser ma pensée plus énergiquement en vous disant que vous avez beaucoup de chance et que vous devriez vous contenter de ce que le monde vous donne. Le monde ne vous donnera jamais la consécration que mérite votre livre sur le *Christ*. Mais, moi qui ne lis jamais de feuilletons, j'ai lu le vôtre sur le *Christ*. C'est par lui que je commençais toujours la lecture de la *North American Review* dès que mon exemplaire me parvenait. Je ne suis pas le monde, vous ne l'êtes pas non plus. Le monde vous fait vivre, me fait vivre, mais il ne sait fichtre pas grand chose ni sur l'un ni sur l'autre de nous deux.

XXX

SIGNA, de OUIDA

Ouida était le pseudonyme de la romancière anglaise Louise de la Ramée (1839-1908). Ses nombreuses œuvres sont remplies d'effets mélodramatiques destinés à faire vibrer le « cœur populaire ». Beaucoup ont été traduites en français : Deux petits sabots, Muguette, Cigarette, Cantinière aux Zouaves, la Filleule des fées, le Tyran du village… *Sont inédits en français ses deux romans les plus respectables :* Strathmore (*1865*) *et* Under Two Flags (*1867*). *Situé en Italie,* Signa (*1875*) *a été écrit à Florence où l'auteur séjournait depuis 1874.*

Signa, de Ouida. Je l'ai lu à l'âge de huit ans. L'histoire commence ainsi : « Ce n'était qu'un petit garçon. » Le petit garçon était un paysan italien de la montagne. Il est devenu un artiste, toute l'Italie était à ses pieds. Quand j'ai lu son histoire, j'étais un petit paysan dans un ranch misérable de Californie. À mesure que je la lisais, mon horizon limité reculait, et tout au monde me paraissait possible à condition d'oser. J'ai osé[1].

---

1. Extrait d'un entretien recueilli par *The Silhouette* (Oakland), février 1917, sous le titre *Eight Factors of Literary Success*.

XXXI

LA PHILOSOPHIE DU STYLE,
d'HERBERT SPENCER

L'Anglais H. Spencer (1820-1903), fondateur de la philosophie évolutionniste, a exercé une influence considérable sur London ; à travers La Philosophie du style *(1873) et* Principes de biologie *(1863),* Principes de sociologie *(1874).*

Ce livre m'a appris les subtiles et multiples opérations nécessaires pour transformer la pensée, la beauté, la sensation et l'émotion en symboles noirs sur du papier blanc ; ces symboles, à travers l'œil du lecteur, sont enregistrés par son cerveau et transformés par celui-ci en pensées, beauté, sensations et émotions correspondant aux miennes. Ce livre m'a appris, entre autres choses, *à connaître* le cerveau du lecteur, afin de choisir les symboles qui l'amèneraient à concrétiser ma pensée, ma vision ou mon émotion. J'appris aussi que les symboles efficaces étaient ceux qui, exigeant le minimum d'énergie du cerveau du lecteur, lui laissaient le maximum de cette énergie pour percevoir et goûter le contenu de ma pensée[1].

---

1. Extrait d'un entretien recueilli dans *The Silhouette* (Oakland), février 1917, sous le titre *Eight Factors of Literary Success*.

Troisième partie

L'ÉCRIVAIN ET SON ŒUVRE

I

LE GRAND SILENCE BLANC

Titre original : The White Silence (1899). *Recueilli dans* le Fils du loup. *Collection 10/18, n° 1021.*

Quand j'ai jeté un coup d'œil sur le texte imprimé[1] du *Grand Silence blanc*, j'ai été malade, malade de réaliser que c'était une très misérable performance ; et j'ai été profondément honteux qu'il ait échappé à la corbeille à papiers. Encore qu'il produise sur les autres un effet différent[2].

1. London fait allusion à la parution dans la revue *The Overland Monthly*, numéro de février 1899. Ce texte, un des meilleurs de l'auteur, ouvre le recueil *le Fils du loup*.
2. Lettre à Cloudesly Johns (Oakland, 27 février 1899).

II

À PROPOS DE MALEMUTE KID

Personnage central de la plupart des histoires recueillies dans le Fils du loup (*1900*). *Collection 10/18, n° 1021.*

Un autre ami m'a fait la même critique de l'expression « seul brin de vie ». J'étais saturé de réflexions — sur les relations de l'âme avec l'infini, etc. — Je traitais de l'âme de Malemute Kid et, sur le moment, ne reconnaissais plus les chiens. Je m'expose à de telles étourderies quand je ne peux relire un manuscrit. Ma méthode de composition favorite et d'écrire de cinquante à trois cents mots, puis de taper le manuscrit pour le soumettre aux rédactions. Toutes les corrections sont faites en cours de frappe, ou rajoutées à l'encre sur le manuscrit. Je devrais bien, un de ces jours, m'essayer à un style lapidaire. J'ai fini par apprendre à composer d'abord, jusqu'à la conclusion même, avant de mettre la main à la plume. Je trouve que je travaille mieux ainsi[1].

Je réalise la justesse de votre critique : je fais du rabâchage avec Malemute Kid ; mais au départ, j'avais eu l'intention de le faire réapparaître, et j'avais fait des arrangements avec l'*Overland* en conséquence. Vous remarquerez que dans *le Fils du loup*, il n'apparaît que superficiellement. Dans le conte de juin, il

---

1. Lettre (Oakland, Californie, 7 mars 1899) à Cloudesley Johns.

n'apparaîtra pas du tout et ne sera même pas mentionné. Vous m'étonnez par la justesse de votre conseil, quand vous me dites que je pourrais moi-même apprendre à l'aimer trop. J'ai peur d'être attaché à lui, pas à celui qui est sur le papier, mais à celui qui vit dans ma tête. Votre critique est si juste que je serai ravi de ne pas en reparler avec vous[2].

2. Lettre (Oakland, 17 avril 1899) à Cloudesley Johns.

III

MÉPRIS DE FEMMES

Titre original : The Scorn of Women (mai 1901). *Recueilli dans* En Pays lointain (1901). *Collection 10/18, n° 1285.*

Freda et Mme Eppingwell ont vidé leur différend, et j'ai atteint le point culminant de la scène avec Floyd Vanderlip dans la chambre de Freda. Je n'ai pas traité ceci comme je me l'étais proposé. Au lieu de lui faire rater une expérience pieusement honteuse avec un homme de cette trempe, j'ai fait qu'elle le désire avec volupté (je crois que je m'en suis bien sorti). Ainsi, d'ici un jour ou deux, l'histoire sera conclue[1].

1. Lettre (Oakland, 15 mars 1900) à Anna Strunsky.

IV

EN PAYS LOINTAIN

Titre original : In a Far Country (*1899*). *Recueilli dans* le Fils du loup, *collection 10/18, n° 1021. Nouvelle à ne pas confondre avec* En pays lointain (*Collection 10/18, n° 4185*) *qui est le titre donné par les premiers éditeurs français, au recueil de nouvelles* The God of His Fathers (*1901*).

Je me demande ce que vous penserez d'*En pays lointain* qui paraîtra dans le numéro de juin[1], et qui ne contient aucune référence à Malemute Kid[2] ni à aucun autre personnage déjà apparu dans la série. Autant que je me souvienne de mon propre jugement sur cette nouvelle, elle n'est ni idiote ni bonne, ni la pire ni la meilleure de la série que j'ai pondue. J'attends votre opinion sur elle avec impatience[3].

Oui, je suis d'accord avec vous, *En pays lointain* aurait dû être la meilleure de la série, mais elle ne l'est pas. Quant à la faiblesse de sa structure, vous avez mis dans le mille. Je ne crois pas que j'aurais été capable de la mûrir. Je laisse écouler une

---

1. Numéro de juin du magazine *The Overland Monthly*.

2. Personnage central de la plupart des nouvelles de la série publiée en 1899 par *Overland Monthly* et recueillies en 1900 dans le volume *le Fils du loup*.

3. Lettre (Oakland, 18 mai 1899) à Cloudesley Johns.

trop courte période — une à quinze minutes entre le manuscrit à la main et le manuscrit définitif dactylographié. Voyez-vous, je tâtonne, tâtonne et retâtonne à la recherche d'un style personnel, car le style qui devrait être le mien, je ne l'ai pas encore trouvé.

Quant au plagiat : vous paraissez hyper-sensible sur le sujet. Voyez-vous, *En pays lointain* a été écrit quelque temps après que j'ai lu votre *Norton Drake Company*[4]. Mais je n'ai pas remarqué la coïncidence avant que vous la mentionniez. Grands dieux ! Ni vous ni moi ne sommes les premiers à mettre en scène des reins brisés[5], ni à cause de cette antériorité, à renoncer à nous en servir. Songez à toutes les fractures de jambes, de cous et de cœurs qui ont été façonnées, et continuent de l'être encore et toujours. Par exemple, voici pourquoi j'ai été amené à faire intervenir cet incident. J'avais deux hommes à supprimer, et à faire s'entretuer. Je ne voulais pas que l'un d'eux meure tout de suite, car j'entendais faire de sa mort la conclusion. J'en ai cherché le moyen, et les reins brisés se sont imposés d'eux-mêmes. Prenez *le Grand Silence blanc*[6]. Combien de fois a-t-on fait intervenir la chute d'un arbre ? Par exemple le capitaine Kettle dans le numéro de juin de *Pearson's magazine*, le médecin qui l'ai aidé à fuir de l'État Libre du Congo, à bord d'un vapeur volé, devait être tué et fut tué par la chute d'un arbre.

Je ne vois aucune raison au monde, pour que vous retranchiez les reins brisés de votre nouvelle *Facturez-le à la Compagnie*[7].

4. Un recueil de nouvelles, encore à l'état de manuscrit, que Cloudesley Johns avait fait lire à l'auteur.

5. L'un des personnages, Percy Cuthfert, reçoit un coup de hache dans les reins.

6. Première nouvelle du recueil *le Fils du loup* (1900).

7. Lettre (Oakland, 12 juin 1899) à Cloudesley Johns.

V

BAL MASQUÉ

Titre original : The Wife of a King (*1899*). *Recueilli dans* le Fils du loup (*collection 10/18, n° 1021*).

[…] Laissez-moi vous dire combien je suis heureux que vous aimiez *Bal masqué*. […] Voici ce qui est arrivé ! J'étais dans la pire période de cafard que j'ai ressentie dans ma vie. J'étais incapable de concevoir quelque chose d'original, alors j'ai fait un assemblage de trois manuscrits mis au rancart, je les ai flanqués ensemble, au petit bonheur la chance, en les raccordant avec la plus grande brutalité. J'ai expédié le résultat avec dégoût et tout oublié à ce sujet, sauf un très désagréable sentiment de mécontentement. Quand je l'ai vu imprimé, ce fut la première fois que je n'étais pas complètement dégoûté de moi — non parce que c'était ce que j'avais fait de meilleur mais parce que je l'avais évalué si bas que la déception ou le dégoût paraissaient impossibles[1].

1. Lettre (Oakland, 10 août 1899) à Cloudesley Johns.

VI

RIEN D'AUTRE QUE L'AMOUR

Titre original : The Kempton-Wace Letters (*1903*). *À paraître dans la collection 10/18. Son unique œuvre écrite en collaboration. Avec Anna Strunsky* (*décédée en février 1964*), *militante socialiste et écrivain. London l'avait rencontrée à une réunion socialiste à l'automne 1899, à San Francisco.*

Je ne me suis pas expliqué au sujet de mon volume de *Lettres* ? Eh bien, en voici la genèse. Une jeune juive russe de Frisco et moi nous nous étions souvent disputés au sujet de nos conceptions de l'amour. Elle s'est révélée géniale. Elle est à la fois matérialiste par conviction philosophique et idéaliste par préférence innée, et elle est constamment en train d'entortiller tous les faits de l'univers de façon à pouvoir se réconcilier avec elle-même. Ainsi, nous avons finalement décidé que la seule manière de discuter la question était de le faire par lettres. Puis nous nous sommes demandé si un recueil de telles lettres ne mériterait pas d'être publié. Alors nous avons assumé chacun un personnage et nous sommes dans une véritable situation d'amour objectif. Bien sûr, nous ne savons pas encore ce qui en résultera[1].

1. Lettre (Oakland, 17 octobre 1900) à Cloudesley Johns.

Dans ce dialogue épistolaire, London assumait le rôle d'Herbert Wace, un jeune Anglais venu poursuivre ses études aux États-Unis. Anna Strunsky assumait le rôle d'un ami, Dane Kempton, demeuré en Angleterre.

Combien j'ai été heureux de recevoir la lettre de Dane Kempton ! Et pour la première de toutes les lettres, elle était beaucoup mieux que je ne l'aurais rêvé. Il est si difficile de commencer. Plus tard, ah ! plus tard, quand nous en serons arrivés à réaliser les personnages, alors ce sera inévitable ; la réalisation même de nos personnalités ne nous permettra pas de nous écarter du chemin prédestiné ou de nous demander ce que devrait être l'acte ou la pensée suivants. Si nous sommes tout à fait artistes et si nous avons en nous le moindre sens des proportions, nous ne pouvons pas nous tromper. Les âmes vivantes que nous avons créées nous maîtriseront et nous dicteront ce que nous avons à faire, nous serons de simples instruments. Voyez-vous ? Et par conséquent à présent, le commencement, la période de création ; tout dépend de nous. C'est ici que votre tâche intervient. [...]

Vous verrez que j'ai plus ou moins modifié la lettre de Dane Kempton, çà et là, dans de courts passages. Mais je me suis efforcé de le faire oh ! si légèrement. Dans les seuls endroits où j'estimais que la force et l'ambiguïté étaient nécessaires. Par exemple : vous noterez page 2, « Ce n'était pas une descente depuis le sommet de la montagne ». Vous poursuiviez alors avec « mais plutôt un envol plus ample, etc. ». Cela me paraissait être une métaphore incohérente pour commencer, et ensuite cela affaiblissait en établissant la réciproque. Je ne peux pas entrer plus avant dans le détail.

Mais rappelez-vous, Anna, ces modifications ne sont pas irrévocables. Il ne faut pas que je vous gêne pour le simple fait que c'est vrai. Il est impossible qu'il y ait la plus légère assonance entre les lettres de Dane Kempton et celles de Herbert Wace. Nous devons être nous-mêmes. Ainsi voyez, mon petit, quelles modifications j'ai apportées, je l'ai fait dans cette intention. Et finalement, même sur ces points, il faut que votre verdict soit définitif.

Oh ! un mot encore. L'histoire apparaît vers la fin de la lettre — est-ce la grande histoire d'amour de la vie de Dane Kempton ? Et s'il en est ainsi, est-ce bon de l'introduire ici au commencement ? Ou plutôt, ne devrait-il pas être incité, à cause de la folie de ma position et à cause de sa grande affection pour moi, et de sa crainte — ne devrait-il pas, dis-je, être incité ou poussé — absolument, vigoureusement poussé — à étaler devant nous sa possession la plus sacrée ? Comprenez-vous où je veux en venir ? Dites-moi ce que vous en concluez.

Conservez vos formules splendides : « petite note étranglée sortie de rien », « la joie et le chant », « Je cherche, je trouve, je garde » ; « le cher défunt » ; « franc et exigeant » ; « gloire passée » ; « l'humain affamé » ; « délicatesse exagérée de ton », etc. Conservez, dis-je, la vigueur de la phrase, mais, faites bien attention, *ne la recherchez pas*.

J'ai vivement apprécié la suggestion que vous faites sur des points d'importances diverses, et je vous remercie. Faisons cela l'un pour l'autre. Sinon plus d'un point permettant de faire une excellente réponse peuvent être perdus. Ayez un carnet de notes, et portez-y suggestions et remarques à mesure qu'elles vous viennent — à la fois pour vous-même et pour moi.

Il y avait six cent quinze mots dans cette première lettre. La longueur va augmenter (comme de juste) à mesure que nous entrerons dans le vif du sujet.

L'idée de Miss Stebbins[2] écrivant finalement deux lettres, l'une à moi et une à vous, est excellente.

Vous remarquerez que je vous ai installée[3] à Vernon Chambers, Londres. Par la suite vous pouvez changer pour la campagne — ou d'autres lieux, si cela vous paraît convenable.

---

2. Hester Stebbins, personnage du roman *Rien d'autre que l'amour*.
3. Dane Kempton était censé habiter en Angleterre.

Quant à moi — préciserons-nous l'Université[4] ? Si oui, rappelez-vous que je ne connais rien de Stanford, et par conséquent l'atmosphère manquerait d'authenticité. Je doute qu'il soit bon de le préciser, et si oui je trouve Berkeley préférable. Rappelez-vous aussi que j'ai conservé une légère trace de patriotisme[5].

Quant au titre et à l'ordre à observer pour le nom des auteurs, Anna, je m'en rapporte à vous. Je désire, vous le savez, que vous apparaissiez de la façon la plus avantageuse pour vous. C'est ce que je souhaite. Mais, en rassemblant mes souvenirs, je ne sait plus si vous souhaitiez que votre nom apparût avant ou après le mien. Et aussi, si ce devaient être les *Lettres de Kempton-Wace* ou de *Wace-Kempton*. Je m'en remets à vous. Faites-moi savoir ce que vous décidez[6].

À propos, ne pouvez-vous pas trouver un titre meilleur pour ce livre ? Non seulement meilleur au point de vue commercial, mais artistique. Je me suis creusé la tête en vain pour le trouver. Il existe, si nous pouvions seulement le découvrir.

À mon point de vue, il paraît impossible d'intercaler une série de lettres de Hester[7]. Voyez-vous, le livre ne serait ni une chose ni une autre. Tel qu'il est, c'est une série sans détours, consécutive de lettres bien argumentées sur l'Amour. Ce ne sont pas des Lettres d'Amour. Y intercaler des lettres d'amour n'en ferait pas seulement un livre de lettres d'amour, mais détruirait son caractère de livre (non lettres) sur l'amour. Ce serait un salmigondis sans suite. Voyez-vous ce que je veux dire ?

---

4. Herbert Wace était censé faire des études aux États-Unis.

5. Lettre (Oakland, 15 septembre 1900) à Anna Strunsky.

6. Le livre parut, *sans nom d'auteur*, sous le titre *The Kempton-Wace Letters*, en mai 1903, à New York, chez Macmillan. (C'était le second des 38 livres de London publiés par cet éditeur.) Dès la seconde édition, en septembre 1903, la page de titre indiquera : *The Kempton-Wace Letters* by Jack London : author of « The Call of the Wild », etc. / And / Anna Strunsky.

7. Hester Stebbins. Voir plus haut.

De plus, remarquez bien, le public est saturé de *Lettres d'Amour*, tandis que ce même public n'a pas eu de lettres sur l'Amour[8].

Mais finalement, il se ralliera au point de vue d'Anna, comme le montre cette lettre à l'éditeur pressenti pour le livre.

Miss Strunsky m'écrit qu'elle est sur le point de se mettre au travail pour ajouter mille cinq cents mots provenant de la femme, Hester Stebbins. Je suis pleinement d'accord avec son plan. Dans le livre, tel qu'il se présentait, nous avions exposé deux aspects fondamentaux de l'amour, elle va les couronner d'un troisième aspect, qui est, d'après ce que m'apprend sa lettre, l'aspect intuitif — l'amour venu du cœur, chez la femme, par opposition aux deux sortes d'amour cérébral, chez l'homme[9].

En 1903, quelques mois après la parution de Rien d'autre que l'Amour, *Elizabeth London introduisit une instance en divorce contre Jack, en mettant en cause Anna Strunsky. La presse, aussitôt, tenta de donner à l'incident la dimension du scandale. L'éditeur du livre, ayant marqué une certaine inquiétude, par lettre du 27 août, l'auteur s'empressa de le rassurer.*

Concernant ma séparation avec Mrs London, je n'ai rien à dire sauf que les *Lettres Kempton-Wace* n'ont pas le moindre rapport avec celle-ci. Les causes de cette séparation sont très antérieures

---

8. Lettre (Piedmont, Calif. 6 décembre 1902) à Anna Strunsky. Une des dernières concernant ce roman dont l'élaboration s'était étalée sur plus de deux années. Une durée inhabituelle chez London.

9. Lettre (Piedmont, 11 décembre 1902) à George P. Brett, des éditions Macmillan.

à la rédaction du livre. Comme les journalistes ne peuvent en discerner la véritable raison, ils la cherchent dans le livre, voilà tout. Dans la mesure où cela concerne le public, je n'ai pas de remarque à faire, excepté que les *Lettres Kempton-Wace* ne jouent pas le moindre rôle dans notre séparation.

Et de fait, en 1905, c'est Charman Kittredge (sa secrétaire) que London épousa, au lieu d'Anna Strunsky. Celle-ci n'avait pas voulu renoncer à sa conception idéale de l'amour ; sentiment qui pour Jack ne faisait que traduire un besoin physiologique. Mais en 1907, il avouait à une amie que la rédaction de ce livre sur l'amour, s'accompagna, entre 1900 et 1902, d'une aventure amoureuse, même si celle-ci est demeurée — par la volonté d'Anna — à un stade purement platonique.

Naturellement, mon amour, tout à fait inhabituel, a été très intense tandis qu'il me possédait ; naturellement, quand je suis amoureux, j'écris des lettres d'amour dans lesquelles je me mets tout entier. Naturellement, la généralisation biologique, dans les *Lettres* [Kempton-Wace], proposées comme règles de conduite, a faussement accrédité ma croyance dans la valeur de l'amour. J'ai dit souvent que j'aurais pu concentrer tous mes arguments dans les *Lettres* en faisant franchir deux pas de plus à la discussion biologique. « Une heure d'amour ayant la valeur d'un siècle de science » résume simplement la conclusion... d'une... conduite résultant de ces deux pas en avant sans préciser en quoi consistent ces deux pas[10].

10. Lettre (Oakland, 7 février 1707) à Blanche Partington.

VII

LA LOI DE LA VIE

Titre original : The Law of Life (*mars 1901*). *Recueilli dans* les Enfants du froid (*collection 10/18, n° 1202*).

C'est pour illustrer de façon concrète sa critique d'une nouvelle de son ami Cloudesley Johns que l'auteur se réfère ici à sa propre œuvre.

Oui, il y a un peu de pathétique dans *les Entrepreneurs*. Mais il y en a peu, si l'on considère les choses du point de vue du lecteur. Voyez-vous, votre pathétique n'est que potentiel. L'histoire contient toutes les possibilités de pathétique, mais ces possibilités ne sont pas exploitées. Pour beaucoup de raisons.

Premièrement, et surtout, vous avez mal abordé le sujet. Il y a toutes sortes de façons d'aborder un sujet quelconque, il n'y en a qu'une de bonne. À mon avis, vous n'avez pas choisi la bonne. Je veux dire, quant au point de vue. Votre homme qui meurt est le particulier ; le monde — vos lecteurs, l'universel. En écrivant cette histoire, vous vous proposiez d'appliquer le particulier à l'universel. Pour être vrai, pour être artistique, vous auriez dû appliquer le particulier, *à travers le particulier*, à l'universel. Ce n'est pas ce que vous avez fait. Vous avez appliqué le particulier, *à travers l'universel*, à l'universel. Je m'explique. Vous avez pris le point de vue du lecteur, non de l'acteur principal de la

276

tragédie. Vous avez abordé la tragédie et l'acteur principal à travers le lecteur, au lieu d'aborder le lecteur à travers la tragédie et l'acteur principal. Ou, pour être plus clair (même si je mélange les choses), le lecteur ne pénètre pas à l'intérieur de cet homme et considère la situation à travers son propre esprit. Le lecteur reste à l'écart et observe. Et c'est dommage. Par exemple, le lecteur ne regarde pas par les yeux de l'homme ; le lecteur ne voit pas comme il voyait, et aurait dû voir, les buses apparaître.

Il m'est impossible d'être plus clair, sans m'appuyer sur du concret. Hier j'ai corrigé les épreuves [de *la Loi de la vie*] pour *McClure's*[1]. Je l'avais écrit il y a environ huit mois. Ça paraîtra dans le numéro de février. Jetez-y un coup d'œil, pour pouvoir comprendre plus clairement ce que j'essaie d'expliquer. Cette histoire est courte, elle applique le particulier à l'universel, traite d'une mort solitaire, celle d'un vieil homme, dans laquelle les bêtes sauvages mettent un point final à la tragédie. Mon homme est un vieil Indien, abandonné dans la neige par sa tribu parce qu'il ne peut plus assurer sa subsistance. Il a un petit feu, quelques branchages. Il est environné par le froid et le silence. Il est aveugle. Comment aborder l'événement ? Quel point de vue dois-je adopter ? Eh bien, celui du vieil Indien, bien entendu. Quand la scène commence, il est assis devant son petit feu, il écoute les hommes de sa tribu lever le camp, harnacher les chiens, et s'en aller. Le lecteur écoute avec lui tous les bruits familiers ; il entend le dernier s'éteindre ; il sent le silence s'établir. Le vieil homme se penche sur son passé ; le lecteur l'explore avec lui — tel est le thème des pensées de l'Indien. Jusqu'au dénouement final, lorsque les loups se rassemblent en cercle autour de lui. Voyez-vous, rien, même le dégagement de la morale et la généralisation, n'est fait autrement qu'à travers lui, à partir de ce qu'il a éprouvé.

Au moment de terminer votre histoire, vous vous égarez. Vous auriez dû couper après « et de nouveaux venus tournoyaient

---

1. *MacClure's* : magazine new-yorkais dans lequel parut *la Loi de la vie* (*The Law of Life*) en mars 1901.

encore paresseusement au-dessus des buttes, et des taches noires se détachaient sur le ciel vide ». C'est la fin qui convient. Et laissez l'homme couché là, abandonné, haletant, regardant ces taches noires. Ainsi le lecteur restera là couché, haletant, à regarder — par les yeux du mourant, rien que par ses yeux — regardant de la porte de la cabane la chaleur visible. De la façon dont vous vous y êtes pris, le lecteur ne regarde pas par ses yeux, depuis le seuil de la cabane. Que fait le lecteur ? Pourquoi le lecteur est-il perché quelque part sur une butte, ou au milieu de l'air et doit-il se baisser pour regarder avec ses propres yeux à l'intérieur de la cabane. Comprenez-vous[2] ?

2. Lettre du 22 décembre 1900 à Cloudesley Johns.

VIII

LES ENFANTS DU FROID

(*Titre original* : Children of the Frost, *1902*), *Collection 10/18,
n° 1202.*

L'idée des *Enfants du froid* consiste à écrire une série d'histoires
dans laquelle le lecteur prendra toujours connaissance des choses
du point de vue indien, comme à travers les yeux des Indiens.
Jusqu'ici, le point de vue de mes histoires du Grand Nord était
celui de l'homme blanc[1].

Je ne sais pas si *les Enfants du froid* marque un progrès par
rapport à mes œuvres antérieures, mais je suis persuadé qu'il y
a de grands livres en moi et que quand je me serai trouvé moi-
même, ils sortiront. Pour le moment, j'essaie seulement de me
découvrir moi-même et de tout faire pour m'accrocher à la vie[2].

*L'enthousiasme et la foi de l'auteur ne trouvèrent pas d'écho chez
certains critiques. William H. Dall, expert quant à la vie des
Indiens du Nord-Ouest du Canada, lui reprocha d'en avoir*

1. Lettre (Oakland, 30 janvier 1902) à George P. Brett, président des
éditions Macmillan qui publièrent ce recueil en septembre 1902.
2. Lettre (Oakland, 28 avril 1902) à George P. Brett.

fait une peinture inexacte. À son tour, London reprocha à son critique de manquer de sensibilité artistique.

Quand j'ai tracé un tableau en quelques coups de pinceau, il me le gâte en ajoutant une multitude de détails que j'avais écartés… Son problème est qu'il ne voit pas les choses avec un œil de peintre. Il observe une scène dans tous ses détails ; mais il ne perçoit pas le véritable tableau que contient cette scène, un tableau qu'on peut jeter sur la toile en éliminant une masse de détails qui alourdissent la composition, et en dissimulent les lignes véritablement belles. Il n'y a pas de combinaison de couleurs dans la scène qu'il voit, aucune combinaison de lignes, de tonalités, de distribution entre l'ombre et la lumière, rien qui puisse être gagné par élimination. Il ne comprend pas que mon réalisme n'est pas un *réalisme*, mais un *réalisme idéalisé* ; qu'au point de vue artistique je suis un matérialiste émotionnel… De plus, il n'a pas de compréhension subjective des choses. Prenez, par exemple, *En pays lointain*[3]. Ici, la description du silence, du froid, de l'obscurité, de l'isolement, est objective[4].

3. Nouvelle recueillie dans *le Fils du loup*. Collection 10/18, n° 1021.
4. Lettre (Oakland, 20 décembre 1902) à Anna Strunsky : écrivain et militante socialiste avec laquelle il allait écrire *Rien d'autre que l'amour* (1903).

IX

LE PEUPLE DE L'ABÎME

Titre original, The People of the Abyss, *1903. Collection 10/18, n° 927.*

Les expériences que je relate dans ce volume me sont arrivées personnellement durant l'été 1902. Je suis descendu dans les bas-fonds londoniens avec le même état d'esprit que l'observateur, bien décidé à ne croire que ce que je verrais moi-même, plutôt que de m'en remettre aux récits de ceux qui n'avaient pas été témoins des faits qu'ils rapportaient et de ceux qui m'avaient précédé dans mes recherches [...] On m'a reproché d'avoir brossé de Londres un tableau noirci à souhait. Je crois cependant avoir été assez indulgent[1].

Ce *Peuple de l'abîme*, ainsi que vous le découvrirez par un simple coup d'œil, est simplement le livre d'un correspondant écrivant depuis le terrain d'une guerre industrielle. Vous remarquerez qu'il est impitoyablement critique à l'égard de l'état de choses existant, il n'offre aucune place pour théoriser. C'est un simple récit des faits tels qu'ils sont[2].

1. Préface de l'auteur : *le Peuple de l'abîme*, pp. 25-26.
2. Lettre (Glen Ellen, 21 novembre 1902) à George P. Brett, des éditions Macmillan.

J'ai rassemblé le moindre détail de la documentation, lu des centaines de livres et des milliers de brochures, articles de journaux et rapports parlementaires, composé et dactylographié *le Peuple de l'abîme*, pris les deux tiers des photographies avec mon propre appareil, passé une semaine de vacances dans le pays, et accompli tout cela en deux mois[3].

Cette rapidité d'exécution, du 6 août au début octobre 1902, ne traduit pas les difficultés aussi bien psychologiques que physiques rencontrées par l'auteur.

Samedi soir, j'ai passé la nuit dehors avec de pauvres diables sans feu ni lieu, arpentant les rues sous la pluie battante, trempé jusqu'aux os et attendant l'aube qui ne se levait pas. J'ai passé le dimanche avec ces sans-abri, luttant aussi âprement qu'eux pour trouver un morceau de pain. Je suis rentré chez moi dimanche soir après trente-six heures de travail sans arrêt, et une seule heure de sommeil. Aujourd'hui, j'ai écrit, tapé à la machine et corrigé plus de quatre mille mots. Je viens tout juste de finir, il est une heure du matin. Mes nerfs sont à fleur de peau après tout ce que j'ai vu et enduré [...] Cet enfer humain qu'on appelle l'East End me rend malade[4].

J'ai beaucoup lu sur la misère et j'en ai vu un peu, mais celle-ci dépasse tout ce que j'avais pu imaginer [...] J'en suis sûr, maintenant : le récit que je compose devra être expurgé, ou sinon il ne sera jamais publié dans un magazine[5].

3. Lettre (Glen Ellen, 18 février 1906) à Bailey Millard, de la rédaction de *Cosmopolitan Magazine*.

4. Lettre (Londres, 15 août 1902) à Anna Strunsky. Militante socialiste, écrivain, le co-auteur de *Rien d'autre que l'Amour*. (À paraître dans la collection 10/18).

5. Lettre (Londres, 22 août 1902) à son ami, le poète George Sterling.

Il ne se trompait pas. L'Agence American Press Association,
pour le compte de laquelle il avait effectué ce reportage ne
réussit pas à le placer dans un seul journal. Il finit par être
accepté par un organe socialiste, Wilshire's Magazine, *où*
il ne toucha que des lecteurs convaincus d'avance. Mêmes
difficultés du côté des éditions Macmillan qui exigèrent des
coupures. Cette seconde version leur paraissant encore trop
violente, London dut se résigner à établir une troisième
version un peu plus édulcorée.

Suite à votre requête, je vous informe que je vous ai envoyé par
exprès, ce jour l'exemplaire corrigé du *Peuple de l'abîme*, ainsi
aucun retard ne l'empêchera d'être rapidement mis sous presse.

J'ai supprimé entièrement les références au roi d'Angleterre
dans le chapitre du couronnement. J'ai adouci le ton en beaucoup
d'endroits, je l'ai rendu plus acceptable de diverses façons,
et j'ai ajouté une préface et un chapitre de conclusion. Dans
celui-ci, je me suis résolument montré optimiste — ce que je
suis vraiment — bien que j'aie sérieusement attaqué la politique
de la classe dirigeante anglaise. J'aboutis à la conclusion que la
machinerie politique se détraque d'elle-même et qu'il faut la
remplacer par une autre plus moderne et meilleure, j'y ai fait
allusion aussi dans la préface[6].

6. Lettre (Glen Ellen, 16 février 1903) aux éditions Macmillan.

X

L'HISTOIRE DE JEES UCK

(*Titre original* The Story of Jees Uck, *1902*), *Recueilli dans* l'Appel de la forêt et autres Histoires du pays de l'or. *Collection 10/18, n° 827.*

J'espère que cette histoire de Jees Uck vous plaira. À l'époque de sa parution en feuilletons[1], j'ai eu le plaisir de recevoir la lettre d'un homme qui avait mené la vie sauvage ; il était si convaincu par l'histoire que je ne pus réussir à le persuader que je n'avais jamais vécu avec une femme indigène, sinon, prétendait-il, je n'aurais pu acquérir l'expérience nécessaire à sa composition[2].

1. Dans *Smart Set*, en septembre 1902.
2. Lettre du 16 février 1903 à George P. Brett, des éditions Macmillan, New York.

XI

LES PIRATES DE SAN FRANCISCO

Titre original Tales of the Fish Patrol (*1905*). *Dans la collection 10/18, n° 828.*

La Rédaction du Youth's Companion (*périodique pour la jeunesse*) *où ces histoires furent d'abord publiées en feuilletons, avait demandé à l'auteur, le 4 mars 1903, des précisions sur leur fondement réel.*

Permettez-moi de déclarer franchement, tout d'abord, les données d'après lesquelles j'ai écrit. Lorsque j'étais un jeune garçon entre ma quinzième et ma dix-septième années, j'ai appartenu pendant un bon moment à la flotte des pirates de l'huître. Mon bateau, le *Razzle Dazzle*, était un sloop pirate de l'huître. Avec le reste de la flotte, composée d'hommes faits, anciens repris de justice pour la plupart, j'ai fait des raids sur les parcs à huîtres quand j'avais quinze et dix-sept ans, d'abord sur mon propre bateau et, quand il eut fait naufrage, sur un autre sloop, le *Reindeer*, en compagnie d'un certain Nelson, lequel fut tué peu après par les représentants de la loi à Benecia. Il fut tué à bord d'un autre sloop qu'il commandait à l'époque.

En fait, la razzia sur les parcs à huîtres que j'ai racontée dans l'une des histoires est la narration presque littérale d'une véritable razzia. On avait posté des gardiens sur les parcs à huîtres, à marée basse ; et on les avait laissés là sans embarcation. Lorsque les pirates arrivèrent dans de petits bateaux qu'ils avaient halés sur une longue distance à travers la vase, ils obligèrent les deux gardiens à se mettre à l'eau, mais sans les molester. Le seul écart avec la vérité, c'est que le raid fut couronné de succès et qu'aucun pirate ne se fit prendre.

Plus tard, ce Nelson et moi-même, à bord du *Reindeer*, nous nous trouvions à Benecia avec un chargement d'huîtres quand un membre des patrouilles de surveillance de la pêche nous a fait une proposition qui nous séduisit ; à partir de ce moment, pendant quelques mois, le *Reindeer*, Nelson et moi-même nous prîmes une part active à la chasse aux pillards. La manière dont nous avons pris la grande flotte chinoise de pêcheurs de crevettes est décrite dans la première histoire *Mouchoir jaune* ; c'est, une fois encore, le récit presque littéral de ce qui s'est réellement passé, y compris le refus par les Chinois d'écoper le *Reindeer* alors sur le point de couler.

Big Alec, le roi des Grecs dans l'histoire de même titre, a réellement existé. Je n'ai même pas changé son nom, ou surnom. On l'accusait d'avoir tué plusieurs hommes mais, aidé par tous les Grecs, avec de l'argent, etc., il réussit à étouffer ces affaires. Il vint réellement à Benecia avec sa péniche, dit à Charley et à moi-même qu'il allait pêcher à la ligne l'esturgeon chinois dans la Baie dans le chantier naval de Turner ; mais, sur sa réputation, Charley et moi nous l'avons laissé partir au lieu de le capturer, comme dans l'histoire. Plus tard, Big Alec (j'étais au Japon à l'époque)[1] tua deux matelots dans des circonstances des plus dramatiques ; il échappa aux autorités, et depuis on n'a plus jamais entendu parler de lui. Voici les circonstances de ce meurtre. Une haine mortelle existait entre ces deux matelots anglais (des déserteurs) et Big Alec. Tout le monde était au courant. Les gens qui se trouvaient sur le quai à Martinez, en plein jour, virent Big

1. Ce devait être entre le 20 janvier et le 26 août 1893, période pendant laquelle l'auteur naviga sur le *Sophie Sutherland* pour une campagne de pêche aux phoques.

Alec s'en aller en bateau dans une direction et les deux matelots partir dans la direction opposée. Le point où les deux bateaux devaient se croiser était caché des gens se trouvant sur le quai par un vaisseau chargé de blé à l'ancre. Les gens virent les deux bateaux disparaître derrière le vaisseau de blé. Au bout d'un moment, on vit le bateau de Big Alec réapparaître et poursuivre sa route. On guettait la réapparition du bateau des deux marins. Il ne reparut jamais. Pendant le court laps de temps où ils étaient dissimulés par le vaisseau de céréales, Big Alec avait tué les deux hommes, coulé leur bateau avec leurs cadavres, il avait poursuivi sa route comme si rien ne s'était passé. Charley me donna les détails de cette affaire à mon retour du Japon. Il avait dragué et finalement retrouvé le bateau sabordé avec ses deux occupants.

Le Siège de la reine du Lancashire est en partie fondé sur des faits réels. Charley et moi, dans le bateau de pêche au saumon d'un Valleje grec capturé, nous arrivâmes sur les deux hommes avec l'attirail de pêche à l'esturgeon, nous les poursuivîmes tout autour d'un bateau de céréales et nous les perdîmes parce que le capitaine du bateau de céréales les avait mis à l'abri. Nous les abandonnâmes, l'histoire les faisait capturer. Mais nous capturâmes d'autres pêcheurs dans les mêmes eaux, pour le même délit, en naviguant le long de notre côté du triangle dans un bateau plus rapide. Nous nous sommes aussi laissé dépasser par eux pour regagner le rivage, quand nous nous en retournâmes, sortîmes leur ligne dont les hameçons étaient chargés de plus de cinq cents kilos d'esturgeons. Et quand les hommes réclamèrent leur ligne nous les arrêtâmes et les fîmes condamner.

Un bon coup de Charley est imaginé en ce qui concerne le déroulement de l'histoire, mais basé sur le fait que c'était un vieux truc des pêcheurs de laisser traîner leurs filets, de regagner le rivage ; quand la patrouille de Police de la pêche essayait de confisquer ces filets, ils tiraient sur eux des coups de fusil depuis le rivage.

Demetrios Contos est une fiction qui dépasse la réalité. Car, dans la réalité, Demetrios Contos m'aurait laissé bel et bien me noyer. Mais la fierté d'avoir un bateau rapide et l'ostentation de la patrouille de la pêche, sont certainement vécues.

Le Retour de *Mouchoir jaune* est une fiction dans la mesure où il m'aurait poursuivi à travers la vase. Mais j'ai réellement pris le gouvernail de sa jonque, couru plus près du vent que le *Reindeer* ; je lui ai fait larguer sa ligne flottante et l'ai remorqué dans la rivière San Rafael. Toutefois, « Mouchoir jaune » ne s'échappa pas, il alla en prison avec son équipage.

J'ai retracé l'histoire des années 1891 et 1892 dans la baie de San Francisco et du delta des fleuves environnants. Les pêcheurs formaient alors une bande déchaînée, et ils le sont restés. Les pirates des huîtres ont disparu. Les crevettiers chinois sont restés, fortement soutenus par les puissantes « Sept Compagnies » qui ont engagé pour eux les meilleurs conseils, surclassant les avocats médiocres qui plaidaient pour la Patrouille ; ils mettaient en échec tous nos efforts pour les faire condamner, en promenant les dossiers de cour en cour.

Il n'y a plus autant de fusillades qu'autrefois entre Grecs et Italiens, car on les a assez bien mis au pas. Bien que, comme je l'ai dit, il y en ait encore d'indomptables. George, l'un des patrouilleurs couards dont parle la première histoire de ma série, a été poignardé, après mon départ de la Patrouille, par un Grec rancunier. Autrefois les corps des pêcheurs morts étaient ramenés, couchés sur leurs filets, et on livrait des batailles rangées comme celles qui furent menées autour de la péniche de Big Alec.

Il est exact que Charley, trois autres hommes et moi-même nous sommes descendus du quai de Martinez, fuyant désespérément devant une meute hurlante de pêcheurs sous prétexte que nous venions d'en arrêter deux en flagrant délit. Nous nous sommes échappés à bord de notre bateau à saumon. Et, lorsque plus tard le procès se déroula à Martinez, nous avions fait venir des renforts pour le cas où il y aurait eu des troubles. Mais ce procès fut une farce. Martinez est surtout un port de pêche et d'innombrables jurés, pêcheurs, furent récusés par nous ; mais il resta jusqu'à la fin un jury compact de pêcheurs qui rendirent un verdict « Non coupable », sans même délibérer, alors que, comme je l'ai dit, les accusés avaient été pris en flagrant délit.

Ainsi donc, je puis porter un témoignage véridique sur la condition des pêcheurs il y a dix ans et davantage, et je serais heureux qu'on me transmette toutes les lettres de demandes de renseignements à ce sujet. À propos, à cause de vous et de cette publication, la guerre des pillards d'huîtres de la baie de Chesapeake n'est pas près d'être oubliée[2].

2. Lettre (Piedmont, 9 mars 1903) à la rédaction du *Youth's Companion*.

XII

L'APPEL DE LA FORÊT

Titre original : The Call of the Wild (*1903*). *Collection 10/18, n° 827.*

Toute la genèse de ce texte s'est déroulée très rapidement. À mon retour d'Angleterre[1], je me suis assis à ma table pour le rédiger sous la forme d'un récit de 4 000 mots ; mais le sujet m'a dépassé et j'ai été contraint de le développer jusqu'à sa longueur actuelle. […]

Je n'aimais pas le titre *l'Appel du Wild*[2], et le *Saturday Evening Post*[3] ne l'aimait pas non plus. Je me suis creusé la cervelle pour trouver un autre titre et j'ai suggéré *le Loup qui sommeille*.

Cependant, s'ils ne trouvent pas mieux en temps utile, ils intituleront la publication dans le *Post : le Loup*. Ça ne sonne pas aussi bien que *le Loup qui sommeille* que je n'aime pas beaucoup

---

1. Après son reportage sur les bas-fonds de Londres (*le Peuple de l'abîme*), London fut de retour en Californie en novembre 1902.

2. *Wild* signifie sauvage et par extension : un pays sauvage, tel la forêt du Grand Nord canadien. D'où le titre de la première traduction française : *l'Appel de la forêt* (1905).

3. Le roman parut sous le premier titre envisagé (*The Call of the Wild*), du 20 juin au 18 juillet 1903 dans l'hebdomadaire new-yorkais *Saturday Evening Post*.

non plus. Il doit bien exister un bon titre à condition de mettre la main dessus[4].

Le succès — et celui de l'Appel de la forêt *fut grand — suscite souvent des réactions de rejet : certains esprits ne peuvent admettre qu'il soit entièrement dû aux seuls mérites du créateur. Ce premier grand succès allait lui attirer, la première des accusations de plagiat provoquée par sa volonté d'appuyer l'imagination sur des faits ou témoignages véridiques. Par lettre du 16 janvier 1907, la revue* The Independent *lui soumettait, en vue de réponse, un article à paraître intitulé* Is Jack London a Plagiarist ? (Jack London est-il un plagiaire ?) L'auteur, un certain L.A.M. Bosworth, l'accusait d'avoir plagié, à neuf endroits, les mémoires d'un missionnaire du Grand Nord. La comparaison qu'il opérait, sur deux colonnes, entre les textes respectifs, révélait que London avait emprunté plusieurs détails du comportement de Buck aux chiens du père Egerton Young. Était-ce suffisant pour fournir la matière de tout un roman, et pour motiver son immense succès ?*

N'hésitez pas à publier cet article qui m'accuse de plagiat dans de nombreux passages de *l'Appel de la forêt*. En ce qui concerne le fait d'avoir pris pour source d'une grande partie de ma documentation de *l'Appel de la forêt* dans *Mes chiens du Grand Nord* d'Egerton R. Young[5], je plaide coupable. Il y a

4. Lettre (Piedmont, Californie, 10 mars 1903) à George P. Brett, président des éditions Macmillan à New York ; chez qui le roman parut en volume, en juillet 1903.

5. *My Dogs in the Northland*. New York, F.H. Revell Co., 1902. Egerton Ryerson Young (1840-1909) a également publié, entre autres : *By Canoe and Dog-train Among the Crees and Salteaux Indians* (1890). *On the Indian Trail, stories of Missionary Work* (1897). *Indian Life in the Great North West* (1900). *Hector, my Dog. His autobiography* (1905).

deux ans, au cours d'une correspondance avec Mr. Young, j'ai mentionné le même fait et je l'ai remercié pour l'utilité que son livre avait présentée pour moi.

Je voudrais, toutefois, que vous obteniez de l'auteur de cet article qu'il y inclue une définition de ce qui constitue le plagiat.

Le livre de Mr. Young, *Mes chiens du Grand Nord*, est un récit documentaire, plein de détails intéressants et vrais sur son expérience des chiens du Grand Nord. Les écrivains de fiction ont toujours considéré les expériences réelles de la vie comme un terrain d'exploitation licite — en fait, tout roman historique est un exemple d'exploitation fictive de faits réels et déjà racontés.

Dans l'article m'accusant de plagiat, actuellement entre vos mains, prenez un exemple — celui du chien qui se couche sur le dos, les pattes en l'air, et réclame des mocassins. C'est arrivé à l'un des chiens de Mr. Young et je m'en sers dans mon histoire. Mais supposons que je sois au Klondike et que cet incident se produise avec l'un de mes chiens. Je peux l'utiliser dans une histoire, n'est-ce pas ? D'accord. Maintenant, supposons que cela n'arrive pas avec mon chien, mais avec le chien d'un autre, et que l'incident ait lieu en ma présence. Puis-je m'en servir ? De nouveau d'accord. Supposons à présent que je n'assiste pas à l'incident, mais que le propriétaire du chien à qui c'est arrivé me le raconte. Puis-je l'utiliser ? D'accord. encore. (Un pas de plus : au lieu d'en parler, l'homme rédige l'incident, non pas dans un texte de fiction mais dans une simple narration documentaire.) Puis-je l'utiliser dans mon histoire ? Si je ne peux pas, pourquoi cela ?

Autre exemple. Alors que j'écrivais mon *Loup des mers*, j'ai voulu faire intervenir une tumeur et ses ravages sur le cerveau d'un homme. Je demandai des documents au médecin de ma famille. Il se trouvait être l'auteur d'une brochure sur les tumeurs du cerveau. Il me remit cette brochure. Tout le phénomène y était décrit. J'ai utilisé ce document. Était-ce du plagiat ? Sa brochure n'était pas de la fiction. C'était une compilation de faits et d'événements réels, sous une forme documentaire.

Il en fut de même pour *Mes chiens du Grand Nord* de Mr. Young. Vraiment, accuser de plagiat dans un cas pareil, c'est faire un usage abusif de la langue anglaise. Pour être correct, il faudrait substituer « sources utilisées dans *l'Appel de la forêt* » au mot « plagiat[6] ».

Le modèle principal de Buck, London l'avait emprunté aussi à la réalité. Et de nombreuses personnes se flattèrent d'en avoir été le propriétaire. L'auteur les laissa dire, il avait rétabli la vérité dans une lettre (publiée seulement en 1965) à son ami Marshall Bond qui (avec son frère Louis) fut le voisin de l'auteur, à Dawson, en 1897 et 1898.

Oui, Buck est inspiré de votre chien à Dawson, et naturellement la propriété du Juge Miller était celle du Juge Bond — jusqu'aux piscines en ciment et au puits artésien. Et ne vous rappelez-vous pas que votre père assistait à une réunion de l'Association des cultivateurs de fruits le soir où je suis venu vous voir, et qu'il organisait un club athlétique — tous événements auxquels Buck est associé, si mes souvenirs sont exacts[7] ?

6. Lettre de l'auteur paru dans *The Independent*, 14 février 1907.
7. Lettre (Oakland, 17 décembre 1903) à Marshall Bond.

XIII

LE LOUP DES MERS

Titre original : The Sea Wolf, *1904. Collection 10/ 18, n° 843.*
L'éditeur Macmillan avait cédé les droits de publication en
feuilletons au magazine new-yorkais The Century. *Mais le*
rédacteur en chef, R.W. Gilder, craignait que le livre ne parût
brutal à son public. À l'intention des lectrices, il aurait aimé
voir développer la situation amoureuse entre Van Weyden
et Maud Brewster. D'où la réponse conciliante de l'auteur
aux éditions Macmillan qui lui avaient communiqué la lettre
inquiète de R.W. Gilder.

Ci-joint un développement du synopsis du roman maritime,
ainsi qu'un exemplaire du synopsis lui-même, que vous pouvez
communiquer l'un et l'autre à M. Gilder. Je vous ferai retour
de sa lettre d'ici deux jours si vous me permettez, ou plutôt me
pardonnez, de la garder aussi longtemps.

Il aura carte blanche pour raturer tout ce qu'il voudra ; bien
qu'il soit pratiquement impossible de donner l'idée complète
d'un tel roman à partir d'un synopsis, je me suis efforcé de lui
montrer, grâce aux personnages eux-mêmes, qu'il n'a pas à
redouter d'attaques de quiconque. De plus, il n'y a pas d'altération
de ma conception originelle de l'histoire. J'ai choisi de traiter la
brutalité, en toute connaissance de cause, préférant le faire dans
la première moitié, et réserver la seconde moitié pour quelque

chose de mieux. Je consacre la majeure partie de mon temps à ce livre et n'ai pas envie de le bâcler [...] Je l'aurai fini pour le 1er décembre [1903].

[...] M. Gilder parle de livrer un premier brouillon. Je n'en fais pas. Je rédige très lentement, à la main, et je dactylographie chaque jour ce que je viens d'écrire. Ma mise au net est faite chaque jour, tout en dactylographiant le manuscrit. Ce manuscrit est donc la version finale et m'a coûté autant de temps qu'à un auteur ayant rédigé deux ou trois brouillons successifs. Mes modifications sur épreuves sont très rares, un mot ou une phrase retranchés ici, ou ajoutés là, et c'est tout. Si bien qu'il est pour moi impossible de livrer une version non définitive.

Vous pouvez dire cependant à M. Gilder que je serai très ouvert à toutes suggestions de sa part au sujet de la publication en feuilletons de mon roman. Je suis absolument persuadé que les Américains prudes ne seront pas choqués par la seconde moitié du livre. [...]

Personnellement, et en dehors des considérations monétaires, il me plairait énormément de voir le roman paraître en feuilletons dans *The Century*. Cela me ferait beaucoup de publicité et attirerait sur moi l'attention de cette catégorie de lecteurs propres à *The Century*[1].

[...] J'ai donné par télégramme à M. Gilder l'autorisation de titrer le feuilleton de mon roman maritime *le Triomphe de l'esprit*, tout en suggérant de le remplacer par *le Loup des mers* ou *les Loups de la mer*.

Franchement, je n'aime pas du tout le titre de M. Gilder. La seule crainte qu'il avait quant à la seconde moitié du roman (qu'il prenne l'aspect d'un tract de propagande), je l'éprouve pour son tire. Il exhale l'intention ou l'annonce d'un prêche ;

1. Lettre (Oakland, vers le 2 septembre 1903) à George P. Brett, président des éditions Macmillan, à New York.

en fait il conviendrait comme titre à un tract, et c'est bien ce qui me choque. Comme titre, *le Loup des mers* est bref et puissant[2].

Alors qu'il était correspondant de guerre en Corée, l'auteur, dans une lettre aux éditions Macmillan, tirait la leçon des adaptations réalisées par la rédaction de The Century (*qui, cependant utilisa le titre recommandé par l'auteur* : le Loup des mers).

Si je comprends bien, vous comptez sortir *le Loup des mers* à la fin de cette année [1904]. Je ne serai pas en mesure de préparer le manuscrit pour l'impression ni même de corriger les épreuves. Je chargerai de cela Miss Kittredge[3].

J'aimerais rétablir dans le volume beaucoup de ce que *Century* a coupé ; et par ailleurs, j'aimerais conserver beaucoup des modifications qu'ils ont opérées. Le plus simple est de faire ceci : envoyez à Miss Kittredge le manuscrit en votre possession, et elle fera de son mieux pour y incorporer les modifications de *Century*. Puis, quand ce sera composé, envoyez-moi s'il vous plaît les épreuves[4].

En fait c'est l'auteur qui procèdera à cette révision, ainsi qu'il l'annonce à la veille de quitter la Corée.

Je suis heureux d'avoir la possibilité de réviser moi-même *le Loup des mers*, encore qu'il me soit actuellement impossible de me concentrer sur l'opportunité de raccourcir la description de

---

2. Lettre (Oakland, 10 septembre 1903) à George P. Brett.

3. Charmian Kittredge, alors secrétaire de l'auteur. Il l'épousa, en secondes noces, en 1905.

4. Lettre (Wija, Corée, 24 avril 1904) à George P. Brett.

la remise en état des mâts du scooner. Je serai peut-être plus en mesure de le décider quand j'aurai regagné le pays des Blancs[5].

En 1905, alerté par des lecteurs qui pensaient avoir connu le modèle réel de Loup Larsen, le San Francisco Examiner *publiait le nom et la photographie de l'original. Sur la même page, un télégramme de Jack London confirmait l'identification proposée, et révélait une fois de plus son souci de développer la fiction à partir de la réalité.*

Je n'ai jamais rencontré personnellement Alexander McLean, mais j'ai entendu parler de ses brutalités par les hommes avec qui je pratiquais la chasse aux phoques en 1893. McLean avait une extraordinaire réputation d'aventurier, et c'est sur ses agissements que j'ai basé mon personnage du *Loup des mers*. Bien entendu, une large part du roman est issue de mon imagination, mais le point de départ est bien Alexander McLean. Alexander avait un frère, Dan McLean, également capitaine dans la chasse aux phoques et aventurier de petite envergure[6].

Pourtant, une certaine critique soupçonneuse ne manquait jamais de contester l'authenticité recherchée par l'auteur.

Je me rappelle un compte rendu du *Loup des mers* par un critique de la côte atlantique qui paraissait très bien connaître la mer. Ledit critique se moqua énormément de moi sous prétexte que j'avais envoyé l'un de mes personnages dans la mâture pour changer une voile de flèche. Il savait de quoi il parlait parce qu'il avait vu changer beaucoup de voiles de flèche depuis le pont.

5. Lettre (Séoul, Corée, 4 juin 1904) à George P. Brett.
6. Télégramme reproduit dans le quotidien *The San Francisco Examiner*, 15 juin 1905.

Cependant, au cours d'une croisière de sept mois sur un schooner à mât de flèche, j'étais allé dans la mâture au moins une centaine de fois, et j'avais changé de mes mains les amures et les écoutes des voiles de flèche[7].

Même myopie de la critique en ce qui concerne le contenu du roman, son message.

J'ai écrit encore et encore des livres qui ont manqué leur but. Il y a de longues années, tout au début de ma carrière d'écrivain, j'ai attaqué Nietzsche et sa théorie du surhomme. C'était dans *le Loup des mers*. Des quantités de gens ont lu *le Loup des mers*, pas un ne s'est aperçu qu'il s'agissait d'une attaque contre la théorie du surhomme[8].

7. Lettre (Glen Ellen, 18 août 1905) au rédacteur en chef du *New York Saturday Times*.

8. Lettre (Glen Ellen, 5 novembre 1915) à Mary Austin (1868-1934), romancière, membre de la colonie littéraire de Carmel. Voir notre préface à *la Vallée de la lune*, tome II, 10/18, n° 865.

XIV

CROC-BLANC

Titre original : White Fang (*1906*). *Bibliothèque verte, Hachette.*

Je tiens l'idée de mon prochain livre que je vais écrire dans la première moitié de l'année qui vient.

Pas une suite à *l'Appel de la forêt*.

Mais plutôt son jumeau.

Je vais partir d'un processus inverse.

Au lieu de la régression et la décivilisation d'un chien, je vais montrer l'évolution, la civilisation d'un chien — développement des qualités domestiques, loyauté, affection, moralité et de toutes ses ressources et vertus.

Et ce sera un authentique livre — jumeau — dans le même style, poignant et solide. Il est déjà en partie construit. Une véritable antithèse de *l'Appel de la forêt*[1].

---

1. Lettre (Oakland, 5 décembre 1904) à George P. Brett, président des éditions Macmillan, de New York.

XV

RÉVOLUTION

Titre original : Revolution (*1905*). *Recueilli dans* Yours for the Revolution. *Collection 10/18, n° 1167.*

Veuillez trouver ci-inclus *Révolution*. Je souhaite qu'avant de le lire vous preniez ceci en considération : c'est un essai composé de faits. Il ne contient pas la moindre parcelle de prophétie. Le nombre des Révolutionnaires est un fait. Les Révolutionnaires existent. Tout comme eux, leurs doctrines existent. Leurs doctrines sont des faits. Vous noterez que je ne dis pas que leurs doctrines sont *justes*. Je constate purement et simplement qu'elles font partie de l'ordre des choses qui existe.

En conclusion, rappelez-vous, je vous prie, que cet essai est composé de faits[1].

---

1. Lettre (Oakland, 6 mai 1905) à la rédaction du magazine *Atlantic*. Malgré les précautions de l'auteur, ce texte fut rejeté.

XVI

LE JEU DU RING

(*Titre original* : The Game, *1905*). *Recueilli dans* Histoire de la boxe. *Collection 10/18, n° 1130.*

Vu mon intérêt pour le jeu de la vie et pour le processus mental de mes semblables, j'ai été plutôt amusé par un certain aspect des critiques de mon histoire sur le métier de boxeur intitulée *le Jeu du ring*.

[…] D'après le compte rendu du *New York Saturday Evening*, mon réalisme était pris en défaut. Je doute que l'auteur de ce compte rendu ait en cette matière autant d'expérience que moi. Je doute qu'il sache ce que c'est d'être mis knock out ou de mettre knock out un autre homme. J'ai connu ces expériences, et c'est à partir de là, et en même temps d'une connaissance passablement intime de la compétition en général, que j'ai écrit *le Jeu du ring*.

Je cite le passage suivant de la critique du *Saturday Times* : On éprouve encore plus de doutes relatifs sur ce cas particulier. Un coup porté par Ponta à la pointe du menton de Fleming pourrait donc lancer ce dernier sur le plancher rembourré de toile du ring avec assez de force pour lui écraser tout l'arrière du crâne, comme le dit M. London. »

Tout ce que je puis répondre est ceci : dans le club précisément décrit dans mon livre, un jeune boxeur a eu la tête fracassée de cette manière. Soit dit en passant, ce jeune boxeur travaillait dans une voilerie et s'occupait remarquablement bien de sa nièce, de son frère et de sa sœur.

Ah… encore un mot. Je viens de recevoir une lettre de Jimmy Britt, champion du monde des poids légers, dans laquelle il me dit qu'il a particulièrement pris plaisir à la lecture du *Je du ring* « en raison de sa fidélité aux réalités de la vie[1] ».

---

1. Lettre du 18 août 1905 à M. le Rédacteur en chef du *New York Saturday Times* ; le texte complet est recueilli dans *Histoires de la boxe*, pp. 185-186, sous le titre « Rien de plus vrai que le jeu du ring ».

XVII

L'AMOUR DE LA VIE

(*Titre original* : The Love of Life, *1905*). *Recueilli dans* l'Amour
de la vie, *collection 10/18, n° 862. Le quotidien de New York,*
The World, *reprochait à l'auteur d'avoir démarqué un texte
d'Augustus Bridle et J.K. Mac Donald,* (Lost in the Land
of Midnight Sun) *paru en décembre 1901 dans* MacClure's
Magazine. *On trouvera ce texte* : Perdu au pays du soleil de
minuit, *dans le volume 10/18, pp. 279-311. Et, ci-dessous,
la justification de London, interrogé par une revue de New
York,* The Bookman.

[…] Suite à votre demande, voici l'explication de la similitude
entre mon *Amour de la vie* et *Perdu au pays du soleil de minuit*
d'Augustus Bridle et J.K. MacDonald.

C'est une pratique courante chez les auteurs de tirer leurs
sujets des journaux. Il y a là des faits de la vie courante attendant
d'être mis en une forme littéraire […]

Cette pratique est si répandue chez les auteurs que tous ceux qui
enseignent l'art de la nouvelle recommandent de lire journaux et
magazines afin d'y trouver de la matière. Charles Reade préconise
cette pratique. Je pourrais énumérer une longue liste de grands
écrivains qui ont donné le même conseil.

Tout ce qui précède n'a d'autre but que de montrer que cette
pratique existe et est généralement employée par les auteurs de

nouvelles. Parlons à présent de l'*Amour de la vie* que le *World* de New York a si généreusement mis en parallèle avec *Perdu au pays du soleil de minuit*. *Perdu au pays du soleil de minuit* n'est pas une histoire. C'est le récit d'un fait. Il a été publié dans le *McClure's Magazine*. Il raconte les souffrances réelles d'un homme s'étant fait une entorse dans le pays de la Coppermine River. Ce n'est pas de la fiction, ce n'est pas de la littérature. J'ai pris les faits contenus dans ce récit, j'y ai ajouté bien d'autres faits provenant d'autres sources et en fis, ou essayai d'en faire, un morceau de littérature. Il y avait un autre récit de souffrances que j'ai utilisé aussi largement que *Perdu dans le pays du soleil de minuit*. Il s'agissait d'un article de journal sur un prospecteur qui se perdit et erra près de Nome, dans l'Alaska. J'ai mis à contribution par-dessus tout cela mon expérience personnelle des épreuves, des souffrances, de la famine ainsi que ce que je savais des épreuves, des souffrances, de la famine subies par des centaines et des milliers d'autres hommes.

Si vous vous reportez à la fin de mon *Amour de la vie*, vous verrez que mon héros une fois rescapé devient subitement gras. Cette obésité subite était due au fait qu'il fourrait sous sa chemise tous les restes de biscuit de mer qu'il pouvait mendier aux marins. Eh bien, je ne l'ai pas inventé. C'est un incident tiré de la vie. Vous le trouverez dans le récit par le lieutenant Greely de l'expédition polaire Greely. Je ne vois guère comment je pourrais être accusé de plagiat à l'encontre du lieutenant Greely ; et pourtant si j'ai plagié Augustus Bride et J.K. MacDonald pour une partie de mon matériel, je dois avoir plagié le lieutenant Greely pour une autre partie de mon matériel, et je dois aussi avoir plagié le correspondant du journal qui avait décrit les longues marches à l'aventure du prospecteur de Nome, et je dois avoir plagié les expériences de douzaines et de douzaines de prospecteurs de l'Alaska dont j'ai recueilli de vive voix les récits.

Toutefois, le *World* ne m'accusa pas de plagiat. Il m'accusa d'identité d'époque et de situation. Le *World* a certainement raison. Je plaide coupable et je suis heureux que le *World* ait été assez intelligent pour ne pas m'accuser d'identité de langue.

J'ai encore un mot à ajouter. Il n'est pas inintéressant d'expliquer pourquoi et comment le *World* a publié sur une demi-page ce parallèle accablant pour moi. D'abord par goût du sensationnel. Le sensationnel est une marchandise qu'un journal ne cesse de réclamer à ses tireurs à la ligne. L'insinuation de plagiat est toujours sensationnelle. Quand une demi-page de parallèle accablant est publiée dans un journal, on suggère à coup sûr le plagiat. Le sens vague des mots pour les esprits ordinaires amènera quatre-vingt-dix pour cent des lecteurs à conclure qu'une accusation de plagiat a été portée.

Deuxièmement, un tireur à la ligne écrit pour gagner sa vie. J'espère que, dans le cas qui nous occupe, ce tireur à la ligne, pour le repos de son âme, écrit aussi pour gagner sa vie. Son journal attendait de lui du sensationnel ; et en évitant de porter une accusation de plagiat tout en laissant entendre au lecteur qu'il y a plagiat, ce pigiste a vendu la moitié d'une page du *World*.

En conclusion, dans l'opération consistant à gagner ma vie en transformant du journalisme en littérature, j'ai utilisé des matières d'origines diverses qui avaient été recueillies et racontées par des hommes, lesquels gagnent leur vie en transformant les faits de la vie en journalisme. Là-dessus intervient le pigiste du *World* qui gagne sa vie en transformant en sensationnel ce qu'ont écrit d'autres hommes. Eh bien, nous gagnons tous les trois notre vie ; et qui peut s'en plaindre[1] ?

1. Lettre du 10 avril 1906 à la rédaction de *The Bookman*.

XVIII

AVANT ADAM

Titre original : Before Adam, *1907. Collection 10/18, n° 816.*

La situation de cette histoire, au sens biologique, est réellement avant Adam ; c'est l'histoire la plus primitive jamais écrite. C'est largement plus primitif que *Histoire d'Ab*[1] de Stanley Waterloo et *The Pagan's Progress*[2] de Governor Morris. Ça remonte avant l'homme des cavernes ; avant le feu ; avant le port des vêtements ; avant l'usage des armes ; avant une époque où l'homme était dans la genèse du Devenir. Quand il ne parlait pas et usait de sons au lieu de mots. En bref, […] c'est la chose la plus primitive jamais écrite et je crois l'avoir fait de façon intéressante. Et il y a de l'amour ! un héros ! un scélérat ! une rivalité ! et une description littéraire du paysage et des conditions de vie du monde à ses débuts[3].

1. *The Story of Ab* (1897) par l'écrivain anglais Stanley Waterloo (1846-1913).
2. *The Pagan's Progress* (1904), l'un des nombreux romans d'aventures de l'écrivain américain Gouverneur Morris (1876-1953).
3. Lettre (Glen Ellen, 25 avril 1906) à S.S. McClure éditeur de *McClure's Magazine*, pour lui proposer (en vain) la publication de *Avant Adam* en feuilletons.

Dès la parution des premiers feuilletons du roman dans le magazine Everybody's, *l'auteur d'*Histoire d'Ab *se plaignit d'avoir été plagié par London. Aussitôt, celui-ci contre-attaqua avec vivacité son accusateur, Stanley Waterloo.*

Je viens de lire dans un journal de San Francisco ce que je crois être une dépêche de l'Associated Press. Dans cette dépêche, on cite bon nombre de choses désobligeantes que vous auriez dites sur moi et sur mon histoire *Avant Adam*, dont la première partie a été publiée dans *Everybody's Magazine*. J'estime préférable de vous dire quels propos on vous attribue. Les voici donc :

« Je ne connais pas personnellement M. London. Mais je suis persuadé que c'est un écrivain intelligent quand il utilise le cerveau des autres. Il a accompli en six semaines ce qui m'a coûté quinze ans d'études approfondies et de recherches. *L'Histoire d'Ab* a été mon sujet favori de travail pendant quinze longues années. Non seulement Jack London part de la même proposition sur laquelle j'ai fondé mon travail, mais à plusieurs reprises, il emploie pratiquement le même langage. »

Naturellement, il n'est pas certain que vous ayez déclaré un mot de ce qui précède. Si vous n'en avez rien fait, eh bien, confirmez-le moi, et restons en là. Mais si vous avez bien dit tout cela, j'ai quelques petites objections à vous faire.

En premier lieu, ne trouvez-vous pas terriblement téméraire de parler ainsi d'un livre entier, après en avoir simplement lu la première partie ?

Et ne pensez-vous pas que vous poussez un peu loin quand vous vous arrogez le droit exclusif d'exploiter pour la fiction tout le terrain représenté par le monde primitif ? À ce compte-là, si un auteur décrit un coucher de soleil, personne d'autre n'aurait le droit de décrire des couchers de soleil ; quand un auteur écrit un roman historique sur la Guerre de Sécession, personne n'aurait plus le droit de choisir le même sujet ; quand un auteur raconte un voyage dans d'autres mondes, personne n'aurait plus le droit d'en faire autant.

La seule ressemblance entre votre *Histoire d'Ab* et mon *Avant Adam* réside dans le fait que les deux œuvres traitent du monde primitif. Si vous exercez un droit de préemption sur le monde primitif et si vous en écartez les autres en vertu de la priorité d'exploitation, alors vous devriez vous-même abandonner le sujet, car H.G. Wells était là avant vous[4], de même qu'Andrew Lang. Je pourrais aussi souligner le fait que Kipling et quelques douzaines d'autres ont exploité avant vous ce même monde primitif.

Si, au contraire, vous en revenez à parler d'une similitude dans la façon de traiter le sujet, alors laissez-moi dire que votre histoire et la mienne sont aussi éloignées que les deux pôles, à la fois par la façon dont elles sont traitées, par leurs points de vue, leurs façons d'appréhender le sujet, etc. Voyez-vous, j'ai écrit mon histoire comme réponse à la vôtre, parce que la vôtre est anti-scientifique. Vous avez concentré sur une génération l'évolution survenue à travers mille générations — c'est une chose qui m'a révolté dès ma première lecture de votre histoire.

Pour finir, cela me paraît particulièrement comique.

Je suis en désaccord avec vous, sur votre façon anti-scientifique de traiter du monde primitif ; j'écris par conséquent une réponse et voilà que je m'entends dire qu'en six semaines j'ai tiré de vous tout ce que je sais.

Vous dites que vous avez travaillé quinze longues années. Combien de temps croyez-vous que j'ai passé à étudier la science ? Lisez mes *Kempton-Wace Letters*[5], mon *Appel de la forêt*, ma *Guerre des classes*[6] (spécialement ces trois ouvrages) — lisez tout ce que j'ai écrit et vous découvrirez que j'ai acquis des bases

---

4. H.G. Wells avait publié, dès 1898, ses *Récits de l'Age de pierre*.
5. *The Kempton-Wace Letters* (1903). À paraître dans la collection 10/18.
6. *War of the Classes* (1905). Le contenu de ce volume a été recueilli par nous dans *Yours for the Revolution*, collection 10/18, n° 1167.

solides — non dans Stanley Waterloo — mais dans les mêmes
auteurs scientifiques sur lesquels est fondé Stanley Waterloo[7].

Quelques années plus tard, dans une lettre à un camarade socia-
liste, C.F. Lowrie, London précisait les invraisemblances et
faiblesses qu'il reprochait à S. Waterloo, et dont il avait su
se garder dans Avant Adam.

J'ai écrit *Avant Adam* parce que je contestais la science de
Stanley Waterloo dans son *Histoire d'Ab*. En une seule génération,
il fait découvrir le feu, domestiquer le chien et le cheval, inventer
l'arc, la flèche et le javelot et accomplir un développement tribal
complexe par ses hommes primitifs. Quant à moi, j'ai déclaré tout
cela impossible. L'homme primitif s'est développé très lentement.
J'ai donc écrit *Avant Adam* pour montrer deux choses :

   a)   les erreurs et les occasions perdues dans le processus
        de l'évolution biologique ;
   b)   que, le seul stratagème inventé par l'homme en une
        seule génération est, dans mon histoire, le transport de
        l'eau et des baies dans des calebasses[8].

Ce même C.F. Lowrie avait signalé à London qu'une de leurs
camarades socialistes, Katherine Dopp, se plaignait elle
aussi — avec cinq ans de retard — d'avoir été plagiée par
London.

Voici la chronologie d'*Avant Adam* : il fut achevé le 7 juin 1906,
écrit en quarante jours. Accepté par le magazine *Everybody's*, par

---

7. Lettre (Glen Ellen, 20 octobre 1906) à Stanley Waterloo.
8. Lettre (Los Angeles, 13 janvier 1911) à C.F. Lowrie.

télégramme du 19 juillet 1906. Sa publication commença dans le numéro d'octobre 1906 d'*Everybody's*.

Cela pourrait bien permettre de découvrir si la camarade en question a publié son œuvre avant cette date. J'ai vu son histoire publiée ultérieurement dans *The International Socialist Review*. Un petit point à élucider serait de lui demander de ma part si elle n'a pas glané son idée primitive chez moi. Bien entendu, je ne ferai pas de bruit autour de cela. Je n'ai jamais songé à attaquer une camarade.

Quant à ses accusations, elles sont si peu fondées qu'elles sont pour moi plus stupéfiantes que si elle m'accusait de l'avoir violée. Je croyais, il y a des années, quand ces accusations de plagiat se sont abattues sur moi, que j'en voyais la fin. Et maintenant arrive cette camarade, que je ne connais pas, pour me dire que j'ai appris d'elle tout ce que je sais. Qu'elle me pardonne de nommer mes maîtres : Darwin, Huxley, Spencer et toute l'école évolutionniste et, je l'espère, ils ont divulgué leurs théories avant qu'elle fût née[9].

9. Lettre (Glen Ellen, 28 décembre 1910) à C.F. Lowrie.

XIX

LA LIGUE DES VIEUX

(*Titre original* : The League of the Old Men, *octobre 1902*).
Recueilli dans les Enfants du Froid. *Collection 10/18, n° 1202.*

J'incline à croire que *la Ligue des vieux* est la meilleure
nouvelle que j'aie jamais écrite. Elle ne contient aucune allusion
à l'amour, mais ce n'est pas pour cela que je la considère comme
ma meilleure histoire. Le thème de cette histoire est plus grand que
n'importe quel thème d'amour ; en fait, son message contient les
conditions et situations de dix mille thèmes d'amour. La voix de
millions d'hommes parle par celle du vieil Imber, et les larmes et
les chagrins de millions d'autres s'étranglent dans sa gorge tandis
qu'il raconte son histoire ; son histoire résume à elle seule toute
l'immense tragédie de la rencontre entre l'Indien et le Blanc[1].

1. Présentation de *The League of the Old Men*, sous le titre *My Best
Short Story*, dans *Grand Magazine* (Londres), août 1906.

XX

L'IMPRÉVU

Titre original : The Unexpected, *août 1906. Recueilli dans*
l'Amour de la vie, *collection 10/18, n° 862. Dans cette*
nouvelle, quelques personnages isolés dans le Grand Nord se
constituaient en tribunal pour juger et exécuter l'un d'entre
eux coupable de meurtre. Histoire jugée incrédible par un
journal de Seattle.

Je viens de remarquer dans le *Post-Intelligencer* du samedi
28 juillet la mise en doute de mon histoire *l'Imprévu* publiée
dans le *McClure* du mois d'août — ou plutôt la mise en doute
de l'affirmation selon laquelle l'histoire avait un fondement réel.

Si vous vous reportez à votre collection du *San Francisco*
Examiner, à la date du 14 octobre 1900, vous y trouverez le
récit d'un double meurtre commis par Michael Dennin, et de sa
pendaison par Mrs. Nelson et son mari Hans. Je cite cet article
comme suit :

« La Cour des États-Unis devant qui Mrs. Nelson et Hans
ont exposé toute l'affaire du crime et de l'exécution de Michael
Dennin, a décidé que la pendaison du meurtrier était une exécution
légale. »

Naturellement, c'était une nouvelle extraite d'un journal, et
la citation que je viens de faire est faite d'après les colonnes d'un
journal. Maintenant, s'il n'a été procédé à aucune pendaison à

Latuya Bay dans l'hiver de 1899, alors l'histoire entière publiée dans *The Examiner*, avec de nombreux aspects de vérité, n'est qu'un canard inventé par des journalistes. Dans ce cas, il vous appartient, non de vous en prendre à moi, comme vous l'avez fait, mais de vous en prendre à vos confrères journalistes qui en sont responsables[1].

---

1. Lettre du 2 août 1906 à la rédaction du *Post-Intelligencer*, de Seattle.

XXI

LE TALON DE FER

Titre original The Iron Heel (*1908*). *Collection 10/18, n° 778.*

Je vous ai envoyé il y a deux jours, par exprès, le manuscrit complet du *Talon de fer*. Vous pourrez le mettre sous presse dès qu'il vous plaira. […]

Je pense personnellement que, du point de vue pseudo-scientifique, la situation du *Talon de fer* est plausible. D'un point de vue purement commercial, vu l'intérêt accru pour le socialisme, en ce moment, je pense que *le Talon de fer* a de grandes chances de trouver le succès. À l'origine, je vous avais dit que *le Talon de fer* atteindrait cent mille mots. Vous vous apercevrez qu'il en atteint seulement quatre-vingt-dix mille. Je n'ai pas pris le risque d'une rupture après la Commune de Chicago. J'ai donc arrêté l'histoire là[1].

Encore une fois, certains journaux ne voulurent pas attribuer le succès du livre aux seuls mérites de Jack London. Ils firent un écho complaisant à l'accusation de plagiat lancée par l'écrivain anglais Frank Harris, à propos du discours

1. Lettre (Oakland, 15 décembre 1906) à George Brett, des éditions Macmillan.

« *scandaleux* » *prononcé par l'évêque Moorehouse* (*pp. 154-158*). *Voici la riposte de Jack London.*

Arrivé à Panama, en provenance d'Amérique du Sud[2], et privé depuis quatre mois de journaux et lettres, je trouve m'attendant avec mon courrier les accusations habituelles de plagiat. M. Frank Harris[3], utilisant le procédé accablant du parallèle sur deux colonnes, a publié dans *Vanity Fair* un extrait d'article écrit par lui en 1901 et un extrait du *Talon de fer* publié par moi en 1909. Ligne par ligne, paragraphe par paragraphe, il prouve de manière concluante que je lui ai dérobé largement mille mots de sa composition[4]. En foi de quoi, je devrais être pendu. C'était ainsi que nous procédions dans l'Ouest sauvage avec les voleurs de chevaux. Naturellement les voleurs occasionnels de chevaux étaient pendus sur des témoignages solides et circonstanciés, et on découvrait ensuite qu'ils n'étaient pas coupables. Je ne sais pas si je suis ou non coupable, mais je vais exposer ma version de l'affaire au public et le laisser juge.

M. Frank Harris déclare : « Une grande réunion devait se tenir à l'Hôtel de Ville de Westminster en faveur du progrès de la moralité publique. L'Évêque de Londres présidait. J'estimai que ce serait amusant de décrire ce qu'aurait été l'effet produit sur cette assemblée si l'Évêque de Londres était soudain devenu un chrétien. Je l'écrivis. »

En 1901, j'ai découvert la composition dont parle Mr. Harris reproduite dans un journal américain. Et précédée d'une introduction par un journaliste américain donnant ces paroles de l'évêque comme extraites d'une publication de Londres assez

2. Après la déroute du *Snark* et un séjour en Australie, les London, sur le chemin du retour avaient fait étape en Équateur.

3. Frank Harris (1855-1931). Écrivain anglais. Auteur d'une biographie de George Bernard Shaw.

4. Dans *le Talon de fer*, c'est chapitre VII (La Vision de l'évêque) pp. 153-158, la série au cours de laquelle l'évêque Moorehouse prononce un discours d'un christianisme exagérément fidèle à l'Évangile.

courageuse pour imprimer ce qu'avait dit réellement l'évêque de Londres. Je n'avais jamais entendu parler de M. Harris ; je ne savais pas que le journaliste anglais inconnu avait lancé un canard ; et le journaliste américain ne savait pas, lui non plus, que M. Harris avait lancé un canard. Il a repris l'article de M. Harris de bonne foi. Et moi, j'en ai fait autant. J'ai pris ce que j'ai lu dans le journal pour la citation de paroles de l'évêque de Londres prononcées du haut d'une tribune publique. Je croyais tenir un document humain et si frappant que je l'ai classé en vue d'une utilisation ultérieure. Des années plus tard, en écrivant *le Talon de fer*, j'ai ressorti la coupure de journal. Tout joyeux, je l'ai reproduite mot à mot et je l'ai reclassée pour éviter d'être dans l'avenir accusé d'avoir outrepassé le réalisme et les probabilités humaines. Je souriais en moi-même à la pensée que si une telle accusation devait être formulée contre moi, je ressortirais la coupure de journal — le document humain contenant les paroles prononcées en public par l'évêque de Londres. Eh bien, figurez-vous, c'était un canard !

M. Harris a lancé un canard qui a trompé un journaliste américain et qui s'est retourné contre lui par l'intermédiaire de ce journaliste américain. M. Harris a lancé un hameçon et il m'a pris. J'ai été ce que nous appelons un jobard. Mais M. Harris, au lieu de s'écrier gaiement « jobard ! » s'écria gravement « voleur ! ». Je crains que M. Harris ne soit un jeune homme très pressé et naïf, ou alors terriblement désireux d'obtenir de la publicité gratuite. Si quelqu'un d'autre, ignorant des tenants et des aboutissants de l'affaire, m'avait traité de « voleur », alors M. Harris lui-même aurait pu se payer à mes dépens une partie de franche rigolade. Mais M. Harris lui-même, l'homme qui avait inventé le canard et qui m'avait pris, poussa la plaisanterie au point de me traiter de voleur et dépassa ainsi toutes les limites permises de l'humour. Ou bien M. Harris n'a aucun sens de l'humour ou bien, je le répète, c'est un jeune homme très candide.

C'est de moi qu'on rit. J'avoue m'être laissé prendre au canard de M. Harris. Et mon seul regret est que M. Harris, avant de lancer cette sensationnelle accusation publique, n'ait pas vérifié la solidité du terrain choisi par lui. M. Harris s'en tire très bien. Grâce à moi, il a trouvé le moyen de vendre deux fois le même lignage et il a bénéficié d'une énorme publicité. Je ne m'en tire pas aussi bien. Non content de m'avoir attrapé avec son canard, M. Harris m'a flétri publiquement comme étant un voleur, et cela en prenant un air moqueur et protecteur[5].

Frank Harris ayant répliqué à la contre-attaque de Jack London, celui-ci apporta de nouvelles justifications dans une lettre à Vanity Fair, *de Londres.*

Je viens de recevoir de mon agence de coupures de presse une coupure de *Vanity Fair* du 28 juillet 1909 dans laquelle M. Frank Harris a la stupidité incroyable de me traiter de menteur et d'insinuer que je ne suis pas en possession de la coupure de journal dont je vous parlais dans ma lettre du 1er juillet [...]

Dès mon retour en Californie, je me suis rendu dans mon ranch et j'ai retrouvé dans la grange une grande boîte portant l'étiquette « Coupures de presse du *Talon de fer* ». En les compulsant, j'ai retrouvé celle dont M. Harris prétendait que je mentais quand je disais la posséder. Et voici la coupure[6] portant mes remarques, avec mes notes, prises à l'époque où je l'ai utilisée pour *le Talon de fer*.

Mais M. Frank Harris s'est montré soupçonneux, enclin à taxer les autres de mauvaises intentions, il va sans aucun doute affirmer que cette coupure de journal n'en est pas une, que je l'ai fait imprimer à titre privé au dernier moment. En réponse à cette

5. Lettre (zone du canal de Panama, 1er juillet 1909) adressée en termes identiques aux quotidiens *San Francisco Examiner, Los Angeles Examiner*, et au périodique de Londres *Vanity Fair*.
6. La coupure dont parle London était extraite d'un périodique local : *The Socialist Spirit*.

réaction prévisible, j'avance que si M. Harris s'en rend coupable, il ne sera même plus digne de mon mépris et je l'ignorerai.

Si, au contraire, M. Frank Harris possède assez d'honneur pour admettre cette coupure comme soumise de bonne foi et pour reconnaître mon explication du 1er juillet[7] comme véridique, cela donnera lieu, selon moi, à des excuses sincères de M. Frank Harris. Ces excuses, vu la nature de la question, devront être aussi publiques que ses mises en cause violentes de ma véracité, de mon honnêteté et de mon équilibre mental.

Le reste de la discussion de M. Harris, publiée dans vos colonnes le 28 juillet, est tellement en dehors de la question qu'il m'est inutile d'en parler. Quant à la façon dont il m'a traité, je me bornerai à dire que ses méthodes sont incorrectes. C'est une brute de la plume et de la page imprimée. C'est un journaliste à scandales. Mais même une brute de la plume adonnée au scandale ne peut pas changer les faits[8].

7. C'est la lettre adressée aux trois journaux déjà cités.
8. Lettre (Glen Ellen, 16 août 1909) à la rédaction de *Vanity Fair*.

XXII

LES VAGABONDS DU RAIL

(*Titre original* : The Road, *collection 10/18, n° 779. Après avoir lu le manuscrit de ses souvenirs de clochard, le directeur des éditions Macmillan avait prévenu London, par lettre du 28 février 1907, que ces révélations risquaient de choquer une partie de son public et d'altérer son image de marque.*)

Même si vous me donniez une preuve convaincante que la publication des *Vagabonds du rail* serait susceptible de compromettre la vente de mes autres livres, cela n'influencerait en rien mon désir de vous voir publier celui-ci. [...] Il n'est pas exclu que, sur le moment, la vente de mes autres livres puisse en souffrir légèrement, je crois qu'à long terme il n'y aura pas de dommage. Et je tiens à dire ceci, à propos des *Vagabonds du rail* en particulier et de toute mon œuvre en général :

Dans *les Vagabonds du rail* et dans toute mon œuvre, dans tout ce que j'ai dit, écrit et fait, j'ai été vrai. Tel est le personnage que je me suis construit ; il constitue, je crois, mon principal atout. Comme mon personnage s'est constitué à travers mon œuvre, il y a eu quelques rafales d'antagonismes, d'attaques et de condamnations ; mais je m'en suis toujours sorti et l'image solide et véritable de moi-même en a été renforcée.

J'ai toujours insisté sur le fait qu'en littérature, la vertu cardinale est la sincérité, et je vis conformément à cette idée.

Si je me trompe dans ce qui précède, si le monde m'abat sous ce prétexte, je dirai « Adieu, monde plein de fierté », je me retirerai sur mon ranch, planterai des pommes de terre et élèverai des poulets pour garder mon ventre plein et mon corps sain.

Je suis prêt à admettre que je me trompe complètement en croyant que la sincérité et la vérité constituent mon principal atout. Je suis prêt à admettre que je me suis totalement trompé dans mon raisonnement. Néanmoins, si je jette un coup d'œil rétrospectif sur ma vie, j'en tire une grande leçon : CE FUT MON REFUS D'ACCEPTER LES AVIS PRUDENTS QUI A FAIT DE MOI CE QUE JE SUIS. À mes tout débuts, si j'avais suivi le conseil des rédacteurs en chef de magazines, j'aurais rapidement abouti à un échec. Le *McClure's Magazine* me donnait cent vingt-cinq dollars par mois et me tenait en laisse par le pain et le beurre. Philips[1] disait : « Écrivez pour nos magazines des histoires faites comme ci et comme ça. Cessez d'écrire les histoires que vous écrivez. » En un mot, il voulait que j'émascule mes histoires ; il voulait que je me transforme en eunuque ; il voulait que j'écrive des histoires bourgeoises insignifiantes, réservées, complaisantes. Il voulait que je rejoigne les rangs d'une médiocrité intelligente et, là, que je flatte les instincts bourgeois doux, gras, timorés. C'est parce que j'ai repoussé ses conseils que j'ai rompu avec McClure. En fait, Philipps me congédia et me supprima les cent vingt-cinq dollars mensuels. J'ai connu une passe difficile. Rappelez-vous que, de passage à New York, j'ai dû venir vous emprunter le prix de mon billet de retour en Californie. Mais, finalement, je m'en suis tiré et j'ai beaucoup mieux réussi que si j'avais suivi les conseils de M. Philipps.

Et ainsi, dans le cas présent, je me sens contraint de suivre mon propre jugement. Je n'en suis pas moins reconnaissant de votre sollicitude à m'indiquer les désagréments qui peuvent résulter de la publication des *Vagabonds du rail*, et aussi de la

---

1. John S. Philips, entré par la suite à *The American Magazine*. À ne pas confondre avec Roland Phillips, autre éditeur de London.

délicatesse que vous y avez mise. En fait, c'est moi qui ai pris la liberté d'anticiper sur l'objection que vous n'avez pas formulée.

Les Vagabonds du rail a été vendu au *Cosmopolitan Magazine*. Le premier chapitre paraîtra dans le numéro de mai[2]. Je suppose qu'ils continueront jusqu'à la fin de la série. Soit dit en passant, je peux déclarer que j'ai touché entre six mille et sept mille dollars[3].

Les alarmes du directeur littéraire des éditions Macmillan allaient rapidement se justifier aussitôt parus les deux premiers chapitres dans Cosmopolitan. *Ils inspirèrent à E.F. Allen, critique du* New York Times Saturday Review of Books *des commentaires acerbes.*

« Un homme qui s'est élevé de la situation de vagabond à celle de romancier à succès mérite qu'on lui fasse grand crédit et devrait être fier de sa réussite. Cette fierté, Jack London l'éprouve certainement ; car il est en train de tirer parti de ses expériences dans les "bas-fonds" dans un magazine mensuel bien connu, mais il n'y a pas trace de modestie dans sa fierté. Il se glorifie d'avoir vécu de mendicité, d'avoir voyagé sans billet dans les trains, de son adresse à éviter la police. Ces mémoires n'ont certainement rien de louable et nuiront, je pense, à sa réputation littéraire. Il est déplorable qu'il déprécie son art à ce point. »

À cet article, transmis par George Brett, des éditions Macmillan, London répondit ainsi :

Croyez-moi, j'ai pleinement apprécié votre point de vue quant à la publication de mes expériences du trimard, et votre lettre ne m'a offensé en aucune façon. Je vous prie de vous reporter à

---

2. *Cosmopolitan* a publié *Les Vagabonds du rail*, de mai 1907 à janvier 1908, sous le titre *My Life in the Under-world* (*Ma vie dans les bas-fonds*).

3. Lettre (Oakland, 7 mars 1907) à George P. Brett, président des éditions Macmillan.

la lettre[4] que je vous ai écrite en réponse à l'époque. En ce qui concerne la coupure que vous m'avez envoyée et dans laquelle quelqu'un essaie gratuitement d'organiser ma vie à ma place, je vous dirai seulement que j'ai reçu des douzaines de lettres gratuites du même genre dans lesquelles, toutefois, ma série d'articles sur le trimard avait été appréciée. Laissez tomber ! Ce public aux multiples têtes est une chose que personne ne peut réellement comprendre ou suivre.

Je continue de croire fermement que ma force vient de ma sincérité et du fait que je reste fidèle à moi-même, comme je l'étais à six, seize et vingt-six ans. Qui suis-je, pour avoir honte des épreuves que j'ai connues ? Je suis devenu ce que je suis à cause de mon passé ; et si j'ai honte de mon passé, je dois logiquement avoir honte de ce que ce passé m'a fait devenir[5].

4. Il s'agit de la lettre du 7 mars 1907, reproduite plus haut.
5. Lettre (Honolulu, 11 juillet 1907) à George Brett.

XXIII

LA GRANDE INTERROGATION [*PIÈCE*]

Pièce tirée en 1907 de The Great Interrogation (*1900*), *nouvelle recueillie dans* The God of His Fathers. *En français dans* En pays lointain. *Collection 10/18, n° 1285. Cette première tentative théâtrale sera suivie de beaucoup d'autres. Voir la théâtrographie établie par James Sisson dans* Gold.

Écrire une pièce, est un art beaucoup plus difficile que la composition de simples histoires. Je n'ai écrit qu'une seule pièce, et ce fait inattendu affecte sévèrement mon esprit.

De fait, *la Grande Interrogation* est une tentative de jonglerie. J'ai voulu tenir le passé, le présent et le futur en l'air tout le temps, d'une main. En écrivant une histoire, il est simple d'arrêter un moment le flot de la narration, de s'asseoir à l'ombre près d'un rocher et de discourir de l'ineffable passé ou de l'imprévisible avenir, mais dans un drame, l'histoire ne doit pas cesser de se dérouler.

Une tentative pour entremêler les trois grandes divisions du temps dans un assemblage multicolore, tel a été à l'origine l'objectif de *la Grande Interrogation*. Il s'agissait de faire jouer un rôle égal dans les existences de mes acteurs par l'éternel passé, l'éternel futur avec le présent fugitif. Le thème de la pièce est un curieux problème sociologique, un fond sur lequel est tissée une toile multicolore par le métier ronflant du temps[1].

1. Article paru dans *The Chicago Examiner*, 5 mai 1907, sous le titre *Jack London Turned Playwright*.

XXIV

LE LOGEMENT D'UN JOUR

Titre original : A Day's Lodging, *mai 1907. Recueilli dans* l'Amour de la vie, *collection 10/18, n° 862. Agacé par la concurrence et les succès littéraires de London (obtenu après seulement un an de séjour au Klondike), un canadien auteur de récits d'aventures l'accusa d'ignorer les plus simples détails de la vie du Grand Nord. Dans un article intitulé* The Canada Fakers (les Truqueurs du Canada), *Arthur Stringer s'en prenait en particulier au* Logement d'un jour *et à la nouvelle ayant donné son titre au volume* l'Amour de la vie). *Pour ce recueil, le cinquième consacré au Klondike — et sans doute le meilleur — London avait également été traité de plagiaire* (l'Amour de la vie) *et de menteur* (l'Imprévu). *Voir ses commentaires à ces deux titres.*

Je viens de rentrer après deux ans et demi de vagabondage à travers les mers du Sud, portions de la surface de la terre où il se trouvera, sans aucun doute, des hommes pour venir me dire que je n'ai jamais été dans les mers du Sud et que je ne connais pas ce sur quoi j'écris. Venant tout juste de rentrer, je lis seulement aujourd'hui votre article intitulé *les Truqueurs du Canada* et publié dans le numéro d'octobre [1908] de *Canada West*. Et maintenant, j'ai un mot à vous dire.

Vous m'avez accusé de divers truquages sur le Canada, je vais les reprendre dans l'ordre choisi par vous.

1. Lorsque *l'Amour de la vie* a été publié pour la première fois dans le *McClure's Magazine* voici de quoi on m'accusa alors : seul un poisson amphibie aurait pu aller d'une mare à une autre. J'y ai répondu à l'époque et j'ai donné complète satisfaction à ceux qui, intrigués, voulaient se renseigner. Je ne vais pas vous expliquer comment ce poisson, sans être amphibie, s'est échappé d'une mare pour se rendre dans une autre ; mais je vais vous faire une double proposition qui sera un test de votre compétence en la matière. Je parie 200 dollars contre 2 000 que je vous démontrerai, devant n'importe quelle réunion de professeurs de sciences physiques choisis par vous, que, dans les circonstances précises exposées dans mon histoire, le poisson s'échappe bien d'un trou pour aller dans l'autre, à travers la fissure, et qu'il peut s'échapper en nageant, et que l'homme peut assécher l'une des mares en quelques minutes et que l'autre mare dans laquelle le poisson s'est réfugié ne pourrait pas l'être en une demi-journée. À vous de vous rétracter ou de parier avec moi, et prouver ainsi que vous êtes un truqueur de la physique.

2. Vous partez d'un grand éclat de rire à mes dépens parce que j'ai montré[1] un trou d'eau ouvert à une très basse température et que ledit trou d'eau n'est pas gelé. C'est un truquage littéraire si absolu que je m'étonne, soit de votre audace à le signaler, soit de votre colossale étourderie. Dans mon récit, le trou d'eau en question a été approché d'abord par l'homme qui est arrivé le premier à la cabane. Je cite à présent d'après mon histoire ce qui s'est passé : « Les chiens s'étaient arrêtés à côté

---

1. Dans la nouvelle *le Logement d'un jour*.

d'un trou d'eau, non pas d'une fissure, mais bien un trou fait par l'homme, creusé avec effort à coups de hache à travers un mètre de glace. Une épaisse couche de glace nouvelle montrait qu'on ne s'en était pas servi depuis un certain temps[2]. » L'action qui, dans l'histoire, se déroule dans la cabane, occupe quelques minutes seulement ; juste le temps pour un homme suivi de l'autre de sortir et d'aller jusqu'au trou. Au terme de ces quelques minutes nécessitées par le déroulement de l'action à l'intérieur de la cabane, un homme s'en va et, en s'en allant, il jette le sac d'or dans le trou d'eau. De nouveau, je cite : « Il dégagea le sac d'or de ses liens et le porta au trou d'eau. Une nouvelle couche de glace s'était déjà réformée. Il la brisa d'un coup de poing[3]. »

3. Vous me critiquez parce que je parle d'un traîneau en écorce de bouleau. Une telle objection, quand on considère le contexte, est si puérile qu'il y a de quoi s'émerveiller que vous vous rendiez coupable de la faire. Dans *Croc Blanc*, je montre la méthode à suivre pour conduire les chiens, et je décris les traîneaux que tirent les chiens ; aucun homme familiarisé avec la région ne pourrait imaginer un instant que je voulais parler d'autre chose que d'un traîneau toboggan en écorce de bouleau. Critiquez mon emploi du mot « traîneau » si cela vous fait plaisir, mais allez jusqu'au bout de votre critique et critiquez les faits. De pareils trucs conviendraient très bien à des sociétés d'écoliers organisant des débats, mais entre adultes, et écrivains, ils sont certainement déplacés. De ce fait, vous encourez l'accusation d'être un truqueur de la logique et un truqueur de l'étymologie.

4. Vous faites des objections à mon emploi du commandement « mush on » (en avant) par le conducteur des chiens. Mes

---

2. *Le Logement d'un jour* ; dans *l'Amour de la vie*, pp. 68-69.
3. *Le Logement d'un jour*, p. 96.

histoires du Grand Nord sont pratiquement confinées au Klondike et à l'Alaska ; et dans ces régions la seule formule employée comme commandement pour que les chiens se lèvent, continuent ou partent, est « mush on ». Ce fait est indiscutable. Aucun homme ayant séjourné au Klondike et en Alaska ne me démentirait. Sur ce point, vous vous êtes transformé en truqueur du Canada et, par-dessus le marché, en truqueur scholastique canadien faisant sa propre publicité[4].

4. Lettre (Glen Ellen, 2 août 1909) à Arthur Stringer.

XXV

LA FORCE DES FORTS

(*Titre original* : The Strength of the Strong, *1911*). *Recueilli dans* les Temps maudits. *Collection 10/18, n° 777.*

[…] Il y a quelque temps, Kipling s'est livré à une attaque contre le socialisme sous la forme d'une parabole ou nouvelle intitulée *Melissa*[1], dans laquelle il exhalait son chauvinisme et démontrait que la coopération d'individus robustes en vue de s'opposer à la guerre était le signe de leur dégénérescence. J'ai écrit *la Force des forts* comme une réplique à son attaque[2].

1. Parue dans *Collier's Weekly* (New York), le 28 novembre 1908, sous le titre *The Adventures of Melissa*. Recueillie sous le titre *The Mother Hive* (*la Ruche Mère*) en 1909 dans *Actions and Reactions* (*Actions et réactions*). C'est une parabole politico-économique exprimée à travers le déclin d'une colonie d'abeilles.

2. Lettre (Glen Ellen, 30 août 1909) au rédacteur en chef de *Cosmopolitan Magazine* (New York) pour lui proposer cette nouvelle. En vain : elle ne parut que deux ans plus tard dans un magazine de troisième ordre.

XXVI

MARTIN EDEN

Titre original, Martin Eden (*1909*). *Collection 10/18, n° 776.*
L'auteur répond ici aux commentaires de la collaboratrice
d'un journal qui n'a pas été identifié.

Je réponds à votre aimable lettre du 22 avril. Je ne sais si je
dois en prendre le contenu pour un compliment inconscient ou
pour un compliment subtil. Je cite les termes de votre lettre : « Il
n'était pas capable physiquement de se défendre lui-même. Il était
écœuré ; les nerfs de l'action étaient chez lui paralysés par une
énorme contrainte, le pouvoir de peser et d'analyser, de comparer
et de choisir, submergé par un sentiment de perte accablante. »

De ce qui précède, et beaucoup plus que vous ne l'avez dit
dans votre lettre, vous soulignez que j'ai bien réussi à montrer
le caractère inévitable de sa mort. Je n'ai pas été plus déloyal
à l'égard de Martin Eden que la vie n'est déloyale avec toutes
sortes de gens, hommes et femmes. Vous me soulignez sans
cesse que j'ai pris des avantages déloyaux à l'égard de Martin
Eden, « en voulant faire pénétrer dans son esprit nouvellement
éveillé des abstractions que ses processus mentaux rudimentaires
n'étaient pas aptes à assimiler ». D'accord ; mais n'oubliez pas
que c'était MON Martin Eden, et que je l'ai fabriqué précisément
de cette façon particulière. Dans ces conditions, sa fin prématurée
s'explique. Rappelez que c'était MON Martin Eden et que je l'ai

fait ainsi. Il n'était certainement pas le Martin Eden que vous auriez créé. Je crois que notre désaccord vient de ce que vous confondez mon Martin Eden avec le vôtre.

Vous dites : « Je considère l'individualisme égoïste de Martin Eden comme un défaut d'évolution attaché aux habitudes précoces de vie du jeune garçon — un manque de perspective que le temps et un horizon plus large corrigeraient. » Et vous déplorez sa mort. Selon votre point de vue, je l'avais laissé vivre, il serait sorti de tout ce bourbier désespérant. De plus, pour faire une comparaison qui, je le sais, vous paraîtra détestable, laissez-moi vous dire que le cas est identique à celui d'un beau jeune homme, ayant le corps d'un Adonis, ne sachant pas nager, plongé dans une eau profonde, et qui se noie. Vous vous écriez, « donnez à ce jeune homme le temps d'apprendre à nager pendant qu'il se noie, et il ne se noiera pas, mais gagnera le rivage sans encombre ». Et le piquant de la chose, pour revenir à la proposition originale, c'est que vous soulignez vous-même en termes nets et précis, les véritables raisons pour lesquelles Martin Eden ne sachant pas nager, il devait se noyer.

Vous me dites que j'ai affirmé que l'amour avait joué des tours à Martin Eden et l'avait fait échouer. Au contraire, d'après ce que je connais de l'amour, je crois que Martin Eden a eu son premier grand amour véritable quand il s'est épris de Ruth, et que pas seulement lui, mais d'innombrables millions d'hommes et de femmes sont tombés dans des embûches analogues. Cependant, vous n'êtes pas correcte en faisant une telle déclaration et en généralisant au point de dire que je nie tout amour et la grandeur de tout amour.

Alors, c'est une question sans fin. Je ne crois pas que vous et moi nous ayons sur le compte de Martin Eden une divergence pire que sur nos différentes interprétations de la vie. Votre tempérament et votre formation vous mènent dans une direction — les miens dans une autre. Voilà je crois, l'explication de notre différend[1].

1. Lettre (Glen Ellen, 26 avril 1910) à la critique littéraire Lillian Collins.

Comme je l'ai dit dans *le Cabaret de la dernière chance*, je suis Martin Eden. Je n'avais pas l'intention de mourir, mais j'ai connu amplement, d'un bout à l'autre, l'expérience de Martin Eden. Celui-ci est mort parce qu'il était individualiste, je vis parce que j'étais socialiste et que j'avais une conscience sociale[2].

Avant que Jack London ne consente à publier un tel aveu, cette identification auteur-personnage avait été faite — pas souvent de façon bienveillante — par les lecteurs. Ainsi, dans son numéro du 28 mai 1910, le journal socialiste The Working-man's Paper, *publiait un débat au terme duquel un lecteur de* Martin Eden *accusait l'auteur de ne pas être socialiste. Celui-ci répondit le 5 juin, en joignant le texte d'une lettre ouverte qu'il venait d'adresser à un ecclésiastique californien.*

Depuis que j'ai entendu, hier soir, le sermon du Révérend Charles Brown sur *Martin Eden*, je comprends pourquoi depuis deux mille ans, l'Église est déchirée par une dissension portant sur l'interprétation des Écritures. M. Brown a donné hier soir un magnifique échantillon de l'aptitude de l'homme d'Église à interpréter de travers.

M. Brown voit dans Martin Eden un homme qui échoue à cause de son manque de foi en Dieu. J'ai écrit *Martin Eden*, non pas comme une autobiographie, ni comme une parabole pour montrer la fin affreuse qui attend l'Incroyant, mais comme une accusation contre cette agréable lutte de bêtes féroces qu'est l'Individualisme dont M. Brown n'est pas l'un des moindres protagonistes.

Contrairement à l'interprétation erronée de M. Brown l'autre soir, Martin Eden n'était pas socialiste. M. Brown, dans le but d'établir un parallèle avec ma propre vie, a dit que Martin Eden était socialiste. Au contraire, j'en ai fait un Individualiste de

---

2. Lettre (Glen Ellen, 12 décembre 1914) à Mary Banks Krasky.

tempérament, et, par la suite, intellectuel. Il était tellement individualiste qu'il caractérisait le genre de morale de M. Brown comme une éthique de ghetto et son genre d'Individualisme comme un Socialisme à peine dégrossi. Martin Eden était un véritable individualiste du type extrême nietzschéen.

Venons-en à ma parabole que je croyais avoir clairement exposée dans les pages de ce roman. Comme il est individualiste, comme il ignore les besoins des autres, de la collectivité humaine tout entière, Martin Eden ne vit que pour lui, se bat pour lui et, si vous le permettez, meurt pour lui-même. Il se bat pour pénétrer dans les cercles bourgeois où il s'attendait à trouver le raffinement, la culture, un niveau de vie élevé, des pensées élevées. Il réussit à se frayer un chemin et reste atterré devant la médiocrité colossale, sans charme de la bourgeoisie. Il se bat pour une femme qu'il aime et qu'il avait idéalisée. Il s'aperçoit que l'amour l'a joué et l'a trompé, et qu'il a aimé sa transposition idéale plutôt que la femme elle-même. Telles étaient les choses pour la défense desquelles, il s'était aperçu que cela valait la peine de vivre. Lorsque ces choses lui firent défaut, comme il était un individualiste conséquent avec lui-même, ne connaissant pas les besoins de la collectivité humaine, il ne lui restait aucun motif pour vivre et lutter. Si bien qu'il meurt.

Tout cela est si clairement exposé dans les pages du livre que je suis obligé de citer le passage suivant, situé au moment où Brissenden demande à Martin de l'accompagner à la réunion socialiste du dimanche soir. Brissenden dit à Martin :

« Ceux de l'extérieur ont le droit de parler cinq minutes. Lève-toi et dégoise. Dis-leur ce que tu penses d'eux et de leur morale de ghetto. Envoie leur Nietzsche dans les pattes et fais-toi rosser pour la peine. Fais dégénérer ça en bagarre. Ça leur fera du bien. La discussion, c'est ce qu'il leur faut, et ce qu'ils veulent, tu le veux, toi aussi. Tu comprends, j'aimerais te voir devenu Socialiste avant que je ne m'en aille. Cela te donnerait une raison de vivre. C'est la seule chose qui te sauvera dans une période de désappointement comme celle qui t'attend. Tu as la santé et beaucoup de raisons de vivre, et tu dois en quelque sorte être ligoté à la vie[3]. »

Je n'arrive pas à comprendre comment, M. Brown, après avoir lu ces lignes, peut voir en Martin Eden un Socialiste, ni comment M. Brown a si lamentablement méconnu la thèse exposée par moi.

Dans ma parabole, Martin Eden échoue et meurt non pas à cause de son manque de foi en Dieu, mais à cause de son manque de foi en l'Homme. M. Brown lui-même reconnaîtra qu'il ne peut arriver à Dieu qu'à travers l'Homme. Martin Eden a échoué parce qu'il n'est même pas arrivé à l'homme. Il n'a pas été aussi loin que lui-même, et le reste de l'humanité ne comptait pas pour lui.

Malheureusement, le sujet du sermon de M. Brown n'était pas Martin Eden, mais Jack London ; et M. Brown était lamentablement étranger au sujet. Il a dit que j'étais Martin Eden. Permettez-moi de mettre le doigt sur le point particulièrement faible de ce parallèle : Martin Eden s'est tué et je suis vivant.

Pourquoi suis-je vivant ? À cause de ma foi dans l'homme, une foi à laquelle Martin Eden n'est jamais parvenu, une foi que M. Brown ne savait évidemment pas faire partie de son personnage ; c'est-à-dire Jack London. Cependant ma profession de foi peut être lue par tout le monde ; mes livres se trouvent dans les bibliothèques publiques. M. Brown aurait pu se documenter avant de traiter le sujet. Permettez-moi une citation. Je l'ai extraite de *Ce que la vie signifie pour moi*[4] :

« J'attends un temps où les hommes avanceront pour quelque chose de plus élevé, de plus de valeur que leur estomac, quand il y aura pour pousser les hommes à l'action un aiguillon plus noble que celui d'aujourd'hui, qui est l'estomac. Je garde ma croyance dans la mobilité et l'excellence de l'humain. Je crois que la spiritualité policée et l'altruisme triompheront de la grossière gloutonnerie d'aujourd'hui. Et en dernière analyse, j'ai foi dans

---

3. *Martin Eden*, édition 10/18, pp. 355-360.
4. Texte recueilli dans *Yours for the Revolution*, 10/18, n° 1167, pp. 374-387.

la classe ouvrière. Comme a dit un certain Français : "L'escalier du temps fait toujours écho aux sabots qui montent et aux souliers vernis qui descendent." »

Je cite de nouveau ma profession de foi, grâce à un extrait pris cette fois dans la préface de ma *Guerre des classes*[5] :

« Il doit apprendre que le Socialisme s'intéresse à ce qui est, et non à ce qui devrait être ; et que la matière dont il s'occupe, c'est l'argile de la grande route, l'humain chaud, faillible et frêle, sordide et dérisoire, absurde et contradictoire, même grotesque, et cependant, traversé d'éclairs et de chatoiements de quelque chose de plus beau, de divin, avec çà et là, les manifestations délicates du désir de servir et de l'altruisme, d'aspirations à la bonté, à la renonciation et au sacrifice et avec la conscience ferme et terrible, à certains moments impérieuse et fulgurante, exigeant le droit — le droit, rien de plus, rien de moins que le droit. »

L'incompréhension réservée à Martin Eden, *à gauche comme à droite, inspire à l'auteur des réflexions désabusées.*

Selon mon propre jugement, *Martin Eden* se situe bien au-dessus de mes livres les plus populaires, encore que personne ne semble le penser. À de rares exceptions près, les critiques l'ont détesté et méconnu.

Je me demande si vous avez lu *les Somnambules*[6] contenu dans mon dernier recueil d'essais intitulé *Révolution*. Peut-être sommes-nous tous des somnambules. C'est, de toute façon, la seule explication que je puisse opposer au rejet de *Martin Eden* par le public et la critique[7].

5. Recueilli dans *Yours for the Revolution, op. cit.*, pp. 228-234.
6. Recueilli dans *Vivre la vie*, à paraître dans la collection 10/18.
7. Lettre (Glen Ellen, 24 août 1910) à E.C. Beckwith.

XXVII

LE BÉNÉFICE DU DOUTE

Titre original : The Benefit of the Doubt (1910). *Recueilli dans* En rire ou en pleurer. *Collection 10/18, n° 1022.*

[…] Comme 90 % de mes histoires, *le Bénéfice du doute* est basé sur une expérience vécue, mais si entièrement modifiée, augmentée et transposée qu'il en reste très peu de chose reconnaissable. Dans l'expérience que j'ai vécue, le juge était pleinement, vraiment, légalement et officiellement, et de toute manière possible, le propriétaire et le contribuable fiscal de l'immeuble dans lequel est située cette gargote ; si bien que si ce juge devait, par quelque possibilité, se reconnaître lui-même, il serait sans doute le dernier homme au monde à « la ramener ».

De plus, considérant cette lettre comme un contrat, ou un engagement légal, je me porte garant, par la présente, m'engage à faire face et à payer tous dommages qui pourraient résulter de tous procès ou réclamations que le *Saturday Evening Post* pourrait encourir du chef de ladite histoire[1].

---

1. Lettre (Glen Ellen, 4 octobre 1910) à Churchill Williams, de la rédaction du *Saturday Evening Post*.

Le Bénéfice du doute *fut écrit par vengeance contre le juge George*
Samuels. La publication de la lettre ouverte (ci-dessous)
que lui adressa London, permit au romancier de recevoir
les renseignements dont il vient de faire état. Dans le procès
par lequel il condamna London, Samuels était juge et partie.
S'il avait condamné le tenancier de la gargote ou fait fermer
celle-ci, il risquait de voir diminuer ses revenus procurés
par celle-ci.

Cher Monsieur,

Vous vous souvenez, sans doute, de m'avoir traité avec une
certaine rudesse, dans votre petit tribunal, il y a quelques jours.
Vous pourrez voir, dans la coupure du journal d'hier que je joins
à cette lettre, que l'homme dont vous avez accepté le témoignage
sur le même pied d'égalité que le mien, et que j'accusais de
m'avoir roué de coups pour rien, et sans aucune provocation
de ma part, avec l'aide d'une demi-douzaine de ses amis, est
aujourd'hui inculpé d'avoir battu sa femme, de s'être mal conduit
avec une dame.

Vous vous souvenez aussi de l'exposé clair et succinct que
j'avais prononcé à la barre des témoins, sur les coups que j'avais
reçus. Personne n'a jamais démenti mes allégations, sauf Muldowney et ses complices, par leur faux témoignage. Ce faux
témoignage était si évident et si énorme que la salle tout entière
avait éclaté de rire pendant qu'ils le prononçaient.

Vous connaissez, par tout ce que vous en saviez déjà et par
tout ce que vous avez pu glaner au cours de l'instruction, la
réputation fâcheuse du dit Muldowney et de sa gargote.

Vous saviez, au plus profond de votre conscience (vous auriez
autrement été d'une stupidité incroyable), que le récit des faits
que j'ai donné à la barre de votre tribunal n'était que la plus
stricte vérité.

Malgré tout, et pour des raisons que je crois inutile de vous
rappeler, vous avez décidé de classer purement et simplement
cette affaire entre Muldowney, sa bande de truands, et moi-

même. Je n'ai absolument pas besoin de savoir ce qui vous a poussé, au tréfonds de votre cœur, à classer cette affaire, l'important, c'est qu'elle l'ait été. Nous avons tous deux, Muldowney et moi, été acquittés. Vous avez estimé, avec un langage judiciaire simpliste mais adéquat, que chacun d'entre nous avait su vous convaincre que l'autre n'était qu'un menteur, et que, bien que nous nous soyions rendus coupables de regrettables voies de fait, nous étions innocents l'un et l'autre au regard de la loi.

Très bien. Ce n'est pas là l'objet de mon ressentiment envers vous, et j'excuse les raisons économiques qui poussent les gens à agir. Vous avez naturellement votre carrière politique, judiciaire et matérielle à défendre. Dans le cas qui m'intéresse, vous vous en êtes fort bien tiré, vous avez parfaitement rempli votre rôle, vous arrangeant fort bien de votre problème matériel, et de votre carrière. Le verbiage superficiel et facile avec lequel vous avez expliqué votre décision était parfait. Muldowney, qui habite dans une région sordide d'Oakland, a été acquitté — et moi, qui réside au centre du pays, j'ai aussi été acquitté. Tout était donc pour le mieux dans le meilleur des mondes. Mais vous admettrez que nous trouver tous deux innocents, compte tenu de la triste réputation de Muldowney et de ses moyens d'existence peu avouables, c'était par le même coup me reconnaître coupable. Vous le saviez, et vous n'avez cependant pas hésité une seule minute, uniquement pour défendre vos intérêts. Mais ce n'est pas encore pour cela que je vous en veux, et je ne contesterai en aucun cas l'éminente légalité de votre décision.

Mais, Juge Samuels, était-il vraiment nécessaire de vous conduire comme un tyran envers moi ? Aviez-vous besoin, avec mille fois plus de lâcheté que lui, de tenir le rôle dans lequel Muldowney s'était déjà illustré, alors que, assisté de ses sbires qui me maîtrisaient, il m'avait battu comme plâtre dans son arrière-boutique, à une cinquantaine de mètres derrière la chaussée ?

Je vous le demande, Juge Samuels, était-ce vraiment indispensable ? Vous aviez sur moi des avantages bien plus grands que n'en avait le gargotier Muldowney : retranché dans votre petite chaire, tout en haut, sous la panoplie sacrée de la loi, à l'ombre des matraques des policiers et protégé par les cellules des prisons de la ville et par le droit de me condamner pour outrage à magistrat (amende, ou emprisonnement), vous avez préféré me tyranniser. Vous pouviez frapper en toute immunité — vous le saviez, et vous avez frappé. Vous le saviez, parce que bien souvent auparavant vous avez déjà frappé impunément de pauvres diables qui étaient venus se présenter devant vous.

Et c'est sur ce point précis que je vous en veux. Aussi calmement que si vous aviez eu derrière vous un millier de fusils prêts à vous protéger, vous vous êtes conduit avec moi comme un tyran, comme une brute. Aviez-vous besoin de me rudoyer et de me malmener de cette façon dès que je me suis présenté à la barre ? Je n'avais qu'un seul témoin, prêt à se porter garant du fait que j'étais un homme tranquille et que Muldowney et sa bande n'étaient que faux témoins. Était-il aussi nécessaire de le rudoyer et de le malmener, comme un pickpocket bouscule et malmène un honnête homme ? C'est exactement ce que j'ai pensé lorsque je vous ai vu, vous, le juge, convenablement assisté, bousculer et malmener mon pauvre et unique témoin.

Vous devez comprendre, à ce point de ma lettre, la raison qui me pousse à vous en vouloir. Vous avez eu la même attitude, cruelle, tyrannique, et injuste, que les juges de police et les magistrats ont toujours eue dans le monde anglo-saxon, pendant des dizaines de générations, avant que vous et les vôtres n'entriez dans ce monde anglo-saxon et n'embrassiez ces pratiques aussi injustes.

Pour conclure, permettez-moi d'ajouter ceci : un jour, n'importe où, n'importe comment, je vous aurai. Oh, tout à fait légalement, vous n'avez pas à avoir peur, je n'en m'en vais pas offrir ma poitrine nue aux rigueurs de la loi. Je ne sais rien de votre passé. C'est à partir d'aujourd'hui seulement que je m'en vais fouiller votre passé et suivre votre avenir. Et, faites-moi confiance, je vous aurai, un beau jour, n'importe où, n'importe comment, dans la pleine lumière de la loi et de la procédure légale qui couvre les hommes dits civilisés.

Bien sincèrement à vous[2],

Jack London.

2. Lettre (Glen Ellen, 29 juillet 1910) au juge Samuels.

XXVIII

LE PREMIER POÈTE

Titre original : The First Poet (*1911*). *Recueilli dans* les Condamnés
à vivre, *collection 10/18, n° 890. L'idée de cette pièce est
née d'une conversation entre London et George Sterling au
cours d'un pique-nique. De retour chez lui, Sterling l'écrivit
aussitôt. Puis le « Grec » l'envoya au « Loup » en demandant
à celui-ci de la publier sous son seul nom. Après un premier
refus, rapporté ci-après, le « Loup » finit par accepter l'offre
du « Grec » sur l'insistance de celui-ci et sur sa conviction
que la pièce, signée par London, trouverait plus facilement
un éditeur et serait mieux payée. Sur George Sterling (1869-
1926) et ses rapports avec London, voir notre préface au
tome II de* la Vallée de la lune, *collection 10/18, n° 865.*

Espèce de Grec !

Cette façon de montrer *le Premier poète* à Heron[1] et Williams
et venir ensuite me trouver pour me demander d'en assumer la
paternité, équivaut à montrer ton pénis à deux réveille-matin à
quatre-vingt-dix cents et à essayer ensuite de violer une étudiante.

---

1. Herbert Heron, l'un des membres de la colonie d'écrivains et d'artistes
de Carmel où il créa le « Théâtre de la Forêt ». Avant de devenir, sur ses vieux
jours, maire de Carmel (où il exerçait la profession de libraire), Héron tenta
une carrière dramatique. Il écrivit entre autres une pièce avec Jack London :
Gold, tirée de la nouvelle *le Logement d'un jour* (dans *l'Amour de la vie*).

Je suis l'étudiante. Et si je me laisse violer, les deux réveille-matin se mettront immédiatement à sonner pour annoncer la nouvelle au monde entier.

Le Premier poète est DÉLICIEUX. Je serais vachement fier de l'avoir écrit. Et je serais disposé à en assumer la paternité s'il n'y avait pas les réveille-matin ci-dessus mentionnés.

Ce que je peux faire de mieux, c'est de changer une virgule, accepter d'y collaborer avec toi et d'essayer de le placer de cette façon.

Mais je préférerais de beaucoup le voir sortir sous ton propre nom. C'est l'une des meilleures choses que tu aies faites dans le genre d'une bonne satire populaire. Mitchell Kennerley le publierait dans *le Forum* sous ton nom, c'est évident. Toutefois je considérais *le Forum* comme un dernier recours, du point de vue financier. J'essaierais d'abord tous les autres magazines importants.

Tu me rends malade. Tu mériterais d'être castré — écrire des choses comme *le Premier Poète* ou le *43ᵉ Chapitre de Job* et ensuite refuser de les signer, et désirer qu'on ignore que c'est toi qui les a écrits. Parler du gladiateur au milieu des eunuques ! — tu es un gladiateur, parfait ; mais tu rampes de tous les côtés en essayant tout le temps de t'émasculer. Je tiens à te dire que je serais fier comme Artaban d'avoir écrit l'une de ces deux œuvres. Et j'irai même plus loin, si tu persistes dans ton idiotie émasculatrice, j'assumerai la paternité de ton œuvre à la condition que tu ne la laisses voir par personne ! Et en allant encore plus loin, j'insisterai par-dessus tout sur le fait que ce n'est pas de jeu de me demander à moi ou à n'importe qui d'assumer la paternité d'une aussi bonne pièce ; à toi de redevenir sensé, d'acquérir un peu de sens pratique et d'en assumer toi-même la paternité.

Quand viendras-tu nous voir avec Carrie[2] ? Pour vous nous serons à la maison à n'importe quel moment. Et quand vous vous déciderez à venir, je me libérerai et t'enverrai au diable pour m'avoir obligé à écrire cette lettre. Sacré Grec[3] !

---

2. Caroline, épouse de George Sterling.
3. Lettre (Glen Ellen, 16 novembre 1910) à George Sterling.

XXIX

LA FOLIE DE JOHN HARNED

Titre original : The Madness of John Harned (*1909*). *Recueilli dans* En Rire ou en Pleurer, *collection 10/18, n° 1022.*

Content que vous aimiez mon histoire de Corrida dans *Everybody's*. Je crains d'être personnellement coupable des sensations éprouvées par mon héros à cette corrida. Je reconnais, entre autres, que j'ai sauté sur mes pieds et que, dans un silence tendu, j'ai acclamé le taureau quand il a attrapé le matador. Je n'en avais pas eu l'intention du tout. Je me suis brusquement aperçu que je le faisais#[1].

---

1. Lettre (Glen Ellen, 19 novembre 1910) à Lute Pease, rédacteur en chef du magazine *Pacific Monthly* où parut *Martin Eden*.

XXX

CHUN AH CHUN

Titre original : The House of Pride (*1910*). *Recueilli dans* l'Île des lépreux, *collection 10/18, n° 1353.*

Amusant votre attitude envers *Chun Ah Chun*. Je me demande si votre répugnance ne provient pas du fait que je n'ai tué personne dans cette histoire. Vous connaissez ma recette célèbre pour réussir une nouvelle : démarrer avec trois personnages et en tuer quatre avant la fin. Peut-être bien que j'ai commis une erreur en ne tuant personne dans *Chun Ah Chun*. Je suis parti d'une situation vraie, l'intrigue est véridique. Que pouvais-je dire de plus ? Bien sûr, j'aurais pu en rajouter ; j'aurais pu les faire se jeter dans le ressac, ou s'entretuer, ou se précipiter dans les bras l'un de l'autre. Le seul ennui est que la vie connaît rarement de tels dénouements[1].

1. Lettre (Glen Ellen, 19 novembre 1910) à Lute Pease, rédacteur en chef du magazine *Pacific Monthly*, où parut *Martin Eden*.

XXXI

LES CONDAMNÉS À VIVRE

Collection 10/18, n° 890. Ce volume, qui existe seulement en français, recueille toutes les histoires « noires » de l'auteur ; y compris celles qu'il avait réunies lui-même sous le titre Quand Dieu s'amuse (When God Laughs, *1911*). London *répond ici à une objection de son éditeur, assuré que le titre pourrait être jugé blasphématoire par une partie du public.*

J'ai la ferme conviction que de tous les titres de recueils de nouvelles que j'aie jamais réalisés, *Quand Dieu s'amuse* est le meilleur. Il donne la clef de toutes les histoires contenues dans le volume. Sans ce titre, le recueil est sans rime ni raison.

Quand j'ai lu que les libraires spécialisés dans les livres religieux avaient peur d'inscrire ce volume à leur catalogue à cause de son titre, j'ai eu tellement confiance dans le fait que ces libraires traduisent si complètement les réflexes de leurs clients que je savais que ces derniers n'achèteraient pas le livre quel que soit le titre sous lequel il serait catalogué. […]

Je crois que *Quand Dieu s'amuse* est la meilleure collection d'histoires que j'aie jamais écrite. Je crois que la nouvelle donnant le titre au recueil est l'une des trois meilleures que j'ai jamais écrites. Je crois qu'aucun titre mieux adapté pour l'histoire donnant son titre à la collection ne pourrait être trouvé en mille ans par mille rédacteurs en chef, libraires et éditeurs. Je crois que l'imprudence intrinsèque et le côté insidieux de ce titre feront monter les ventes chez les libraires profanes plus qu'il n'en sera perdu par le refus des libraires religieux de l'inscrire à leur catalogue[1].

1. Lettre (Glen Ellen, 29 décembre 1910) à George Brett, président des éditions Macmillan.

XXXII

LA VALLÉE DE LA LUNE

Titre original : The Valley of the Moon, *1913. Collection 10/18, n°s 864 et 865.*

J'ai en projet un roman feuilleton dont le thème est le retour à la terre. Tandis que, pour une fois dans ma vie, l'histoire n'offensera en rien la morale bourgeoise, elle sera quelque chose dont je crois entièrement et passionnément chaque parole. [...]

Je prends un homme et une femme qui appartiennent à la classe ouvrière d'une grande ville. Tous deux sont des salariés, l'homme est sans qualification, charretier d'une brasserie ou quelque chose d'analogue. Le premier tiers du livre sera consacré à leur environnement citadin, leur rencontre, leurs amours, aux épreuves et tribulations que représente un tel mariage dans la classe ouvrière. Surviennent des temps difficiles. La femme acquiert une grande perspicacité. Elle est la force entraînante. Ils partent à l'aventure, sans un sou, à travers la Californie. Bien entendu, ils ont toutes sortes d'aventures, et leur errance devient un pèlerinage magnifique, héroïque dans ses moindres détails. Après beaucoup de conseils et d'occasions saisies au vol, toujours à la recherche d'un endroit, ils trouvent le vrai, le seul, l'unique endroit, et ils mettent en route avec succès une petite exploitation agricole.

Je prends demain matin la route avec ma femme pour un voyage de trois mois. Nous avons dressé quatre chevaux de

346

selle à être attelés, et nous emportons tout de même nos selles. J'adore la Californie — tellement que vous ne me voyez jamais dans l'Est ; pendant ces trois mois, je vais recueillir toutes sortes de documents et de notations d'atmosphère pour cette histoire.

Le 1ᵉʳ octobre 1911, je serai prêt à commencer de l'écrire[1].

À ces lignes destinées à un éditeur éventuel, il pouvait ajouter sept mois plus tard :

Je suis content que vous aimez la cadence au début de *la Vallée de la lune*. [...] Je vous enverrai bientôt une autre liasse suivante du manuscrit. Je suis fermement convaincu d'être en train d'écrire quelque chose qui sera vraiment un livre. Avec la même certitude, je consens à manger mon chapeau si ça ressemble à un livre du peloton habituel des livres. Ça peut être raté — Dieu seul le sait ; mais au pire, ce sera différent[2].

---

1. Lettre (Glen Ellen, 30 mai 1911) à Roland Phillips, rédacteur en chef du magazine *Cosmopolitan*, où le roman parut d'avril à décembre 1913.
2. Lettre (Glen Ellen, 18 janvier 1912) à Roland Phillips.

XXXIII

LOUP LARSEN,
RADIEUSE AURORE ET LE SEXE

Les critiques actuels[1] n'ont pas manqué d'observer que certains personnages « virils » de Jack London pouvaient dissimuler une nature homosexuelle. La question lui fut posée dès 1911 à propos de deux de ses plus célèbres romans.

On trouvera ci-dessous sa réponse : De son côté, Joan London a écrit à propos de l'amitié unissant son père et George Sterling :

« À cette époque relativement naturelle, avant même que l'homme de la rue devienne un freudien conscient, George et Jack se déclaraient naïvement [dans leurs lettres] leur amour l'un pour l'autre. Tous deux auraient ressenti et nié avec fureur les conclusions qui découleraient, aujourd'hui d'une telle déclaration, mais il semble probable que les sentiments émotifs qui persistaient entre eux depuis un nombre d'années révélaient cette homosexualité latente dont ni l'un ni l'autre n'étaient conscients[2].

---

1. Entre autres, Georges-Michel Sarotte, *les Amants du gaillard d'avant*. Numéro spécial *Jack London*. Europe, janvier-février 1976 ; pp. 53-63.

2. Joan London : *Jack London and His Times*, 1939 ; réimpression 1968 ; p. 263.

[...] J'ai toujours imaginé Loup Larsen[3] et Burning Daylight[4], comme « connaissant » les femmes — mais je ne pensais pas nécessaire de l'expliciter.

Vous avez certainement raison. Un certain pourcentage précis d'hommes sont tellement homosexuels, ou si près de l'être, qu'ils peuvent aimer un autre homme plus qu'ils ne peuvent aimer aucune femme. Mais alors, j'ose dire, aucun homme homosexuel n'est qualifié pour dire si une femme appartenant à la fiction est réelle ou non pour un homme normal du point de vue sexuel. Un homme qui est normal au point de vue sexuel s'imagine les femmes de façons qui répugnent à un homme homosexuel.

Sûrement, j'ai étudié le problème sexuel même sous ses aspects « les plus curieux ». J'ai cependant décrit des personnages masculins qui étaient sexuellement normaux. Je n'ai jamais rêvé de décrire un personnage mâle homosexuel. Peut-être suis-je trop prosaïquement normal moi-même, cependant je connais bien l'ensemble de la littérature et toutes les autorités en « choses curieuses ».

Je crois connaître le problème que vous suggérez et je crois le connaître assez à fond et scientifiquement. Malheureusement ceux qui jouent un rôle vital dans ce problème représentent un pourcentage trop faible de la race humaine pour inciter un auteur à écrire des livres à leur intention.

Je crois avoir saisi votre point de vue. Me suis-je trompé ? Et vous, avez-vous saisi mon point de vue ? Catégoriquement, je n'aime que les femmes[5].

3. Le héros du *Loup des mers*.
4. Le héros de *Radieuse Aurore*.
5. Lettre (Glen Ellen, 23 octobre 1911) à l'écrivain et militant socialiste Maurice Magnus ; auteur de *Memoirs of Foreign Legion*.

XXXIV

LE CABARET DE LA DERNIÈRE CHANCE

(*Titre original* : John Barleycorn, *1913.*) *Disponible : collection 10/18, n° 844.*

C'est un livre dont le sous-titre exact pourrait être : « Mémoires d'un alcoolique. » C'est une discussion autobiographique du problème de la boisson de A à Z[1].

Je ne suis pas seulement un conteur d'histoires d'ours. Je sais aussi raconter des histoires de serpents et des histoires de poissons.

Je me risque à affirmer que *John Barleycorn* ne ressemble à aucun autre livre déjà publié n'importe où dans le monde.

J'ose m'aventurer plus loin et affirmer que si *John Barleycorn* est bien lancé (étant considéré comme totalement différent de mes précédents livres et traitant d'un sujet très vital), il connaîtra autant d'éditions que vous souhaitez[2].

John Barleycorn est parti pour être un gagnant terrible. Jour après jour, les coupures de presse et les lettres m'arrivent de tous les États-Unis. Il a taillé de haut en bas et de long en large dans toute la société. Il n'est aucune sorte de personne de quelque classification que ce soit qui ne soit tombée d'une façon ou d'une

---

1. Lettre (Glen Ellen, 7 septembre 1912) à William W. Ellsworth, des éditions The Century Co, de New York qui publieront le volume en août 1913.
2. Lettre (Glen Ellen, 30 janvier 1913) à W.W. Ellsworth.

autre sur *John Barleycorn*. À peine le premier feuilleton était-il publié dans *The Saturday Evening Post* que les Prohibitionnistes de Californie le reproduisaient et sortaient des brochures basées sur lui[3].

3. Lettre (Glen Ellen, 22 avril 1913) à George Brett des éditions Macmillan.

XXXV

LA PETITE DAME DE LA GRANDE MAISON

Titre original : The Little Lady of the Big House, *1916. Collection 10/18, n° 1320.*
Tenu, par contrat, de fournir chaque année un certain nombre de nouvelles à Cosmopolitan Magazine, *l'auteur proposait ici d'y substituer un roman dont il venait d'avoir l'idée.*

Au fait — j'ai le motif d'un roman splendide. Je viens de passer trois jours à prendre des notes et à affermir ce projet. Et maintenant, je l'ai bien en main.

Trois personnages seulement : un trio qui fait le poids, dans une situation solide, et dans un décor extraordinairement beau. Chacun des trois est bien ; chacun des trois est de taille, et ça va faire un malheur.

Ce n'est que du sexe, du début à la fin — mais aucune aventure sexuelle n'aboutit vraiment ou n'approche seulement de sa réalisation, quoique ça respire le sexe, à quoi se joint la force. Non que mon trio soit composé de froussards et de moralistes qui geignent au lieu d'agir. Ils sont cultivés, modernes, et en même temps profondément primitifs.

Et quand l'histoire sera terminée, le lecteur lèvera son chapeau à chacun des trois pour déclarer : « Mon Dieu ! ça c'était un homme ! » ou « Seigneur ! quelle femme ! »

En repensant à ce roman, j'en viens presque à croire que c'est ce que j'ai toujours voulu écrire — et quand je pense que je l'ai maintenant entre mes mains !

Mis à part mon fameux punch, qu'on retrouvera de la première ligne à la dernière, les gens n'arriveront pas à croire que j'aie pu écrire ça — tant ce sera complètement nouveau, absolument différent de tout ce que j'ai jamais fait.

Ce que j'aimerais, c'est que vous me permettiez de substituer ce roman à la série de nouvelles prévues, afin qu'il soit publié tout de suite après *la Vallée de la lune*[1].

Oh, je peux certes écrire les nouvelles avec le calme confiant et distant, la précision de l'artiste très entraîné, mais ici, dans ce roman, j'écris à chaud. Ça sera quelque chose. Ça ne choquera personne, et le suspens sera conservé jusqu'à la dernière page.

De plus, ça fera 100 000 mots à peu près et il ne sera pas nécessaire d'élaguer ou de condenser pour le publier en feuilleton. Ce sera une perle sans défaut, même sous forme de feuilleton — un petit joyau. Vous n'aurez pas besoin de retirer un seul mot.

Oh, bon sang ! il faut que j'arrête d'en parler[2].

Cet enthousiasme ne fut guère partagé par les lecteurs ou la critique. Aussi l'auteur mit-il un certain acharnement à défendre ce que les uns et les autres considéraient comme un roman pour midinettes.

Et laissez-moi vous dire carrément, que je suis fier, sacrément fier d'avoir écrit *la Petite Dame de la grande maison*. L'avez-

---

1. *La Vallée de la lune* parut dans *Cosmopolitan* d'avril à décembre 1913, et *La Petite Dame de la grande maison*, d'avril 1915 à janvier 1916.
2. Lettre (Glen Ellen, 14 mars 1913) à Roland Phillips, rédacteur en chef de *Cosmopolitan*.

vous lu ? Ou alors, c'est que vous en avez été dissuadé par les illustrations[3].

Il fut réconforté par l'opinion de sa fille Joan, alors âgée de quinze ans. Elle ne pouvait qu'approuver la conclusion très morale donnée à un conflit amoureux semblable à celui qui, douze ans plus tôt, avait ruiné l'union de son père et sa mère.

Je suis heureux que tu aimes la fin ; c'était la seule issue possible — je veux dire la seule issue propre et décente[4].

London fut, par contre, ulcéré par la réaction de The Atlantic Monthly, *de Boston. Une revue intellectuelle très cotée ; elle l'avait consacré comme un grand écrivain dès la parution de ses premiers écrits.*

Je viens de recevoir, transmise par mon bureau d'extraits de presse, la page 495 du numéro d'octobre de *Atlantic Monthly*, mais je me trouve dans l'impossibilité, par mon éloignement d'un marchand de journaux, de connaître le nom de l'auteur du paragraphe concernant mon roman *la Petite Dame de la grande maison*.

En cinq lignes brèves d'une colonne serrée, puisqu'une page de *Atlantic Monthly* se compose de deux colonnes, je m'aperçois que cette personne emploie les mots et expressions suivants : « érotomanie », « sensualité », « continence », « voluptueux », « désir » et « concupiscence grandissante ». Deux lignes plus bas, cette personne emploie aussi « perverti ».

3. Lettre (Honolulu, 18 mai 1915) à Alexander G. Cotter.
4. Lettre (Honolulu, 7 mars 1916) à sa fille, Joan London.

Je lève le doigt pour dire ceci : je n'ai jamais connu un « honnête » forgeron qui soit honnête ; je n'ai jamais connu une personne proclamant la vérité qui disait vraiment la vérité ; je n'ai jamais rencontré une personne tenant à haute voix des propos orduriers (pour dénoncer ce qu'elle estimait ordurier) qui ait eu elle-même un esprit sain. Nos psychanalystes ont catalogué depuis longtemps ce genre d'individus. Je défie n'importe qui de trouver dans n'importe lequel de mes romans de quatre cents pages ou dans la totalité des quarante ouvrages de fiction que j'ai publiés, les mots dont le critique écrivant dans vos colonnes a réussi à remplir avec fécondité cinq courtes lignes. Mais foin de tout cela ! Je ne m'en préoccupe pas ; cette personne a elle-même désigné son domaine pathologique.

Si je lève le doigt pour la seconde fois, c'est pour demander à présent : qui a écrit cette critique ? Je le demande car je tiens absolument à connaître le nom et le sexe de la personne possédant un tel vocabulaire, subtil et vivant, et capable de conclure une critique aussi impétueuse par l'interrogation suivante : moi, Jack London, suis-je l'apôtre de l'école rouge (par le sang) de fiction pour écoliers bien portants, « trop indiscipliné pour les nouvelles significations impersonnelles des choses ? ».

Je tiens absolument à connaître cette discipline « pour les nouvelles significations personnelles des choses ? ».

Est-ce du poisson, de la viande ou de la volaille ? — je veux dire, la personne qui l'a écrit. Je dois simplement savoir qui il est ou ce qu'il est, si c'est un homme, une femme ou une chose.

Cette discipline, que possède cette personne, « pour les nouvelles significations impersonnelles des choses », je ne sais pas ce que cela signifie. C'est pourquoi j'en suis fasciné. Ça paraît d'une puissance suffisante pour servir de fondation à une nouvelle religion ou à une nouvelle métaphysique. Des cultes plus estimables ont été fondés sur des propositions moins intelligentes. Il faut que je sache. S'il vous plaît, ayez l'amabilité de me le dire [...] Mais pourquoi avoir tellement attendu pour publier cette critique ?

La Petite Dame de la grande maison a paru voici longtemps[5] et on l'a oubliée[6].

5. Le volume parut à New York chez Macmillan en avril 1916, soit six mois avant le compte rendu d'*Atlantic Monthly*. Mais l'oubli, en Amérique, se produit beaucoup plus rapidement qu'ailleurs.
6. Lettre (Glen Ellen, 24 octobre 1916) au rédacteur en chef de *The Atlantic Monthly*.

XXXVI

LE VAGABOND DES ÉTOILES

Titre original : The Star Rover (*1915*). *Collection 10/18, n°s 1919 et 1020.*
En 1963, Isaac Asimov, analysant ce roman espérait que la description de l'univers pénitentiaire par London était « fortement exagérée ». Il ne faut donc pas s'étonner si, en mars 1914, en communiquant le manuscrit à l'un de ses éditeurs, l'auteur insistait sur la véracité des descriptions.

C'est un livre qui ouvre des aperçus variés. Il traite avec véracité des conditions de la vie en prison. Il est aujourd'hui légal qu'un homme puisse être pendu par le cou jusqu'à ce que mort s'ensuive pour avoir donné un coup de poing dans le nez d'un autre homme. C'est la loi en Californie. Il est aussi légal, en Californie, de condamner un homme à la prison perpétuelle seul dans une cellule. Le Bureau des Directeurs de prison a ce pouvoir sur un condamné à vie. La camisole de force a été légale à San Quentin presque jusqu'à la fin de l'année 1913. À l'automne 1913, la législature de l'État a voté une loi interdisant désormais l'usage de la camisole de force. Mon héros a été exécuté pendant l'été 1913, par conséquent ses expériences de la camisole ont eu lieu à une époque où celle-ci était encore légale. Ed. Morrell[1],

---

1. *Le Vagabond des étoiles* romançait l'expérience pénitentiaire de l'anarchiste Ed Morrell (voir notre préface au roman) ; Jake Oppenheimer

Donald Lowrie, Jake Oppenheimer : tous ces hommes ont porté témoignage contre la camisole de force. Je suis en réalité resté au-dessous de la réalité en parlant de la barbarie que représentait l'usage de la camisole.

Vous remarquerez que je n'ai pas forcé le côté horrible, ni dans le récit ni dans la description des conditions de la prison. C'est à cause de la fiction dans laquelle c'est enveloppé et du côté optimiste de l'histoire elle-même, qui permet à la victime de vaincre l'immensité des siècles au moyen de la camisole ; qui permet à la victime d'accéder à l'amour, l'aventure, au romanesque et à la vie éternelle.

Notez aussi que j'ai jonglé avec la philosophie, en donnant la prédominance à l'esprit sur la matière, pour rendre l'histoire sympathique aux adeptes de la Christian Science et à tous ceux de la Nouvelle pensée, et aux millions d'hommes que de tels sujets intéressent aujourd'hui aux États-Unis. Bien que ce soit pseudo-scientifique et pseudo-philosophique, le texte reste très agréable pour la plupart des autres lecteurs.

Soit dit en passant, le récit est conforme à la vérité historique du commencement à la fin — même en remontant jusqu'aux temps reculés, avant que l'histoire soit écrite sous la forme où nous la connaissons, quand les hommes connaissaient les grandes migrations et écrivaient leur histoire dans les étoiles.

L'idée dominante du livre est : LE TRIOMPHE DE L'ESPRIT.

Et ceux qui aiment l'amour n'auront pas à se plaindre. Le livre est un hymne à l'amour. Il est la glorification de l'amour et de la femme.

Prenez-y garde : en réaction contre l'exploitation du sexe, il y a ici quelque chose de propre, de frais, de sain, de nouveau, qui exalte le vieil amour romantique et qui l'exalte en termes romantiques, en même temps qu'une exposition philosophique des idées générales et des revendications. C'est un récit différent de

---

était son voisin de cachot. L'un et l'autre apparaissent comme personnages secondaires auprès du héros imaginaire (Darrel Standing) composé d'après leur deux personnalités.

tout ce qui a été publié depuis des années et le moment est venu pour lui de franchir le remous laissé par la récente exploitation du sexe dans nos magazines et nos livres[2].

Dès la parution des premiers feuilletons, une féministe écrivit à l'auteur, le 24 novembre 1914, pour le prier de dire toute la vérité sur l'univers pénitentiaire, afin qu'elle puisse mobiliser contre lui les femmes de Californie. C'était mettre en doute la véracité des descriptions. D'où la réponse un peu agacée de l'auteur.

Je ne vois pas, du point de vue d'un auteur de romans, comment j'aurais pu m'exprimer plus clairement que je ne l'ai fait dans *le Vagabond des étoiles*. J'ai donné des noms, j'ai cité des faits, j'ai donné des dates. L'an dernier, Jake Oppenheimer a été pendu à Folsom parce qu'il avait été reconnu coupable, non de meurtre, mais d'agression. J'ai utilisé son nom en clair dans *le Vagabond des étoiles* et j'ai donné de même celui d'Ed. Morrell comme étant son voisin de cachot.

À ma connaissance, le directeur et le conseil d'administration d'une prison peuvent, de leur propre chef, dans l'intérêt de la discipline, mettre un prisonnier condamné à vie au secret pour le reste de ses jours. À ma connaissance, aujourd'hui encore, sur simple décision du directeur, on peut employer la camisole de force. Les membres de l'actuelle administration des prisons disent que la camisole de force n'est que rarement ou jamais employée, mais ils ne nient pas qu'ils ont le droit légal de l'employer sur simple décision du directeur[3].

2. Lettre (Glen Ellen, 26 mars 1914) à Roland Phillips, rédacteur en chef de *Cosmopolitan*, où le roman aurait dû paraître en feuilletons. Mais le sujet fut jugé trop déconcertant pour le public conformiste de ce magazine.

3. Lettre (Glen Ellen, 12 décembre 1914) à Mary Banks Krasky, en réponse à sa lettre du 24 novembre 1914.

L'auteur avait si bien « jonglé avec la philosophie », proclamé « le
triomphe de l'esprit » et laissé croire à « la prédominance de
l'esprit sur la matière » que certains l'invitèrent à rejoindre le
mouvement spirite, ou les groupes de recherches psychiques.
London s'efforçait de les détromper, avec gentillesse.

Quand je vous aurai dit que je suis désespérément réaliste et matérialiste, croyant que quand je mourrai, je serai mort et pour longtemps, vous comprendrez combien il m'est impossible de me joindre à vous pour poursuivre vos très intéressantes recherches.

Je vous prie, ne prenez pas le paragraphe ci-dessus comme une intention désobligeante de ma part. Considérez-le plutôt comme une affirmation de ma position à ce sujet. Je suis né parmi les spiritualistes, mon enfance et mon adolescence se sont déroulées parmi les spiritualistes. Ce contact intime a eu pour résultat de faire de moi un incroyant. À ce jour, ma mère — elle a plus de soixante-dix ans — est encore une ardente spirite[4].

À sa mère, l'auteur offrit un exemplaire du livre portant cette
dédicace :

Ma chère maman, voici tout l'argument de ton parti selon lequel seul l'esprit subsiste tandis que la matière périt. Je me sens très coupable de l'avoir écrit car je n'en crois rien. Je crois que l'esprit et la matière sont si intimement liés qu'ils disparaissent ensemble quand la lumière s'éteint[5].

4. Lettre (Glen Ellen, 26 janvier 1915) au Dr Purdon, en réponse à sa lettre du 12 janvier.
5. Dédicace datée : 26 octobre 1915.

XXXVII

LES PLANTEURS DE GRAINS

Titre original : The Acorn-Planters (*1916*). *Inédite en français.*
« *Pièce des forêts californiennes, pour être chantée par des chanteurs expérimentés, accompagnés par un orchestre qualifié* », *selon la définition de l'auteur. Non représentée ; écrite à l'intention de la fête théâtrale donnée chaque année à la colonie littéraire de Carmel. (Sur cette dernière, voir notre préface au tome II de* la Vallée de la lune, *collection 10/18, n° 865*).

Je finis demain le premier acte de la pièce que je pense appeler *les Planteurs de grains*. Cela veut dire que j'en suis à la moitié. Je vais la composer d'un prologue, deux actes et une Apothéose, et sans y planter un seul décor [...] Grands dieux ! moi en train d'écrire en vers ! La poésie que j'écris est tellement niaise. Je me suis cristallisé sur la prose, alors imaginez-moi en train de conter les pieds sur mes doigts [...]
Je pense que le thème de ma pièce est pacifiste. Autant que je puisse le distinguer. J'exalte les planteurs de grains, maudis les guerriers et le kaiser d'un bout à l'autre avec eux[1].

---

1. Lettre (à bord du *Roamer*, 13 janvier 1915), à George Sterling (1869-1926), poète, ami intime de l'auteur, et l'un des fondateurs de la colonie littéraire de Carmel.

XXXVIII

JERRY DANS L'ÎLE

Titre original : Jerry of the Islands (*1917*). *Bibliothèque verte*, Hachette.

Vous vous souvenez de *l'Appel de la forêt* et de *Croc-Blanc*. Mon travail actuel porte sur deux histoires de chiens, chacune atteindra environ soixante-dix mille mots. La première s'intitulera *Jerry*, et la seconde : *Michaël*[1]. Ces deux chiens, Jerry et Michaël, sont nés de la même portée et, après beaucoup d'aventures, ils parviendront l'un et l'autre à la même destinée heureuse, en pleine force de l'âge, au moment où le lecteur se sépare d'eux.

Je vais composer quelque chose de neuf, vivant et plein de fraîcheur et me livrer à une psychologie de chien qui ira droit au cœur des amis du chien et droit au cerveau des psychologues, lesquels sont de sévères critiques en matière de psychologie du chien. Je pense que vous aimerez ces deux livres et qu'ils ont peut-être une chance de faire une bonne impression sur les lecteurs[2].

1. Titre définitif : *Michaël, brother of Jerry*. En français dans la Bibliothèque verte : *Michaël, chien de cirque*.
2. Lettre (Glen Ellen, 18 février 1915) à George Brett, président des Éditions Macmillan, qui publièrent les deux livres en 1913.

Très bonne impression en effet. Avec Croc-Blanc *et* l'Appel de la forêt, *ces deux livres de chiens sont désormais les plus connues de ses œuvres. Ce sont pratiquement les seuls livres de lui qu'on a réimprimés sans interruption aux États-Unis. Comme beaucoup de personnages de London, Jerry procédait d'un modèle réel.*

[...] Les aventures de mon héros canin, dans ce roman, sont des aventures réelles dans un très réel monde cannibale. Dieu vous bénisse ! — quand j'emmenai ma femme dans la croisière du *Minota*[3], nous avons trouvé à bord un chasseur de nègres, un adorable jeune terrier Irlandais, qui avait le poil ras comme Jerry, et qui s'appelait Peggy. S'il n'y avait pas eu Peggy, ce livre n'aurait jamais été écrit. Elle était la propriété du magnifique patron de la *Minota*. Nous l'aimions tant, Mrs London et moi-même, qu'après le naufrage de la *Minota*, nous l'avons délibérément et sans vergogne, volée à son patron. Plus précisément, c'est délibérément et sans vergogne, que j'ai fermé les yeux sur le larcin commis par ma femme. Nous aimions tellement Peggy ! Cher petit chien, royal et glorieux, enseveli en pleine mer au large de la côte Est de l'Australie !

Je dois ajouter que Peggy, comme Jerry, était née à Meringe Lagoon, sur la Plantation Meringe, qui est l'île d'Ysabel, ladite Ysabel étant au nord de Florida Island, siège du gouvernement où habite le Commissaire résident Mr C.M. Woodford. Plus tard finalement, je connus bien la mère et le père de Peggy, et j'ai souvent éprouvé dans le cœur un chaud sursaut à la vue de ce couple fidèle courant côte à côte sur la plage. Terrence était son vrai nom à lui. Le sien, à elle, était Biddy[4].

---

3. Sous couvert de transports de main-d'œuvre, la *Minota* pratiquait la traite des noirs. London et sa femme firent une traversée épisodique sur ce bateau, lors des péripéties qui marquèrent la Croisière du *Snark*.

4. Préface à *Jerry of the Islands* datée : Honolulu, 5 juin 1915.

XXXIX

CEUX DE MES LIVRES QUE JE PRÉFÈRE

Cinq semaines avant sa mort, l'auteur répondait ainsi à la curiosité d'un correspondant.

Quant à ceux de mes propres livres que je préfère, voilà une question difficile. Je crois avoir mis plus de mon cœur dans *le Peuple de l'abîme* que dans n'importe quel autre livre. J'aime certains de mes livres pour des raisons diverses, mais je n'ai probablement pas de favori à placer avant tous les autres. J'ai un faible particulier pour le *Jeu du ring*. J'aime mieux *Croc-Blanc* que *l'Appel de la forêt* ; dans *la Petite Dame de la grande maison* et *la Vallée de la lune*, j'ai exprimé beaucoup de mon amour pour la terre[1].

1. Lettre (Glen Ellen, 16 octobre 1916) à Leon Weilskov.

Quatrième partie

L'ÉCRIVAIN ET LE CINÉMA

ILLUSIONS ET DÉSILLUSIONS

En 1913, l'auteur céda aux mirages du cinéma, ce nouveau Klondike sur lequel il comptait pour bâtir quelques châteaux en Espagne. Il commença par traiter avec la société de production Balboa Amusement Co. Elle produisit en 1913 Un morceau de bifteck, *et* Tuer un homme, *et prépara également une adaptation de* Martin Eden. *Par lettre du 31 mai, le représentant de cette compagnie, Charles Menges avait également demandé les droits du* Cabaret de la dernière chance. *Il s'attira cette réponse de l'auteur (Glen Ellen, 6 juin 1913).*

J'ai déjà beaucoup discuté et écrit avec M. Ayres au sujet de *Cabaret de la dernière chance*, et je crois l'avoir finalement amené à partager mon opinion, qui est de ne pas utiliser *Cabaret de la dernière chance* pour un film avant que le livre n'ait porté un coup certain ; et aussi d'en extraire une pièce de théâtre avant d'en faire un film. J'ai eu, à ce propos, un bref entretien avec M. Horkheimer lors de mon séjour à Los Angeles.

Je pense, comme vous, que le *Cabaret de la dernière chance* a d'énormes possibilités. Ces jours-ci, mon courrier est encombré de coupures de presse venant des États-Unis entiers, autant de la Ligue antialcoolique des jeunes chrétiens que du Parti prohibitionniste, et aussi de nombreuses demandes pour que je donne des conférences pour la cause de la prohibition. Cela va faire un grand bruit, pas seulement avec les prohibitionnistes mais aussi, comme vous l'avez dit, avec les suffragistes.

En attendant, nous devons réserver le sujet, d'abord jusqu'à ce que le livre ait montré quelle sorte de coup il peut porter, afin que nous puissions en tirer un film convenable, et, en second lieu, jusqu'à ce que se présente l'occasion de l'exploiter sur scène en en faisant une bonne pièce.

Je n'ai pas encore reçu le scénario de *Martin Eden*.

Finalement, ce roman fut produit en 1914, par une autre compagnie, la Bosworth Co, à laquelle il venait de céder également les droits du Loup des mers. *Abondance de projets qui conduisait London à faire admirer ces mirages cinématographiques à son éditeur (George Brett, des éditions Macmillan) ; non sans lui demander (Glen Ellen, 29 juillet 1913) une « petite avance »…*

Je vous écris maintenant pour voir si je pourrais obtenir une avance de 2 500 dollars sur mon prochain roman, que je vais commencer à la fin du mois d'août. J'aimerais avoir cette avance rapidement.

Si les projets de films tournent au moins à un cinquième de ce qu'on en attend, je n'aurai plus à vous importuner pour des avances pendant plusieurs années. On s'est procuré de l'argent comptant, en cette période difficile, pour mettre le projet en route. Le premier film sera *le Loup des mers*, qu'ils commencent dès à présent, et qui coûtera pour la production au moins 6 000 dollars. Cela ne signifie pas 6 000 dollars pour les caméras, machinerie, studios, etc., mais directement pour la production du *Loup des mers*, c'est-à-dire les acteurs, décors, costumes, etc. Je n'ai pas mis un sou dans l'aventure. Je reçois 50 % des bénéfices nets, et je suis de toute façon dégagé de toute responsabilité. *Le loup des mers* doit sortir en cinq bobines de trois cent cinquante mètres chacune, et les calculs de ma part de bénéfices sont à faire dresser les cheveux sur la tête : ils sont estimés entre 10 000 et 50 000 dollars. Et puis, on a calculé que cet argent devrait commencer à me rentrer vers le mois d'octobre[1].

Le 24 septembre 1913, de Glen Ellen, il écrivait à l'infatigable Hobart Bosworth (producteur, adaptateur, metteur en scène et interprète des films tirés de son œuvre) :

[…] Je ne suis pas personnellement en contact, vous le comprendrez, avec les journalistes de San Francisco. Et puis, pendant toutes les années où j'ai été dans ce circuit, j'ai observé une ligne de conduite très stricte : ne jamais rien demander aux journalistes de San Francisco. J'aurais horreur de rompre cette règle maintenant. Alors ce sera à vous de rassembler le clan de la presse pour la sortie de film *le Loup des mers*.

Je suis heureux d'apprendre que votre prochaine entreprise sera *Martin Eden*.

Les changements que vous proposez pour *les Pirates de San Francisco* me conviennent tout à fait. Vous savez, pour ceci, je m'en remets entièrement à votre bon jugement, même si j'apprécie que vous m'en parliez avant. Vous me trouverez toujours prêt à m'entendre avec vous à ce sujet. Si je peux vous voir personnellement quand vous viendrez tourner, je pourrai vous donner quelques indications sur les endroits à utiliser pour *les Pirates de San Francisco* et pour le film *Martin Eden*.

Quelques jours plus tard, commençaient les désillusions. Dans une lettre (Glen Ellen, 24 octobre 1913), l'auteur révélait à George Brett des éditions Macmillan, les difficultés provoquées par Balboa Amusement Co., après son éviction au profit de Bosworth Co.

1. [note manquante]

D'après le double ci-inclus de la lettre que je viens de recevoir de mon avocat à Los Angeles, il semble que le moment soit venu, pour les auteurs et les éditeurs de magazines et de livres, de se réunir et de se défendre. Je suis actuellement la victime d'une opération-pirate que je vais vous décrire :

Il y a quelque temps, je passais un contrat avec un certain Hokheimer, de Balboa Amusements Co. afin de procéder à l'adaptation cinématographique de plusieurs de mes romans et nouvelles. Le dit Horkheimer a rompu le contrat par une violation directe et évidente de la clause concernant les délais. Le contrat étant rompu, j'en fis un nouveau avec la Bosworth Co. Et ladite compagnie commença aussitôt à mettre en route la mise en scène de mes travaux.

Horkheimer, cependant, continuait à travailler sur des films à partir de mes sujets. Nous, c'est-à-dire la Bosworth Co. et moi-même, pour empêcher Horkheimer d'envoyer ses films sur la côte Est et de les mettre sur le marché, avons porté plainte devant la Cour de District des États-Unis, dans le district Sud de la Californie, pour opposition, dommages et violation de droits d'auteur. Quand nous avons déposé cette plainte, nous nous attendions à ce qu'Horkheimer maintienne que le contrat n'avait pas été rompu. Au lieu de cela, il nous prit à l'improviste, avec l'aide de M. Lingon Johnson, venu spécialement de l'Est afin de prouver que nous n'avions aucune raison d'ester en justice, puisque nous ne possédions aucun droit — en bref, parce que je n'avais aucun droit d'auteur sur toutes les histoires et nouvelles que j'ai écrites et publiées dans des magazines ou sous forme de livres, aux États-Unis.

L'intention légale de cette opération est de prouver :

1° que les droits de reproduction d'un magazine ne réservent pas de droits sur le contenu de ces derniers, et que, dès l'instant où quelque chose est publié dans un magazine à droits réservés, cela rentre dans le domaine public ;

2°   qu'aucun éditeur n'a de droits de publication sur des livres dont il avait réservé le contenu, quand celui-ci a précédemment été publié en feuilletons dans un magazine à droits réservés ;

3°   qu'aucun auteur, dont les travaux ont paru en série dans des magazines à droits réservés, n'a le moindre droit sur ses œuvres. — Cela signifie qu'il n'a aucun droit sur ses livres, en seconde publication, pour des traductions ou encore pour des adaptations à la scène ou à l'écran. Il semble que cette opération sur les droits de reproduction, qui concerne tous les éditeurs de livres et de périodiques, et tous les auteurs, s'est concentrée sur moi, et prend place dans la lointaine ville de Los Angeles, Californie. Si je suis battu dans ce combat, tous les autres auteurs et éditeurs auront contre eux ce précédent juridique. Dès l'instant où ce précédent sera établi, tous les éditeurs et auteurs pourront s'attendre à voir des pirates s'emparer de leur propriété.

À mon avis, pour nous tous, la seule chose à faire est de nous unir dans ce premier grand combat, et de nous battre jusqu'au bout. J'envoie des copies de cette lettre à Monsieur Arthur P. Train, Avocat Général de la Ligue des Auteurs d'Amérique, et à Monsieur George H. Lorimer [du *Saturday Evening Post*]. C'est, de toute évidence, une cause à laquelle devraient se joindre tous les auteurs et éditeurs de périodiques et de livres américains. C'est le début d'un combat qui touche à tous nos droits et propriétés. Je suggèrerais que nous nous unissions tous dans cette campagne, que nous en partagions les frais, et que nous nous battions jusqu'au bout, partout où les pirates montreront leur nez dans tous les États-Unis.

La Balboa Amusement Co. ne cantonna pas la guerre au terrain juridique. Elle mit en chantier une production concurrente du Loup des mers, *décidée, pour l'emporter, à utiliser « tous*

les moyens » ; *du moins, London l'annonçait* (*Glen Ellen,*
17 octobre 1913) *à l'éditeur du* Loup des mers, *George Brett* :

Revenons à ce Monsieur Ligon Johnson : il a été tellement
contaminé par la compagnie malhonnête à laquelle il est attaché
qu'il s'est abaissé à faire du chantage. Dans le cadre de notre lutte
locale à Los Angeles, ma Compagnie, ayant quelques semaines
d'avance sur les pirates — elle travaillait déjà avant qu'ils ne
commencent — pour la production du *Loup des mers*, se préparait
à donner la première projection privée. Les pirates, estimant
que ce serait un avantage technique en notre faveur, essayèrent
d'empêcher cette projection privée au Club des athlètes de Los
Angeles. Leur tentative d'intimidation a été menée par Lingon
Johnson. Il prévint mon avocat que si nous n'annulions pas la
projection, qui était prévue pour le soir même, il télégraphierait
dans l'Est et répandrait à tous vents l'information qu'aucun de
mes droits d'auteur n'était valide, précipitant ainsi une opération-
pirate générale sur tout ce que je possédais. Bien sûr, il ne fallut
pas plus de trente secondes à mon avocat et à mes partenaires
pour envoyer au diable Johnson et son chantage.

Je ne puis que me répéter : ce Ligon Johnson, tombé dans une
compagnie malhonnête, se conduit fort mal et tous les auteurs
et éditeurs des États-Unis devraient être prévenus, d'une façon
quelconque, de sa conduite.

Enfin, malgré vents, marées et chantage, la version autorisée du
Loup des mers *est sortie dans les salles. L'auteur fait donc
part* (*Glen Ellen, 16 décembre 1913*) *du succès obtenu à son
agent en Europe, Hugues Massie.*

Nos problèmes de droits d'auteur aux États-Unis sont réglés et
notre compagnie recueille les jugements de tous les cas de Cour.
La Compagnie qui produit mes films est la Bosworth, dont M.
Frank Garbutt est l'administrateur. Actuellement, quelque trois

ou quatre films sont en cours d'achèvement. Le premier terminé seulement a été mis sur le marché. C'est *le Loup des mers*, en sept bobines ; la projection dure deux heures, et sa semaine de lancement vient juste de s'achever à San Francisco et à Los Angeles. Elles font bien de le projeter une deuxième semaine. Le film a marché au-delà de nos espoirs et a battu les records du succès dans ces deux villes où l'on avait tenté le lancement. La dernière nuit de la première semaine à San Francisco, le film a été projeté jusqu'à une heure du matin.

Tout ceci pour vous dire que la Bosworth Co. fait, de toute façon, des films fort remarquables à partir de mon œuvre.

Au même Massie, London fait part (Glen Ellen, 15 août 1914) du compromis intervenu entre lui et les « pirates ». Mais compromis aussitôt violé que conclu. Désillusions…

Je trouve que Monsieur Garbutt a eu tort de ne pas vous informer des termes du compromis établi entre notre compagnie et la Balboa. Les voici : la Balboa pourra continuer et commercialiser le film qu'elle a tiré du *Loup des mers*, mais pas sous ce titre ; elle pourra le commercialiser sous le titre *le Bateau de l'Enfer*. Dans les termes du compromis, il est aussi établi que la Balboa ne devra en aucune manière se servir de mon nom.

De toute façon, il s'avère de cette expérience aux États-Unis qu'aucun public de cinéma n'a remarqué que le *Bateau de l'Enfer* était tiré du *Loup des mers*. En outre, à Los Angeles, où s'est déroulée la bataille, le *Bateau de l'Enfer* a été un tel « bide » qu'il n'a fait que renforcer la popularité du *Loup des mers*, lancé en concurrence.

II

EN REGARDANT FILMER
LE LOUP DES MERS

Paru sous le titre Sea Wolf *dans* The San Francisco Examiner,
*le 16 août 1913. L'article de London était accompagné de
commentaires de Hobart Bosworth, producteur (et interprète)
du film. Selon lui, 40 000 dollars seraient dépensés pour la
production de films tirés de l'œuvre de J. London. Celui-ci
serait vu, dans l'un d'eux, « en train d'écrire galopant sur son
ranch de Glen Ellen, se livrant à ses occupations habituelles
dans le Comté de Sonoma ». Bosworth ajoutait : « London
va retirer une fortune de la version cinématographique de
ses histoires. »*

Je préfère voir un acteur de cinéma que d'en être un — pour
paraphraser Gelett Burgess et sa Vache Pourpre.

C'est la première leçon retirée de mes expériences lorsque
j'ai suivi les gens de cinéma autour de la baie de San Francisco
tandis qu'ils tournaient la première partie du film tirée de mon
roman *le Loup des mers*.

C'était le début de la prise de vues et la première fois que je
voyais tourner un film, et j'ai passé l'un des meilleurs moments
de mon existence.

J'ai été stupéfait de la somme de travail nécessaire, et j'ai été
particulièrement impressionné par l'audace et l'esprit aventureux

des acteurs de cinéma. On n'a plus besoin d'aller au pôle Nord ou au cœur de l'Afrique pour risquer sa vie. Vous n'avez qu'à vous joindre à une compagnie de cinéma et à faire avec elle le tour de la Baie de San Francisco. Vous aurez toutes les émotions que vous pouvez supporter et peut-être même un peu plus de temps en temps.

Il s'est produit une coïncidence très curieuse, et, pour moi, très intéressante. La compagnie de production avait loué le ferry-boat *Sausalito* et engagé environ soixante personnes. Ni Hobart Bosworth, le producteur, ni moi, ni Charmian, ni personne d'autre de la troupe nous ne savions que le *Sausalito* jouait en réalité un rôle très important dans le drame du *Loup des mers* ainsi porté au cinéma.

Pendant que j'écrivais *le Loup des mers*, ou peut-être un peu avant, le *Sausalito* heurta le *San Rafael* dans le brouillard et le coula, entraînant la perte de nombreuses vies humaines. J'utilisai l'accident dans mon roman, mais pour les nécessités de la fiction je rebaptisai le *Sausalito* « Martinez ».

Par pure coïncidence, Bosworth loua ce même bateau, le *Sausalito*, aux gens de la Northwestern Pacific, et comme je l'ai dit, personne d'entre nous ne savait que c'était l'un des deux navires impliqués dans l'accident qui joue un rôle aussi important dans mon histoire ; nous ne l'avons appris qu'entre deux prises de vues, alors que nous plaisantions dans le poste de pilotage avec le capitaine ; ce dernier nous déclara que c'était son navire qui avait coulé le *San Rafael*.

Pour les nécessités du tournage, il joua à la fois le rôle du *San Rafael* et celui du *Sausalito* — à la fois le bateau qui avait coulé et celui qui avait provoqué l'accident.

Une touche de couleur vive dans les aventures de la journée fut apportée par une femme de la ville de Sausalito lorsqu'elle vit ce qu'elle croyait être le bateau régulier pénétrer dans la cale du ferry. À son grand étonnement, le vapeur portait le nom de *Martinez* au lieu de *Sausalito*. Car une toile peinte portant le nom de « Martinez » recouvrait la véritable inscription.

Pour comble de l'étonnement, tandis qu'elle regardait depuis sa petite maison tranquille et ensoleillée, parmi les arbres, sur le versant de la colline, elle remarqua une foule déchaînée d'hommes, de femmes et d'enfants se débattant furieusement à l'avant, sur les ponts inférieur et supérieur du ferry-boat. De quoi s'agissait-il ? Le vapeur manqua l'entrée de la cale. Elle vit ces douzaines de passagers déchaînés tomber la tête la première, pêle-mêle sur les ponts.

N'en croyant pas ses yeux, elle prit ses jumelles, et les braqua sur cette scène étonnante. Le vapeur sortit de la cale en reculant. Il revint en avant avec fracas. Une fois de plus, la masse de gens affolés et se battant, se précipita sur les ceintures de sauvetage, ils s'agrippèrent les uns aux autres pour se rapprocher des barques, et tombèrent pêle-mêle en donnant des coups de pied, en s'entassant et en se débattant.

Quand je la rencontrai au moment où je débarquais, elle descendait, affolée et en courant, de sa maison de la colline pour voir ce qui se passait. La caméra cinématographique ronronnait sans trêve, les acteurs tournaient une nouvelle scène, et c'était tout.

Les équipages des chaloupes, et autres embarcations à vapeur de la baie, déroutés par notre comportement incohérent, déconcertés de nos coups de sifflet, se précipitaient à chaque instant vers nous pour nous proposer leur assistance.

Bien entendu, Charmian et moi, nous nous trouvions aux premières loges, mais à l'écart de l'action — à l'écart de ces acrobaties consistant à sauter sans cesse dans l'eau glacée, à tomber une douzaine de fois et davantage tandis que le ferry-boat manquait la cale au commandement du metteur en scène qui envoyait tout le monde à droite et à gauche. Non, pas de ça pour nous ! Au moment où je m'apprêtais à dire : « Je préfère voir un acteur de cinéma que d'en être un. Cependant je suis joliment heureux de les avoir vus au travail. Ce sont des types épatants. »

III

DES PORTES BIENTÔT OUVERTES

Extrait d'un entretien avec W. Stephen Bush : Jack London, Picture Writer, in an Exclusive Interview ; *paru dans* The Moving Picture World, *31 mars 1914*.

Quelle étendue de découvertes dans le monde invisible s'ouvre devant l'esprit quand il contemple la puissance du cinéma sur le terrain de l'éducation ! Dans l'évocation de l'action, le cinéma est le moyen d'expression suprême et il en transmet le mobile sous-jacent peut-être mieux que ne pourrait le faire l'alphabet. Le monde microscopique s'étend devant nous, inexploré pour une large part. Le cinéma aidera à ouvrir de nombreuses portes.

IV

LE MESSAGE DU CINÉMA

Paru dans Paramount Magazine *en février 1915, sous le titre*
The Message of Motion Pictures.

La pantomime et les images — deux symboles qui ont marqué
chaque pas en avant accompli par l'espèce humaine dans son
évolution.

Les choses vagues qui voltigeaient à travers la conscience
de l'homme préhistorique lui faisait chercher à tâtons un moyen
d'expression, et ce fut la naissance d'un langage à base de
gutturales. À cette époque, le vocabulaire atteignait trente ou
quarante mots se rapportant à des détails concrets. Vint alors une
période, qui n'a pas laissé de traces, pendant laquelle certains
changements moléculaires se produisirent dans les cellules
cérébrales. Un ancêtre balbutiant glissa un regard prudent à
travers les branches, les rameaux et les feuilles bruissantes
de son abri ménagé dans les arbres. Son front était moins en
pente, son nez avait une arête plus marquée si on le comparait
aux autres individus de son espèce. Il était grandement surpris
tandis que ses cellules modifiées transformaient une nébuleuse
scintillante en une idée abstraite… le début de la pensée. Il
avait envie de parler de cet étrange événement, mais il n'y
avait pas de sons pour transmettre ce qu'il voulait exprimer. Il
inventa un son nouveau, et les autres regardèrent et jacassèrent

avec embarras ; si bien qu'il eut recours à la pantomime pour expliquer le son.

Lorsque ses descendants eurent abandonné les arbres pour des tanières au creux des falaises rocheuses, le besoin d'exprimer leurs pensées les conduisit à une découverte nouvelle. Avec une pierre aiguisée, on pouvait graver sur les parois lisses de la caverne quelque chose qui évoquait les choses ne produisant pas de son ; ils créèrent ainsi des dessins et donnèrent naissance à des sons pour les représenter dans leur vocabulaire.

Le langage fit des progrès. Les pensées se développèrent sous forme d'expression et d'habileté à les discuter. Ces moitiés d'hommes apprirent à s'unir en une commune défense contre les monstres primitifs.

Le langage lança un pont sur le gouffre, large de centaines de siècles et rendit la race humaine capable de passer de la sauvagerie aborigène à notre époque de journaux et de lumières électriques. Sans images ni pantomime, il n'y aurait pas eu de pont. Elles contribuèrent à le construire.

L'aiguillon de l'instinct grégaire avait poussé les hommes à vivre ensemble. Le langage avait fourni un moyen de s'exprimer aux ébauches de pensée qui les poussait à compenser par la coopération leur faiblesse individuelle. L'époque du droit fondé sur la puissance physique commençait à prendre fin. Mais l'avidité humaine est insatiable. Quand un monstre d'égoïsme est renversé, un autre prend naissance pour menacer le progrès de la race humaine. C'est le jeu de l'hérédité — un atavisme, si vous voulez.

La pantomime et les images ont créé les mots ; les mots pavent le chemin menant au langage et le langage mène à l'instruction. Dans l'égoïsme du savoir supérieur, l'éducation a presque écarté les humbles travailleurs qui ont contribué à tracer ce chemin. Un gouffre profond s'ouvre désormais en travers du chemin du progrès.

Une dynastie du droit par la puissance de l'esprit était la conséquence naturelle de l'éducation, et le langage était son Premier ministre. Il faut très bien connaître le Premier ministre avant d'atteindre le cercle intérieur de la cour, et les égoïstes veillaient à ce que ce cercle soit étroit. Les autres avançaient en clopinant, lugubres et déprimés. Ils ne craignaient plus les dangers des forêts et des falaises — ils se dérobaient aux monstres prédateurs de leur propre espèce, ces brutes froides, calculatrices qui torturaient par la servitude cruelle plutôt que par la mort.

Et ainsi on traversa des siècles de Moyen Age. Le peuple chercha à exprimer les pensées vagues et informes de réaction contre l'oppression qui naissaient dans sa conscience. Çà et là, dans un esprit plus développé, l'image mentale nébuleuse se solidifiait, et ils allèrent de l'avant pour expliquer le message. Un grand nombre d'entre eux ne pouvaient comprendre les sons nouveaux. Mais d'autres en saisirent le sens et répandirent le savoir. Les hommes s'unirent et les sons nouveaux devinrent le cri de ralliement de la révolution. L'éducation devint accessible à tous.

Il est dans la nature du peuple d'être inconséquent. La victoire remportée, certains avaient tardé à prendre l'avantage, certains manquèrent l'occasion. Le vocabulaire de l'homme ordinaire compte aujourd'hui environ deux cents mots. Des sentiments d'injustice, vagues et bouillonnants, foisonnaient dans les cellules cérébrales sans pouvoir d'expression, tandis que la minorité de prédateurs recueillaient les fruits de l'esclavage industriel.

De nouveau, le cycle de l'évolution se reproduit avec la pantomime et les images… les images animées. Il abat les barrières de la pauvreté et de l'environnement qui barraient les routes menant à l'éducation, et distribue le savoir dans un langage que tout le monde peut comprendre. Le travailleur au pauvre vocabulaire est l'égal du savant. La dynastie du droit par la puissance de l'esprit a lié son destin à la parole prononcée. Elle est à son déclin.

L'éducation universelle — c'est le message.

Laissons les Saint-Thomas incrédules rappeler que l'évolution procède lentement. Comparez les images d'aujourd'hui au faible rendement datant d'une brève décennie. Le temps et la distance ont été annihilés par le film magique pour rapprocher les peuples du monde. Nous voyageons — l'homme noir dans sa vie quotidienne sur les bords du Gange ressemble beaucoup à nous, à part l'environnement. Les maisons et les villages des hommes jaunes apparaissent comme des jouets, et les hommes comme des enfants. Aller à l'aventure à travers les villes de notre pays et sentir les limites primitives de la communauté se rapprocher des hommes que vous voyez dans l'image. Regardez, frappés d'horreur, les scènes de guerre, et vous devenez un avocat de la paix. Aucun langage ne peut laisser une empreinte aussi vivace sur votre conscience.

Les plus grands esprits ont transmis leurs messages par le livre ou la pièce de théâtre. Le cinéma le déploie sur l'écran où tout le monde peut le lire et le comprendre — et le goûter. Les plaisirs du théâtre ne sont plus réservés aux riches. Les quelques sous de l'homme pauvre font déployer devant lui et devant sa famille les meilleurs drames dans leur forme la plus belle. Pour eux, les acteurs et les actrices réputés marchent, et même parlent, sur l'écran.

Et ainsi, par ce moyen magique, les extrêmes de la société se rapprochent d'un pas dans l'inévitable rééquilibrage de la condition humaine.

V

LE ROMAN D'UN FILM :
TROIS CŒURS

Préface du roman Trois cœurs (Hearts of Three, *1918*) *à paraître en 1980 dans la collection 10/18. Le film, dont le texte de London devait constituer une version racontée, ne fut jamais tourné. Après la mort de London, son roman fut publié à Londres, en 1918, chez Mills and Boon ; puis en 1919, sous forme de feuilletons quotidiens,* dans The New York Evening Journal, *du 12 mai au 20 juin 1920.*

Le lecteur voudra bien m'excuser si, au début de cet avant-propos, je me rends coupable d'un péché d'orgueil. À la vérité, la présente œuvre constitue une sorte de célébration : elle commémore mon quarantième anniversaire, mon cinquantième livre, ma seizième année dans le métier des lettres. En outre, avec *Trois cœurs*, je viens de tâter à un nouveau genre littéraire, mais, si je me livre aujourd'hui à semblable prouesse, je me promets d'y renoncer définitivement à l'avenir. Néanmoins je n'hésite pas à proclamer ma fierté pour le fait accompli. Aux lecteurs friands d'aventures, je conseille de passer outre et de se plonger tout de suite dans le récit qui va suivre.

Aux autres, plus curieux, qu'ils me permettent de leur fournir quelques explications. Le développement universel du cinématographe en tant que distraction populaire n'a pas tardé à

382

épuiser la réserve des romans mondiaux les plus célèbres. En une seule année, une compagnie, comprenant une vingtaine de metteurs en scène, est capable à elle seule de filmer, outre la production entière de Shakespeare, Balzac, Dickens, Scott, Zola et Tolstoï, celle de douzaines d'écrivains moins féconds. Étant donné qu'il existe des centaines d'entreprises similaires, bientôt se posa cet angoissant problème : la pénurie de « matière première » entrant dans la composition d'une bande.

Les compagnies de production de films se procurèrent les droits de filmer tous les romans, nouvelles, pièces de théâtre encore protégés par le « copyright ». Quant aux œuvres tombées dans le domaine public, elles furent mises à l'écran avec une hâte de chercheurs d'or découvrant brusquement un riche placer. Des scénaristes par dizaines de milliers —, car ni hommes, ni femmes, ni enfants ne se jugeaient indignes d'écrire des scénarios — pillaient toute une littérature, protégée ou non, s'arrachant les revues, les journaux sortant des presses pour y démarquer toute idée originale conçue par d'autres confrères.

Il convient d'ajouter qu'à leur tour ces forbans furent la proie de directeurs malhonnêtes qui volaient leur travail ou ne les payaient pas. Mais, à l'heure actuelle, je connais des scénaristes qui roulent sur leurs trois autos, ont leurs deux chauffeurs, envoient leurs enfants dans des lycées dispendieux et jouissent d'un crédit illimité en banque.

Ce fut à la rareté des « matières premières » que les scénaristes durent, dans la suite, d'être respectés et mieux rétribués par les compagnies cinématographiques. On s'adressa de préférence aux écrivains célèbres. Mais un homme ayant écrit une vingtaine de romans n'est pas nécessairement un bon scénariste, et *vice versa*.

Il fallut donc faire appel à la division du travail. Des écrivains éminents, spécialisés dans des sujets « filmables », inaptes à composer une œuvre d'imagination, écrivirent des scénarios que les autres transformèrent en romans.

Un jour, M. Charles Goddard rendit visite à un nommé Jack London et lui tint ce langage : « Nous avons choisi, pour notre prochain film, l'époque, l'endroit où l'action se déroule, et les artistes. Les compagnies cinématographiques, la presse et les capitaux sont prêts. Qu'attendons-nous pour collaborer ? » Et, en effet, nous collaborâmes. Résultats : *Trois cœurs*. Quand j'aurai dit que M. Goddard est l'auteur des *Périls de Pauline*[1], des *Mystères de New York*[2], de *la Déesse*, d'*Enrichis-toi vite* et de *Wallingford*, on comprendra que sa compétence ne saurait être mise en doute. Je lui suis redevable du nom de la présente héroïne.

Sur le ranch, dans la Vallée de la Lune, il composa ses quinze premiers épisodes, mais il écrivait plus vite que moi et il me devança de plusieurs semaines. Ne vous trompez point sur la valeur du mot : épisode. Le premier épisode comprend une longueur de mille mètres de film, les quatorze autres, six cent cinquante mètres chacun. Ils se composent, en outre, d'environ quatre-vingt-dix scènes, soit au total quelque treize cents scènes[3].

Néanmoins, nous nous attelâmes simultanément à la besogne. Je ne pouvais tabler sur les événements qui allaient se dérouler

1. *The Perils of Pauline* (1914). Film américain en 20 épisodes. Diffusé en France en 1916, dans une version réduite à 9 épisodes et intitulée *les Exploits d'Elaine*.

2. *The Exploits of Elaine* (1914). Film américain en 36 épisodes. Diffusé en France à partir de septembre 1915, dans une version réduite à 22 épisodes et intitulée *les Mystères de New York*. Sa projection était accompagnée par la publication, dans le quotidien *le Matin*, d'un feuilleton de même titre rédigé par Pierre Decourcelle.

3. Un film américain comportait en moyenne 15 épisodes et était ramené à 12 épisodes pour la projection en France où les films produits sur place (*Judex, Barrabbas*, etc.) n'en comportaient que 12. Aussi bien aux États-Unis qu'en France, la projection de chaque épisode hebdomadaire (d'une durée de 30 minutes) s'accompagnait de la publication d'un feuilleton (dans un quotidien, ou sous forme de fascicules) signé par un romancier populaire connu : Marcel Allain (l'auteur de *Fantômas*), Maurice Leblanc (l'auteur d'Arsène Lupin), Gustave Le Rouge, Guy de Téramond, Arthur Bernède... Sur le phénomène du film à épisodes ou « Sérial », voir F. Lacassin : *Pour une contre-histoire du cinéma*, collection 10/18, n° 731 ; 2e partie, IV : *le Sérial ou un crime par semaine*.

immédiatement ou dans une douzaine de chapitres. M. Goddard pas davantage. Conséquence inévitable : *Trois cœurs* manquent peut-être de cohésion, mais certainement pas de logique.

Imaginez ma surprise lorsqu'un jour, travaillant à mon deuxième épisode je reçus à Hawaï le scénario du quatorzième épisode que M. Goddard m'envoyait par courrier de New York. Je le parcourus d'une traite. Mon héros s'était marié à la femme qu'il ne fallait pas ! Et il ne me restait qu'un épisode pour me débarrasser de l'intruse et le marier avec l'épouse qui lui était destinée.

Mais M. Goddard est le maître de l'action et de la vitesse. L'action ne le gêne en rien. « Exprimez-moi cela », recommande-t-il à l'artiste en dirigeant une prise de vues. Là-dessus, l'artiste s'évertue à « exprimer », car M. Goddard poursuit : « Exprimez la douleur, la colère, la sympathie, des intentions homicides, ou une tendance au suicide. » C'est tout. Il faut qu'il en soit ainsi, autrement quand terminerait-on les mille trois cents scènes du film ?

Mais songez au malheureux écrivain que je suis, incapable d'user de ce terme magique : « Exprimez », mais qui doit décrire, et parfois longuement, les nuances créées si allégrement par M. Goddard. Dickens lui-même ne jugeait pas excessif d'employer un millier de mots pour écrire et analyser les multiples sentiments d'un de ses personnages. Mais M. Goddard n'a qu'à dire : « Exprimez ceci ou cela », et les esclaves de la caméra s'exécutent.

Et l'action ! Certes, j'ai écrit des romans d'aventures dans ma vie, mais pas un seul n'approche de *Trois cœurs* en ce qui concerne l'action.

À présent, je sais pourquoi certains films sont populaires. Je comprends aussi pourquoi « M. Barnes, de New York », et « M. Potter, du Texas », se sont vendus par millions d'exemplaires. Je n'ignore pas non plus pour quelle raison une harangue démagogique produit parfois plus d'effet, en période électorale, qu'un acte sublime accompli par un homme d'État. Quoi qu'il en soit, ce roman écrit par moi d'après le scénario de M. Goddard m'a procuré une expérience pleine d'intérêt et instructive au premier chef. Elle a donné, à mes anciennes généralisations sociologiques, une direction et de la lumière. Cette aventure m'a permis de saisir mieux que jamais la façon de penser du peuple.

Si on peut qualifier de collaboration ma part de travail dans la création de *Trois cœurs*, laissez-moi m'en réjouir. Mais hélas ! je crains que M. Goddard ne soit un collaborateur unique de son espèce. Nous n'avons jamais eu de discussions, ni échangé un mot aigre-doux. Peut-être suis-je moi-même une perle entre les collaborateurs. N'ai-je pas, sans protestation ni murmure, laissé M. Goddard « exprimer » à satiété, pendant quinze épisodes de son scénario, mille trois cents scènes, dix kilomètres de film, cent onze mille mots de texte ? Cependant, mon roman terminé, je voudrais ne l'avoir pas écrit, tout simplement parce qu'il me plairait de lire moi-même cette histoire, afin de savoir si elle « se lit ». Oui, je serais curieux de m'en rendre compte !

Waikiki-Hawaii
23 mars 1916.

TABLE DES MATIÈRES

Première partie
L'ÉCRIVAIN ET LA PROFESSION

Deuxième partie

L'ÉCRIVAIN ET L'ŒUVRE DES AUTRES

Troisième partie
L'ÉCRIVAIN ET SON ŒUVRE

Quatrième partie
L'ÉCRIVAIN ET LE CINÉMA

Ce volume,
le vingt-cinquième
de la collection « Domaine étranger »,
publié aux Éditions Les Belles Lettres,
a été achevé d'imprimer
en décembre 2015
par La Manufacture imprimeur
52205 Langres Cedex

Dépôt légal : janvier 2016
N° d'édition : 8204 - N° d'impression : 151094
Imprimé en France